KB082874

위기 돌파를 배우는 기업소설

캐쉬플로우
cash flow ❶
거짓숫자의 함정

YOMU KANRI KAIKEI FUNSHOKU KESSAN HEN–KAISHA NO USO NO SUJI NI
DAMASARERUNA! by Atsumu Hayashi.
Copyright ⓒ 2009 by Atsumu Hayashi.
All rights reserved.
Originally published in Japan by Nikkei Business Publications, Inc.

위기 돌파를 배우는 기업소설

캐쉬플로우
cash flow ①
거짓숫자의 함정

하야시 아츠무 지음 | 오시연 옮김

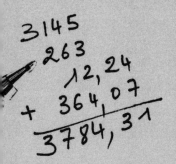

3145
263
12,24
+ 364,07
3784,31

🜄 연암사

위기 돌파를 배우는 기업소설

캐쉬플로우 cash flow ①
거짓숫자의 함정

초판 인쇄   2019년 3월 15일
초판 발행   2019년 3월 20일

지은이   하야시 아츠무
옮긴이   오시연
발행인   권윤삼
발행처   연암사

등록번호   제10-2339호
주소   04050 서울시 마포구 양화로 156, 1609호
전화   02-3142-7594
팩스   02-3142-9784

ISBN 979-11-5558-041-7 04320
ISBN 979-11-5558-040-0 (전2권)

연암사의 책은 독자가 만듭니다.
독자 여러분들의 소중한 의견을 기다립니다.
트위터   @yeonamsa
이메일   yeonamsa@gmail.com

이 도서의 국립중앙도서관 출판시도서목록(CIP)은
서지정보유통지원시스템 홈페이지(http://seoji.nl.go.kr)와
국가자료공동목록시스템(http://www.nl.go.kr/kolisnet)에서
이용하실 수 있습니다. (CIP제어번호: CIP2018022075)

차례

2부 악마의 소굴

3부 대결! 주주총회

등장인물

주식회사 제이피_ 연매출 백억 엔의 중견 전자부품 제조사. 창업자는 고(故) 다카라베 분지. 미사와 아쓰시가 개발한 마이크로스위치 기술로 업계에서 정평이 나 있다. 본사는 도쿄 마루노우치의 고층 건물에 입주했고, 나가노와 아이치에 공장을 두고 있다. 비상장 기업으로 다카라베 분지의 아내인 다카라베 후미가 회사주식 대부분을 소유하고 있다.

단 다츠야_ 제이피 경리과장. 도쿄 대학을 졸업하고 컨설팅 회사를 거쳐 싱가포르 대학 비즈니스 스쿨에서 MBA를 취득했다. 스승인 우사미의 권유로 제이피에 입사한다. 열정과 패기 넘치는 서른 살 총각.

호소야 마리_ 제이피 경리부 사무직. 부모님이 도쿄 기타센주에서 생선가게를 하고 있다. 정의감이 넘쳐서 제이피의 사내부패에 분노하던 중 다츠야의 오른팔이 된다. (단 다츠야와 호소야 마리—상사와 부하)

다카라베 분지_ 제이피의 창업자. 현 사장인 다카라베 마스오의 아버지이자 마나카의 숙부. 맨손으로 회사를 일으켜 기술자인 미사와와 경영컨설턴트인 우사미의 조력을 받아가며 연매출 백억 엔 규모로 키운다. 우사미의 권유로 다츠야를 채용하지만 백억 엔의 벽을 넘지 못하고 세상을 뜬다. (다카라베 분지와 다카라베 마스오—부자父子)

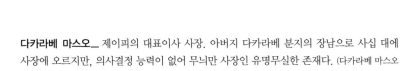

다카라베 마스오_ 제이피의 대표이사 사장. 아버지 다카라베 분지의 장남으로 사십 대에 사장에 오르지만, 의사결정 능력이 없어 무늬만 사장인 유명무실한 존재다. (다카라베 마스오와 마나카 류조—사촌)

다카라베 후미_ 다카라베 분지의 아내이자 현 사장인 마스오의 어머니. 분지가 소유했던 모든 주식을 상속하여 최대주주가 된 제이피의 실질적인 오너. 심근경색으로 도쿄의 병원에 입원 중이다.

마나카 류조_ 제이피 대표이사 전무. 하버드 비즈니스 스쿨에서 MBA를 취득했고 일류 은행에서 근무하다가 제이피에 들어왔다. 마스오의 사촌이며 제이피의 실질적인 경영자다.

마다라메 준지_ 제이피 경리부장. 마나카의 비위 맞추기에 급급하지만, 사내에선 '숫자의 마술사'로 불린다.

우사미 히데오_ 카리스마 경영 컨설턴트. 다츠야의 대학 시절 지도교수이자 인생의 스승이다. 뇌경색을 앓고 지금은 이즈별장에서 요양 중이다. (단 다츠야와 우사미 히데오—사제)

9

사와구치 모에_ 제이피 경리부 사무직. 이른바 '사무실의 꽃'이다. 사무실 청소에서 꽃꽂이, 사무처리에 이르기까지 맡은 일을 완벽하게 처리한다. (사와구치 모에와 마나카 류조―정부)

미사와 아쓰시_ 제이피 아이치 공장장. 제이피의 수입원인 특허를 대부분 발명한 대단한 실력의 소유자. 창업자인 다카라베 분지와 이인삼각으로 회사를 키웠지만, 분지가 사망한 뒤 마나카의 계략에 빠져 한직으로 밀려난다.

이노우에 게이지_ 제이피 구매부장. '구매부의 보스'로 불리며 자재 구입을 총괄하고 있다.

제임스_ 케임브리지 대학 출신의 영국인. 다츠야의 싱가포르 대학 비즈니스 스쿨 동기이기도 하다. (단 다츠야와 제임스―친구)

린다_ 다츠야의 싱가포르 대학 비즈니스 스쿨 동기이자 옛 애인. 상하이 출신의 중국인으로 이미려가 본명이지만 린다로 불린다. (단 다츠야와 린다―옛 애인·동기, 제임스와 린다―동기)

사이고 고타_ 공인회계사. 도쿄의 감사법인에서 15년 동안 근무하다가 고향으로 내려왔다. 제이피 아이치 공장의 회계감사를 맡고 있다.

이마가와 다케시_ 공인회계사. 오랫동안 제이피의 회계감사를 해온 베테랑 회계사. 독감에 걸려 후배인 사이고에게 제이피의 감사를 맡긴다.

다카라베 사유리_ 다카라베 후미의 딸이자 마스오의 여동생. 병석에 누운 어머니를 간병하며 제이피의 앞날을 걱정한다.

가네코 준페이_ 제이피 아이치 공장장. 천재적인 로봇 공학 기술자.

세키야마 준이치_ 제이피 영업부 총괄부장.

"내가 택한 인생이야."

단 다츠야는 스스로 주문을 걸듯 중얼거렸다.

한밤중의 정적이 감도는 기내에서 독서등이 켜진 곳은 이 자리뿐, 다른 승객들은 고른 숨소리를 내며 곤히 잠들어 있다. 다츠야는 유도로 단련된 떡 벌어진 자신의 체격을 감안해 큰마음 먹고 비즈니스석을 구입했지만 그래도 비좁긴 마찬가지였다. 하지만 자리가 불편해서 잠이 오지 않는 것은 아니었다. 앞날에 대한 불안이나 기대 때문도 아니었다. 형언할 수 없는 복잡한 감정이 다츠야의 의식을 계속 깨웠다.

"손님, 브랜디 드시겠습니까?"

승무원이 작은 술병이 들어 있는 바구니를 들어 보이면서 말을 건넸다. 다츠야는 큼지막한 손으로 레미 마르탱 세 병을 움켜쥐었다. 뚜껑을 열고 잔에 따른 후 입으로 가져갔다. 달콤한 향이 은은하게 퍼져 나갔다. 호박색 액체가 목을 타고 넘어가자 알코올이 몸속을 휘저었다. 다츠야는 온몸에 힘이 쭉 빠지는 것을 느꼈다.

'그때도 그랬었지.'

2년 전 일이다. 다츠야는 MBA 랭킹 1위인 하버드 비즈니스 스쿨을 마다하고 91위에 불과한 싱가포르 대학 비즈니스 스쿨을 선택했다.

"너, 제정신이야?"

다츠야와 함께 국립대 부속고교를 나와 정해진 코스처럼 도쿄 대학에 진학한 동기들은 당연히 이렇게 걱정했다. 다츠야도 '우사미 스승님'의 권유만 아니었다면 지금쯤 보스턴 대학가에서 친구들과 축배를 들고 있을 거라는 생각이 마음 구석에 남았다. 하버드라는 간판은 그만큼 매력적이다.

'그 녀석들, 내가 제이피에 취직한 걸 알면 또 난리 나겠군.'

다츠야는 쓴웃음을 지으며 2년 동안의 학창 시절을 돌아보았다. 그리고 싱가포르 대학을 택한 자신의 선택은 틀리지 않았다, 제이피에 들어가기로 한 것 또한 틀리지 않았다며 자신을 타일렀다.

우사미 교수는 다츠야에게 대학 시절의 은사이자 인생의 스승이다. 다츠야는 대학 4학년 때 관리회계 과목을 수강했다. 그때의 담당 교수가 우사미 히데오였다.

우사미는 알만 한 사람은 다 아는 경영 컨설턴트로 학자라기보다 철저한 실무가에 가까웠다. 벌써 몇 년 전에 정년퇴직으로 물러났지만, 공인회계사 자격증도 있다. 떠도는 소문이지만 우사미는 제2차 세계대전 이후 정계를 둘러싼 뇌물수수사건에 연루된 적도 있다고 한다. 사건의 진상은 알 수 없다. 그렇다고 우사미가 부도덕한 사람이라는 것은 아니다. 다만, 그는 현실과 동떨어진 원론적인 말만 하는 대학 교수와 전혀 다른 부류의 인물이었다.

그런 우사미가 입버릇처럼 하던 말은 항상 다츠야의 마음을 고양시켰다.

> 경영에 써먹지 못하는 관리회계는 쓰레기나 다름없어. 그러니 시답지 않은 교과서는 쓰레기통에 던져버리게.

첫 강의 시간에 우사미는 학생들에게 이렇게 말했다.

"지금 나와 여러분은 선생과 학생 사이다. 그리고 졸업을 하면 스승과 제자가 되지. 그때 모르는 게 있으면 언제든지 찾아오게나. 제자는 공짜일세."

'아니 누가 그렇게 해달라고 했나', 다츠야는 그렇게 생각하면서도 기쁨을 감출 수가 없었다. 우사미의 경영 컨설팅 비용은 시간당 10만 엔 이상이라고 한다. 하지만 제자는 예외, 졸업 후에도 돈 걱정 없이 자문을 청할 수 있다. 우사미는 자진해서 차세대 육성에 힘을 기울이고 있었던 것이다. 다츠야는 우사미를 따르겠다고 마음먹었다. 어느새 다츠야는 우사미를 스승님이라고 부르게 되었다.

그런데 둘의 관계는 대학을 졸업하기도 전에 금이 갔다.

다츠야가 처음 입사한 곳은 다국적 컨설팅 회사였다. 채용 합격 사실을 우사미에게 이야기하자 그는 전에 볼 수 없었던 험악한 표정으로 다츠야를 꾸짖었다.

"하룻강아지 범 무서운 줄 모른다더니 경험도 없는 녀석이 경영 컨설턴트라고? 말도 안 되는 소리!"

다츠야는 아무리 스승이라지만 자신이 결정한 진로를 덮어놓고 부정하는 것을 용납할 수 없었다.

"이만 일어나겠습니다."

다츠야는 분노로 떨리는 몸을 일으켜 우사미의 연구실을 박차고 나갔다.

우사미의 충고를 무시하고 다츠야는 그 회사에 들어갔다. 반년 후 그를 비롯한 신입사원들은 미국 캘리포니아에서 석 달 동안 연수를 받았다. 쪽잠을 자며 영어만 써야 하는 고달픈 나날이 이어졌다. 수많은 사례가 빼곡히 적힌 매뉴얼을 통째로 머릿속에 쑤셔 넣어야 했다. 연수가 끝날 즈음, 다츠야는 어떤 문제라도 해결할 수 있을 것 같은 자신감이 생겼다.

입사 2년째, 다츠야는 월 2백만 엔을 벌어들이는 경영 컨설턴트가 되어 있었다.

경영 컨설턴트는 이른바 '자신의 경험'을 파는 직업이다. 그러니 고작 석 달 간의 연수로 무슨 깊이 있는 컨설팅을 할 수 있겠는가.

우사미는 말끝마다 '경험이 뒷받침되지 않는 지식은 칼집이 없는 칼과 같다'라고 했다. 지금은 다츠야도 그 말의 참뜻을 충분히 알 수 있다. 하지만 당시에는 근거 없는 자신감이 넘쳤고 또 모든 일이 아무런 문제없이 잘 돌아갔다.

그 이유는 명백했다. 대부분의 경영자는 이미 자기 나름대로 결론을 도출한 상태에서 다츠야에게 자문을 구했기 때문이었다. 그러면 대체 왜 결론이 난 안건을 막대한 비용을 지출해가며 외부에 의뢰한단 말인가. 그것은 경영자가 직원들을 설득할 자신이 없거나 강제로 밀어붙였는데 실패할 경우 전문가의 의견에 따랐을 뿐이라고 면피를 하기 위해서였다. 게다가 그런 경영자는 애당초 자기 뜻에 어긋나는 조언에는 귀를 틀어막는 경향이 있다.

그런데 다츠야가 담당한 '그 일'은 경우가 달랐다.

어느 날 한 회사 사장으로부터 컨설팅 의뢰가 왔다. 이번에도 어차피 뻔한 결론이려니 생각한 다츠야는 '완벽한 프레젠테이션'을 펼치며 형식적인 조언을 했다. 그런데 이를 곧이곧대로 받아들인 사장은 다츠야의 제안대로 충실히 실행했다.

그 결과 회사는 도산이라는 처참한 운명을 맞이해야 했다.

그때서야 다츠야는 컨설팅이 얼마나 무서운 일인지 깨달았다.

'그렇게 무책임한 짓을 하다니······.'

그때 이후로 매일 밤 악몽이 다츠야의 잠을 깨웠다. 그 사건은 다츠야의 내면에 똬리를 틀고 집요하게 붙어 다녔다.

컨설팅 회사에 입사한 지 만 3년이 되었을 무렵, 몸도 마음도 지칠 대로 지친 다츠야는 사표를 던지고 그 길로 우사미의 사무실로 향했다.

우사미는 오랜만에 보는 애제자를 따뜻하게 맞아주었다.

"그때, 스승님의 충고를 따라야 했습니다……."

"음. 그것도 일류 경영 컨설턴트가 되는 데 밑거름이 되었다고 생각하게."

어깨를 축 늘어뜨리고 힘없이 서 있는 제자에게 우사미는 부드럽게 말했다.

"이제 잘 알겠지만 진정한 컨설턴트로 거듭나려면 피를 토할 만큼 철저한 현장경험과 공부가 뒷받침되어야 하네."

우사미의 충고에 따라 한층 더 전문적인 지식을 습득하고자 다츠야는 하버드 비즈니스 스쿨과 싱가포르 대학 비즈니스 스쿨을 지원했고 양쪽 다 합격 통지를 받았다. 다츠야는 원래 하버드에 진학할 생각이었다. 하지만 우사미의 의견은 정반대였다.

"하버드라고? 난 찬성할 수 없네. 다츠야, 자네는 아직도 형식이나 돈을 추구하고 있나? 컨설팅은 사람의 목숨을 구하는 일이야."

'목숨을 구하는 일. 물론 그 말씀이 맞아. 하지만…….'

지식을 쌓으려면 최고의 환경에서 배워야 한다고 생각했던 다츠야는 당혹스러웠다.

"자네는 이 세상의 중심이 미국이고 아시아의 중심은 일본이라고

17

생각하나? 그건 터무니없는 착각이네. 아시아의 중심은 아세안이야. 그 아세안의 중심이 바로 싱가포르지. 서로 마음을 주고받을 수 있는 아시아야말로 우리에겐 최상의 선택일세."

열정이 가득한 우사미의 말이 다츠야의 마음을 움직였다.

"알겠습니다. 싱가포르 대학으로 진학하겠습니다!"

"잘 생각했네. 아시아의 네트워크를 접하면 자네 인생이 더욱 풍요로워질 거야."

우사미는 활짝 웃었다.

싱가포르에서 눈 깜짝할 새에 2년이란 세월이 흘렀다. 그곳은 다츠야에게 날마다 흥미롭고 놀라운 일들뿐이었다. 학생이건 회사원이건 그곳 사람들은 유창한 영어는 기본이고 자기 분야에서도 뛰어난 실력을 갖추고 있었다. 게다가 미국과 유럽 등지의 최신 정보도 실시간으로 입수할 수 있었다. 다츠야는 아세안이 이렇게 역동적이고 활기찬 지역일 거라고는 생각하지 못했다. 그와 동시에 다른 아시아인들 눈에는 일본어만 사용하고 비자 없이는 외국에 갈 수 없는 일본이라는 나라가 오히려 특이한 존재라는 것을 알게 되었다.

다츠야는 세계의 비즈니스에서 영국인과 중국인이 지대한 영향력을 갖고 있다는 사실을 깨달았다. 그들은 세계 곳곳에 거미줄처럼 촘촘한 네트워크를 구축하고 있었다. 다츠야가 거둔 가장 큰 성과는 싱가포르 대학의 동기들을 통해 강력한 네트워크를 활용할 수 있게 된 점이었다.

다츠야의 졸업이 가까워져 올 무렵, 우사미로부터 연락이 왔다.

"내 친구가 세운 중견 전자부품 제조사가 있는데, 그 회사를 재건해보지 않겠는가?"

다츠야가 생각지도 못한 권유였다.

그 회사의 이름은 제이피. 연매출이 100억 엔 규모로 다츠야는 이름도 들어본 적 없는 회사였다. 우사미는 그 회사 경영 사정이 좋지 않다고 했다. 그런데도 우사미는 다츠야에게 그런 회사에 입사해서 다시 일으켜보라는 것이다.

다츠야는 대학 시절, 우사미에게 배웠던 말을 떠올렸다.

"한 회사의 실체를 파헤치려면 그 조직 내부에 침투해야 하네. 아무리 전문적인 교육을 받고 일류 컨설팅 회사에서 근무하거나 금융기관의 애널리스트가 된다 해도 일류 컨설턴트가 될 수는 없어. 그 이유를 아는가? 경험을 이기는 지식은 존재하지 않기 때문이지."

대학 시절에는 별생각 없이 넘겼던 그 말의 중요성이 지금에서야 다츠야의 피부에 와 닿았다. 싱가포르 대학에서도 두각을 나타냈던 다츠야에겐 일류 컨설팅 회사와 다국적 금융기관으로부터 심심치 않게 스카우트 제의가 들어왔다. 하지만 다츠야는 망설이지 않았다. 잘된다는 보장은 없지만 이제 겨우 서른이 아닌가. 실패를 두려워하지 말자. 오로지 경험을 쌓는 데 집중하자. 지금은 눈 딱 감고 섶을 지고 불에 뛰어들어보는 거다. 이게 바로 우사미 스승님이 말씀하신 피를 토할 만큼 철저한 현장경험이 아니겠는가. 의외로 재

미있을지도 모른다. 이런 생각을 하며 다츠야는 우사미의 제안을
받아들였다.

"알겠습니다. 제이피에 저를 추천해주십시오."

"손님, 브랜디 더 드릴까요?"

조금 전에 보았던 승무원이 다시 와서 작은 술병들이 들어 있는
등나무 바구니를 내밀었다.

다츠야는 달콤한 아이리시를 집어 들고는 진한 연갈색 액체를 잔
에 따랐다.

'린다, 제임스. 정말 멋진 연인이고 멋진 친구였어.'

다츠야는 불과 네 시간 전에 포시즌 호텔에서 그 두 사람과 나눈
대화를 떠올렸다.

"다츠야, 정말로 일본 회사에서 일할 거야?"

린다는 도저히 이해할 수 없다는 표정으로 말했다.

린다의 본명은 이미려. 중국 대련 출신의 순수한 중국인이다. 아르
바이트로 모델을 했다는 그녀는 학생들 사이에서 선망의 대상이었
다. 부동산 기업을 경영하는 부모님의 외동딸로 태어나 베이징 대학
을 졸업한 뒤 경영수업 차 싱가포르 대학 MBA 코스를 밟았다.

이유는 알 수 없지만, 그녀는 린다라는 서양식 이름으로 불리길 더
좋아했다.

"스스로 결정한 일이야. 더 이상 말리지 말아줘."

다츠야가 단호하게 말했다.

"우리 중국인은 절대 그런 길을 선택하지 않아."

린다는 다츠야를 이해할 수 없었다. 다츠야의 설득력은 미국인 학생도 혀를 내두를 정도다. 그뿐인가? 명문인 싱가포르 대학 비즈니스 스쿨을 수석으로 졸업했다. 그런 수재가 하필이면 일본에 돌아가서 중견기업, 그것도 휘청거리는 제조회사에 취직하겠다니. 물건 만들기 따위는 엘리트가 할 일이 아니라는 게 린다의 생각이었다.

린다는 언젠가 다츠야와 함께 아시아에서 금융 관련 사업을 하는 것이 꿈이었다.

'다츠야, 사랑해. 난 너의 재능을 누구보다 잘 알고 있어. 우리가 힘을 합하면 아시아 경제의 정상에 설 수 있어…….'

다츠야와 함께 지낸 2년 동안 린다는 끊임없이 그의 귓가에 이렇게 속삭였다. 하지만 다츠야는 린다의 소망을 무시하고 최악의 길을 선택한 것이다.

"자기는 자신의 재능을 낭비하고 있어."

언제나 씩씩한 린다의 눈가가 젖어들었다.

"넌 도망치는 거야."

스코틀랜드 출신인 제임스의 목소리가 거칠어졌다.

"맥킨지와 보스턴컨설팅이 스카우트 제의를 했잖아! 연봉 20만

21

달러를 걷어차고 5만 달러짜리 회사에 들어가겠다니 말이나 되는 소리야? 내 모교인 케임브리지 대학에서도 너만큼 실력이 뛰어난 학생은 손에 꼽을 정도였어. 럭비 선수 같은 강인한 체력과 세계 톱 클래스의 두뇌를 겸비한 사람이 활약할 곳은 따로 있는 법이야. 일본의 중소기업에 취직하다니 그렇게 정신 나간 짓이 어디 있어!"

제임스는 수도 없이 다츠야를 설득했다.

"네가 은사인 우사미 교수 말이라면 껌뻑 죽는다는 것도 알아. 하지만 아무리 은사의 요구라도 그렇지 그가 네 인생을 결정할 권리는 없잖아."

이성적인 제임스도 그 순간만큼은 감정적이었다.

"린다, 제임스. 오해하지 말고 들어. 난 단순히 교수님이 가라고 해서 제이피에 가는 게 아니야. 고객의 기대를 저버리지 않는 컨설턴트가 되기 위해 경험을 쌓고 싶은 거야."

"중요한 건 직장이야. 일류 컨설팅 기업에 취직하면 최고의 무대에서 최고의 경험을 쌓을 수 있어. 왜 그걸 모르는 거야."

"제임스, 더 이상 아무 말도 하지 말아줘."

다츠야는 캐나디언 클럽의 온더락을 단숨에 마셨다.

"다시 한 번 물을게. 그 제이피라는 회사에서 경험한 일이 네 앞날에 결정적인 경력이 될 거라고 생각해?"

다츠야의 의지를 확인하려는 듯 린다가 물었다.

"난 우사미 교수님 밑에서 진정한 컨설턴트가 되는 경험을 쌓고 싶어."

"넌 속고 있어! 우리가 네 재능을 훨씬 잘 알고 있다고."

다츠야는 제임스의 어깨에 손을 얹었다.

"고맙다. 너희들의 마음은 잘 알아. 정말 고마워. 하지만 내 마음
도 이해해줘. 이게 내가 택한 인생이야."

가슴을 짓누르는 침묵이 얼마 동안 흘렀을까.

린다가 포기했다는 표정으로 다츠야를 가볍게 안았다.

"알았어. 5년 뒤 여기서 다시 만나자. 그때 누가 옳았는지 알겠지."

제임스는 아무 말 없이 다츠야의 손을 힘껏 잡았다.

이륙한 지, 네 시간. 비행기는 칠흑 같은 어둠을 가르며 나리타
공항을 향하고 있다. 다츠야는 어느새 잠이 들었다.

1부

다츠야,
제이피에 입사하다

🔒 마루노우치 제이피 본사

도쿄 역 마루노우치 북문 개찰구로 나간 순간 다츠야는 깜짝 놀라고 말았다.

'여기가 도쿄 역이란 말인가.'

다츠야는 대학생일 때 아르바이트로 남문에 있는 중앙우체국에 곧잘 갔었다. 다츠야가 기억하는 마루노우치는 오랜 역사가 느껴지는 건물이 늘어선, 약간은 예스러운 거리였다. 그 후 재개발이 진행된 것도 다츠야는 기억했다. 1923년 도쿄 역 앞에 있는 마루노우치 빌딩을 허물고 신(新) 마루노우치 빌딩이 들어선 것도 싱가포르로 건너가기 전이었다. 그래도 마루노우치와 야에스는 여전히 근대적인 분위기가 감도는 거리였다.

그런데 지금, 다츠야의 눈앞에는 통유리로 된 고층 건물이 3월의 부드러운 햇살을 받으며 전후좌우로 빼곡히 들어찬 모습이 펼쳐졌다.

'겨우 2년 사이에 무슨 일이 있었던 거지?'

다츠야는 자신만 빼고 수십 년이 흘렀나 싶을 정도로 모든 것이 변했다고 느꼈다.

다츠야가 오늘부터 근무하게 될 제이피 본사는 한 고층건물의 30층에 있다. 엘리베이터가 30층에 이르자 문이 열렸다. 깔끔하고 세련된 접수대에 젊은 여성 두 명이 앉아 있었다. 다츠야가 용건을 말하자 곧바로 임원 회의실로 안내해주었다.

'아니 무슨 사무실이 이렇게 으리으리해? 우사미 스승님한테 들은 회사 상황하고는 완전히 딴판인데?'

사무실 안에는 떡갈나무로 제작된 탁자와 현란한 문양의 값비싼 도자기가 놓여 있었다. 벽에는 진품같아 보이는 샤갈의 그림이 걸려 있고 유리창 너머로 도쿄 역이 내려다보였다. 멀리 보이는 전철들이 장난감처럼 조그맣다.

'이렇게 전망이 좋으니, 이 사무실 사람들은 일할 마음이 절로 나겠다. 그런데 제이피라는 회사에 이런 사무실이 합당할까? 매출이 고작 100억 엔인 전자부품 제조회사. 경영 상태가 그리 좋지도 않으면서 이렇게 땅값이 비싼 곳에 본사를 두어야 할 이유가 뭘까?'

잠시 후 남자 세 명이 들어왔다.

가운데에 있는 제일 젊은 남자가 입을 열었다.

"저는 이 회사 사장인 마스오입니다."

다카라베 마스오. 갑자기 세상을 뜬 아버지로부터 제이피를 이어
받은 현재 사장이다. 사십 대인 사장은 나이보다 상당히 젊어 보였
다. 브룩스 브라더즈로 보이는 미국풍의 캐주얼한 정장이 아주 잘
어울리고 그의 손목에 순금 로렉스 시계가 반짝거렸다. 마스오는
패션 잡지에서 막 튀어나온 듯한 멋쟁이 같았지만 정작, 경영자로
서의 힘이 전혀 느껴지지 않았다. 몸은 어른인데 얼굴은 어린아이
라고나 할까. 마스오의 표정에서 경영자 특유의 긴장감을 찾아볼
수 없었다.

"이분은 마나카 전무이사 겸 경영기획실장, 그리고 이분은 마다
라메 이사경리부장입니다."

마스오가 지나치게 조심스러운 태로로 두 명의 부하 직원을 소개
했다.

'사장이 부하 직원을 소개하는데 왜 저렇게 어려워하지?'

다츠야는 약간 어리둥절했다.

전무인 마나카 류조는 꼬챙이처럼 말랐는데 얼핏 봐도 신경질적
으로 생겼다. 주름 하나 없는 회색 양복에 밋밋한 남색 넥타이와 흰
색 와이셔츠를 받쳐 입은 모습은 아무런 특징이 없어 보였다. 아무
리 좋게 보려 해도 퇴근길의 인파 속에서 누가 마나카인지 찾을 수
없을 만큼 패션 감각이 형편없었다.

다른 한 사람인 마다라메 준지는 바지 단추가 당장이라도 떨어질
듯 팽팽했다. 양복 재킷은 낡아서 구깃구깃하고 넥타이에는 얼룩이

묻어 있었다. 경리부장이라는 직함에서 연상되는 깔끔한 모습과는 거리가 멀었다.

심기가 불편해 보이는 얼굴로 마나카가 다츠야에게 질문을 던졌다.

"자네는 싱가포르 대학에서 무엇을 배웠나?"

"관리회계와 경영입니다."

"이것 보게, 그렇게 대답하면 안 되지."

마나카가 말했다. 다츠야를 얕보는 어조였다.

"경영과 관리회계가 정상적인 순서야. 관리회계를 경영보다 먼저 언급하다니 언어도단이야."

다츠야는 '별걸 갖고 다 트집이네.'라고 생각했다. 마나카는 사장인 마스오를 힐끔힐끔 곁눈질하며 말을 이었다.

"그리고 말이지, 경영은 선택받은 엘리트만 할 수 있지만, 관리회계는 경리나 하는 일이야. 겨우 그걸 공부하려고 일부러 싱가포르까지 갔단 말인가?"

다츠야는 갑자기 한 방 먹었다. 하지만 그런 막말을 듣고 잠자코 있을 다츠야가 아니다.

"관리회계는 경영을 하기 위한 회계입니다. 경영에 도움이 되지 않으면 의미가 없지요."

다츠야는 예전에 우사미에게 배운 말을 그대로 써먹었다. 마나카는 아무 말 없이 싸늘한 눈으로 다츠야를 보았다.

그러자 이번에는 마다라메가 입에 거품까지 물며 호통을 쳤다.

"전무님은 일본 최고의 대학을 나오시고 일류 은행에서 근무하시다가 하버드 비즈니스 스쿨에서 MBA를 취득하신 분이야! 관리회계 따윈 당연히 식은 죽 먹기지. 감히 전무님께 그 무슨 무례한 말투인가!"

그의 터질 듯한 배 때문에 와이셔츠 단추가 풀려 있는 게 보였다.

"됐어, 됐어. 사장님이 자네에게 하실 말씀이 있다더군."

마나카는 엷은 미소를 띠며 마스오 쪽으로 얼굴을 돌렸다.

"……우린 별로 내키지 않았네."

마스오는 혼잣말처럼 불쑥 내뱉었다.

"내키지 않았다니요?"

"자네를 채용하는 것 말이야. 하지만 음, 우사미 선생님과 선대 사장인 아버지가 정하신 일이니 어쩔 수 없지."

다츠야는 마스오가 무슨 말을 하려는지 도통 감을 잡을 수 없었다.

"정하신 일…이요?"

"우린 자네가 경리과장으로 들어올 줄 전혀 몰랐다네. 아버지가 돌아가시기 반년 전에야 그 사실을 알았지. 우사미 선생님도 근래에는 아무런 소식이 없어. 동남아시아의 비즈니스 스쿨을 막 졸업한 사람을 현장에 바로 투입할 수도 없고. 그렇다고 자네의 급여가 적은 것도 아니고……."

마스오는 푸념조로 말했다. 그런 마스오를 지원 사격하는 양 이번에는 마나카가 입을 열었다.

"자네의 특기라는 관리회계는 미국에서 본격적인 교육을 받은 내가 보기엔 소꿉장난에 불과해. 세 살 먹은 어린애라도 아는 사실이지. 그런데도 자네 같은 애송이를 과장으로 채용해야 하다니……. 경영자 입장에서는 그냥 넘기기 어려운 일이네.”

“전무님, 지당하신 말씀입니다. 다츠야, 내가 상사로서 말하는데 자네는 관리회계 어쩌고 하기 전에 재무회계와 세무부터 배워!”

두 사람이 번갈아가며 다츠야를 몰아부쳤다.

‘거 되게 잘난 척하네. 세상에 널리고 널린 게 당신들 같은 엘리트야.’

다츠야는 부글부글 끓는 속을 간신히 억눌렀다. 쉽게 흥분하는 것이 다츠야의 단점이었다.

“그렇긴 하지만 이미 결정된 일이니까 일단 써보기로 했네. 단 1년 뒤에 인사고과를 평가할 것이네. 보나마나 회사를 그만두게 되겠지.”

마나카가 이렇게 빈정거렸다.

‘아하, 이래서 형편없는 회사가 된 거로군. 이럴 줄 알았으면 컨설팅 회사의 제안을 걷어차지 말 걸 그랬나?’

아무리 봐도 경영 능력이 결여된 사장과 형식에 얽매여 사람을 판단하는 전무, 윗사람에게 쩔쩔매는 경리부장을 보며 다츠야는 자신의 선택을 후회했다.

‘아니야, 그렇지 않아.’

다츠야는 그 생각을 떨쳐버리려고 세게 도리질했다.

‘그때 무슨 일이 있어도 우사미 스승님의 말씀을 따르자고 결심

하지 않았던가. 스승님은 당연히 이 회사의 실정을 알고 있을 것이
다. 그렇기 때문에 여기서 경험을 쌓으라고 한 것이 틀림없다. 어차
피 더 이상 '그때와 똑같은 실패'를 되풀이하지 않으려면 이곳에서
경험을 쌓고 회사를 재건해야만 한다. 이왕 이렇게 된 거, 뒤로 물
러설 순 없어.'

다츠야는 속으로 다시 한 번 다짐했다.

🔒 미사와 아쓰시

그날, 단 다츠야의 입사 소식을 알리는 사내 메일이 직원들에게
발송되었다. 그 소식은 일파만파로 퍼져 나가 저녁 무렵엔 모르는
사람이 없었다.

사실은 일 년 동안 경리과장이 두 명이나 그만두었다. 다츠야가
세 번째다.

"다음 희생양은 누구일까?"

모두 흥미위주로 생각할 뿐, 후임으로 들어온 다츠야의 수완을
기대하는 사람은 거의 없었다.

다츠야가 싱가포르 대학 비즈니스 스쿨을 수석으로 졸업했고 저
명한 경영 컨설턴트이자 도쿄 대학 교수였던 우사미 히데오의 제자
라는 사실을 아는 사람은 아무도 없었다.

직원들의 유일한 관심사는 신임 과장이 전무와 부장의 집요한 괴롭힘에 과연 몇 달이나 버틸까 하는 것이었다.

우선 마다라메의 강력한 공격이 문제였다. 그전의 두 과장도 아무것도 아닌 일로 마다라메의 말 폭탄에 만신창이가 되었다.

첫 번째 경리과장이 해고된 계기는 정말 사소한 일이었다.

그는 160엔인 지하철 요금을 잘못해서 240엔으로 올려 정산했다. 충분히 있을 수 있는 일이었다. 다른 지역에서 근무하다 얼마 전에 도쿄로 올라온 경리과장은 도쿄 지하철의 기본요금도 240엔이려니 했던 것이다. 하지만 마다라메는 그 일을 알게 되자 시뻘건 얼굴로 펄펄 뛰었다. 한두 번도 아니고 몇 번이나 그랬다.

"경리는 1엔도 틀려선 안 돼! 이따위로 꼼수를 부리는 너 같은 놈은 경리과장 자격이 없어!"

그래도 소리소리 지르며 난리를 부리는 마다라메는 마나카 전무에 비하면 그나마 나은 편이었다. 비쩍 마른 마나카는 한 번도 웃는 얼굴을 보인 적이 없다. 몸에서 냉기를 발산하는 재주라도 있는지 마나카가 다가오면 주변 분위기가 영하로 뚝 떨어졌다.

마나카에게 한 번 찍히면 바로 죽은 목숨이다. 첫 번째 경리과장도 예외는 아니었다.

"그 녀석은 교통비를 거짓으로 올렸습니다."

마다라메가 이렇게 보고하자 마나카는 눈 하나 깜짝하지 않고 말했다.

"알겠네. 자네의 의견을 존중해서 퇴사 처리하도록 하지."

이 어이없는 결정에 마다라메도 깜짝 놀랐다. 하지만 마나카는 자신이 한 말을 거두는 사람이 아니었다.

"경리과장은 1엔도 소홀히 해선 안 되지. 자네도 조심하게나."

이런 식이니 회사 분위기가 납덩이처럼 무거운 것도 당연한 일이었다. 모두가 무슨 수가 나야 한다고 생각하지만 이 회사 직원들 중에선 새로운 바람을 일으킬 히어로는 없어 보였다.

그런 와중에도 아이치 공장의 공장장인 미사와 아쓰시만은 새로운 경리과장에게 은연중에 기대를 걸고 있었다.

미사와는 선대 사장 다카라베 분지의 충복이었다. 그는 나고야에서 공업대학을 졸업하고 얼마간 제조회사에서 근무하다가 제이피에 입사했다. 그 후 개발부문의 수장으로서 회사를 이끌어왔다. 공업제품이 전자화됨에 따라 전류를 제어하는 스위치를 찾는 수요가 높아질 것이라고 예측한 분지는 미사와에게 스위치 개발을 맡겼다. 집을 저당잡혀 자금을 마련하고 하청을 받아서 근근이 생활하는 힘든 나날이 지속되었다. 분지는 미사와가 개발한 산업기기용 스위치에 회사의 운명을 걸었다.

그것이 맞아떨어졌다.

지금 제이피가 존속할 수 있는 것은 특허권 때문이다. 특허권 사용료는 회사 수익 중 30%를 차지하는 안정적인 수입원이다. 제이피가 소유한 특허 중 대부분은 미사와의 작품이지만, 특허신청자가 제이피이므로 미사와에게 특허를 행사할 권리는 없다.

　온화하고 부하를 잘 챙겨주는 미사와는 직원들의 존경을 한 몸에 받았다. 하지만 나중에 중도 채용된 마나카 전무에게는 거북한 존재였다. 분지가 세상을 떠나자 마나카는 사장인 마스오를 부추겨 임시주주총회를 열었다. 그러고는 그 자리에서 미사와의 이사직을 박탈하고 새로 생긴 아이치 공장의 공장장이라는 자리로 쫓아 보냈다. 아이치 공장의 실권은 마나카 전무의 라인인 이시카와 도모미 이사제조부장이 쥐고 있다. 즉 공장장이란 허울 좋은 명분일 뿐 실상은 이사도 아니고 부장도 아닌 촉탁에 지나지 않았다. 일이라고 해봐야 가끔 경조사에 얼굴을 내미는 게 전부였다.

　분지가 아직 건강했을 때, 미사와는 분지와 분지의 친구이자 경영 자문인 우사미와 함께 회사의 미래에 대해 이야기한 적이 있었다. 3년 전 매출규모가 100억 엔을 넘겼을 때였다. 어찌된 일인지 이때부터 회사가 분지의 생각대로 돌아가지 않았다. 회사의 매출이 늘면 이익이 줄고 매출이 줄면 반대로 이익이 늘었다. 그리고 이익이 늘면 이번에는 운전자금이 부족하여 은행의 신세를 질 수밖에 없었다.

　왜 회사가 생각대로 돌아가지 않는지 분지는 도무지 이해할 수 없었다.

　"100억 엔의 벽이로군요."

　매출규모 100억 엔까지는 사장만 똑똑하면 회사가 돌아가지만

100억 엔의 벽을 넘으려면 '관리능력'이 필요하다고 우사미가 설명했다. 관리능력은 지식과 경험이란 양축이 맞물려 비로소 발휘되는 것이다. 방대한 지식을 익혀서 그것을 실무에서 활용할 수 있는 인재는 생각보다 많지 않다. 제이피 직원 중에서도 그런 능력을 갖춘 사람은 찾기 힘들었다.

이때 분지의 머릿속에 그런 사람이 한 명 떠올랐다. 바로 마나카 류조였다. 분지의 여동생의 아들, 즉 분지의 조카이자 마스오의 사촌이다. 마나카는 어릴 적부터 알아주는 수재였다. 교과서 내용은 딱 세 번만 읽으면 토씨 하나 틀리지 않고 외울 수 있었다. 대학도 학원에 다니지 않고 단번에 합격했다. 학교 수업만으로도 충분했던 것이다.

한편, 그런 마나카와는 달리 아들인 마스오는 확실히 미덥지 못했다. 머리만 미덥지 못한 것이 아니었다. 분지는 마스오가 경영자에게 요구되는 지식과 경험이 부족하다는 점을 누구보다 잘 알았다. 마스오는 결단력이 없고 냉철하지 못했다. 한마디로 말하자면 정에 약한 것이다. 경영자로서는 치명적인 결점이다. 분지는 아들이 능력이 없진 않지만, 매출 100억 엔의 기업을 이끌어갈 리더의 그릇이 못 된다고 판단했다.

그런 점에서 조카인 마나카는 달랐다. 하버드에서 MBA를 취득했고 젊은 나이에 일류 은행에서 부장 자리까지 올랐다. 항상 이성적으로 대처하며 때로는 비정하다고 할 만큼 과감한 결단을 내릴 수 있다. 규칙을 어기는 자는 아무리 친한 사이라도 사정을 봐주지 않았다.

'아들을 받쳐줄 사람이 필요하다.'

그렇게 생각한 분지는 마나카 류조에게 제이피에 들어오지 않겠냐고 권유했다. 뜻밖에도 마나카는 "큰아버지의 부탁을 어떻게 거절하겠습니까." 하고 흔쾌히 그 제안을 받아들였다.

이리하여 마나카는 전무이사로 제이피에서 일하기 시작했다.

그런데 마나카가 회사 일에 적응이 되었나 싶었는데 의외의 면이 나타났다. 매사에 '인간미'가 너무 없었던 것이다. 그는 아무리 사소한 실수라도 그냥 넘기지 않았다. 반년도 되지 않아 직원 두 명이 우울증으로 회사를 떠났다. 왜 이렇게 일처리가 늦냐, 이것도 서류라고 작성했냐, 머리는 뒀다 어디에 쓰냐, 이런 식으로 마나카는 하루가 멀다 하고 그들을 들들 볶았다. 두 사람이 사표를 제출하자, 마나카는 비아냥거리는 미소를 띠며 이렇게 말했다고 한다.

"능력도 체력도 의욕도 없는 직원을 뭐 하러 붙잡겠나."

직원들은 이렇게 냉정하고 음험한 마나카를 두려워했다.

미사와는 마나카도 마스오와 마찬가지로 경영자의 그릇이 아니라고 생각했다. 자신을 공장장이라는 명분으로 한직으로 내몰았기 때문은 아니다. 마나카의 지나치게 차가운 성품과 경영방식이 문제였다. 생전에 마나카를 제이피에 들인 분지도 그 점에 대해선 잘 알고 있었다.

100억 엔의 벽을 넘으려면 마스오와 마나카, 이 두 사람의 결점을 보완할 사람이 추가로 필요했다. 그때 우사미가 추천한 사람이

단 다츠야였다. 분지는 두 손 들어 환영했다. 하지만 미사와는 우사미를 완전히 믿는 분지가 좀 이상했다. 미사와는 이제 겨우 서른살인 다츠야라는 청년이 정말로 마스오 사장과 마나카 전무의 결점을 보완할 힘이 있다고 믿지 않았지만 존경하는 우사미의 소개이니 믿어볼 수밖에 없었다.

그로부터 얼마 안 있어 분지가 죽자 미사와의 예상대로 마나카는 제이피의 경영권을 쥐고 흔들었다. 남편인 분지의 주식을 전부 상속받은 다카라베 후미의 눈을 의식해서인지 표면적으로는 사장인 마스오를 받들었지만, 날이 갈수록 본성을 드러내기 시작했다.

미사와에게 불안감이 엄습했다. 이대로 가면 제이피는 돌이킬 수 없이 망가지고 분지와 함께 일구어낸 회사도, 함께 고생한 직원들과 그들의 가족도 모든 것을 잃을지도 모른다고 생각했다.

'선대 사장이 우사미를 믿은 것처럼 그의 애제자라는 단 다츠야에게 한 번 걸어보자…….'

초라한 공장장실에서 다츠야의 정식 입사를 알리는 메일을 읽으며 미사와는 자신도 모르게 눈을 감고 두 손을 모았다.

🔒 두 여자

가벼운 긴장감 때문일까? 다츠야는 새벽 5시에 눈을 떴다. 오늘부터 본격적으로 일하는 날이다. 다츠야는 재빨리 출근준비를 마치고 집을 나섰다. 아침은 지하철역 근처의 패스트푸드점에서 간단히 때우고 지하철을 탔다.

아직 7시 전인데도 지하철 안은 콩나물시루였다.

회사에 도착하자 시곗바늘이 7시를 조금 넘기고 있었다. 다츠야는 경리부서실 문을 열고 자기 자리를 찾았다.

그때 세련된 흰색 블라우스를 입은 한 여자가 분홍색 장미를 꽃병에 꽂고 있는 모습이 눈에 들어왔다. 그 여자는 다츠야를 보고 약간 놀란 얼굴로 말을 걸었다.

"단 다츠야 과장님이신가요?"

'어? 내 이름을 아네?'

다츠야가 가볍게 고개를 숙이자 그녀는 미소를 지으며 자기소개를 했다.

"전 사와구치 모에라고 해요."

모에는 젖은 손을 수건에 닦고 나서 "과장님 자리는 여기예요."라며 다츠야를 안내했다. 책상은 말끔히 닦여 있었다. 모에는 꽃병을 다츠야의 책상에 놓은 다음, 다시 한 번 깍듯이 인사했다.

"앞으로 잘 부탁드립니다."

샤넬 코코 마드모아젤의 향기가 은은하게 코를 자극했다.

"이 꽃, 마음에 드세요?"

모에가 조심스럽게 물었다.

"장미는 내가 제일 좋아하는 꽃입니다."

"다행이다. 원래는 난을 찾았는데 없어서요."

난은 싱가포르의 국화다.

'이 사람은 내가 싱가포르에 있었다는 것을 알고 있구나.'

"왜, 난을 찾았죠?"

다츠야가 되물었다.

"아, 그냥 예쁠 것 같아서요."

모에는 고개를 숙이고 말했다.

"꽃꽂이 때문에 이렇게 일찍 회사에 출근했나요?"

"아니에요. 전 항상 이 시간에 회사에 와 있어요. 커피를 내리고 청소도 하고 그날 할 일을 준비하면 어느새 8시 반이랍니다."

그렇게 말하며 약간 쑥스러워했다.

"그런데 사무실 청소는 외부 사람을 쓰고 있지 않나요?"

"부서 사람들이 조금이라도 편하게 일하시라는 생각에……. 제가 쓸데없는 일을 했나요?"

모에는 커다란 눈으로 다츠야를 빤히 쳐다보며 쭈뼛쭈뼛 말했다.

"아니, 그렇지 않아요."

다츠야는 황급히 부정했다. 물기를 꼭 짠 걸레로 닦아 놓은 책상을 보니 기분이 좋긴 했다. 외부 사람이 기계적으로 하는 청소와는 확실히 달랐다.

'도쿄 같은 대도시에 이렇게 고풍스러운 여자가 있다니……'

다츠야는 몸을 돌려 부서를 한 바퀴 둘러보았다. 모든 책상이 깨끗하게 닦여 있고 경리부서실 입구와 부장과 다츠야의 책상은 분홍색 장미로 장식되어 있다. 한 책상에 전원이 켜진 컴퓨터가 보였다. 화면이 잘 보이진 않지만, 다츠야는 엑셀 프로그램이라는 것을 알았다.

'일하는 중이었나?'

"저건 모에 씨의 컴퓨터인가요?"

"아, 네……."

모에는 태연한 척 자기 자리에 돌아가더니 컴퓨터의 전원 스위치를 5초 정도 눌렀다.

'왜 저러지? 매일 컴퓨터를 사용하는 사람이 강제 종료를 하다니.'

컴퓨터를 끌 때는 일단 작업 중인 프로그램을 닫고 나서 시스템을 종료하는 것이 상식이다. 그렇게 하지 않으면 데이터가 망가질 우려가 있다.

"남자들이 보면 좀 그런 사이트를 보고 있어서요. 죄송합니다."

모에는 고개를 숙이고 부끄러운 표정으로 이유를 말했다.

'저게 남자들이 보면 좀 그런 사이트라고?'

"걸레 좀 빨고 올게요."

모에는 종종걸음으로 방을 나갔다.

홀로 남은 다츠야는 가방에서 경제신문을 꺼내어 1면부터 읽기 시작했다. 8시쯤 되자 직원들이 하나둘 모습을 보이기 시작했다.

"안녕하세요. 우와! 장미꽃이잖아. 이거 좋은데, 모에."

경리부 사원인 다나카 마사오가 모에가 꽂꽂이한 장미꽃 향을 맡으며 말했다. 그러더니 다츠야를 보고는 재빨리 다가와 꾸벅 인사했다.

"새로 오신 과장님이시죠? 전 다나카입니다. 모에 씨는 하루도 빠짐없이 일찍 출근해서 꽂꽂이를 하거나 직원들의 책상을 깨끗하게 닦아준답니다. 정말 착하지요. 그런데 호소야 마리는 말이죠, 얼마나 기가 센지 자기 권리만 주장하고 차 한 잔 안 갖다 준다니까요. 과장님도 잘 기억해두세요."

다나카가 작은 소리로 충고했다.

9시 정각에 마다라메 부장이 모습을 보였다.

마다라메는 "여차!" 하며 축 늘어진 몸을 의자에 앉혔다. 반들반들 윤이 나는 책상의 서랍을 열어보더니 이내 만족스러운 듯 웃으며 모에에게 말했다.

"모에, 오늘도 고마워."

그러고 나서 골초 특유의 쩍쩍 갈라진 목소리로 직원들에게 다츠야를 소개했다.

"오늘부터 여러분의 상사인 단 다츠야 과장이다. 아무것도 모르는 신출내기지만 잘들 해봐."

다츠야가 자리에서 일어나 예의 바르게 머리를 숙였다.

"단 다츠야입니다. 아직 독신입니다. 고향은 사이타마 현 우라와 시이고 도쿄 대학과 싱가포르 대학원을 나왔습니다. 취미는 맛있는 것 먹기, 특기는 운동입니다. 참고로 유도 3단입니다."

마다라메가 갈라지는 목소리를 한층 높여 말을 이었다.

"자네도 알겠지만, 우리 회사의 경리 책임자 중 1년 이상 근무한 건 나밖에 없어. 그만큼 경리라는 일이 힘들다는 말이야."

그렇게 말하며 가슴을 폈다.

그러고는 한층 더 큰 소리로 덧붙였다.

"우리 경리부는 다른 부서 덕택에 먹고사는 거야. 다츠야, 알겠나?"

순간, 다츠야는 자신의 귀를 의심했다. 지금 마다라메는 명색이 경리 부장이면서 다른 부서가 경리부를 먹여 살린다고 말하고 있는 것이다.

그것도 모자라서 "그러니까 회사에 민폐를 끼치지 않도록 신경 쓰라고." 말한다.

'대체 뭐라는 거야.'

다츠야는 짜증이 확 났다.

"새로운 과장에게 질문이나 희망사항은 없나?"

마다라메가 직원들에게 물었다. 그러자 긴 머리에 가냘픈 체격의 젊은 여자가 손을 들며 일어났다. 수수한 베이지색 면 셔츠에 회색 바지 차림, 화장기 없는 얼굴이다. 하지만 또렷한 이목구비가 이 여자의 자연스러운 아름다움을 잘 드러내고 있다.

"전 호소야 마리입니다. 과장님은 일하는 여성을 어떻게 생각하시나요?"

'이 사람이 아까 다나카가 뒷담화하던 호소야 마리구나. 마치 싱가포르의 커리어우먼 같은 말을 하는군.'

다츠야는 마리의 질문을 듣고 싱가포르 시절을 떠올렸다. 이런 질문을 하는 여자에게 대답을 잘못하면 나중이 무섭다는 걸 아는 다츠야는 우선 질문의 취지를 확인했다.

"일하는 여성 말인가요. 좀 더 구체적으로 질문해주세요."

"이렇게 말씀드리죠. 여자에게는 단순작업이 어울리고 지적인 노동은 남자와 상대가 되지 않는다. 그러니까 여자는 남자와 대등하게 일하면 안 된다고 다츠야 과장님은 생각하시나요?"

마리가 말하는 도중에 여기저기서 수군대는 소리가 들렸다.

"또 시작이다, 마리의 특기."

"만날 하는 남자 상사 비판이지 뭐."

얼굴 표정이 일그러진 마다라메는 마리와 다츠야의 대화를 주의 깊게 듣고 있었다. 마리는 간접적으로 마다라메를 비판했던 것이다.

"전 지난주만 해도 싱가포르에 있었습니다. 거기서는 아내가 회사의 관리직이고 남편이 운전기사거나 사무직인 부부가 드물지 않습니다. 이건 태국 친구에게 들은 이야기인데 국가공무원 중 상급직은 여자가 더 많다고 하더군요. 여자가 결혼한 뒤에도 일하는 게 당연한 사회니까 정당한 평가를 받고 있겠지요. 동남아시아의 상식에서 보면 여자가 지적노동에 적합하지 않다는 인식은 올바르지 않다고 생각합니다."

그러자 마다라메가 끼어들었다.

"이봐, 여자 비위를 맞춰봐야 소용없어. 그리고 동남아시아하고 일본을 나란히 놓고 보면 어떻게 하나?"

"그렇지 않습니다. 일본 여성에게 지적노동의 장이 주어지지 않았던 거겠지요."

다츠야는 완곡하게 반론했다.

"과장님의 말씀을 듣고 안심했습니다. 앞으로 잘 부탁드립니다."

마리는 표정 하나 바꾸지 않고 이렇게 말한 다음 자리에 앉았다.

얼핏 보면 애교도 없고 뻣뻣하기 만한 호소야 마리는 남자 직원들의 마돈나인 사와구치 모에와는 극과 극이었다. 그런 마리에게 다츠야는 왠지 친근감을 느꼈다. 오늘 처음 만난 사이 같지 않았다.

'맞아. 린다와 비슷한데?'

외양뿐 아니라 그녀가 풍기는 분위기가 린다 판박이었다.

"그럼 이번엔 내가 질문하지. 다츠야, 네가 이 회사에 들어온 목적은 뭐야?"

마다라메의 말투가 갑자기 거칠어졌다.

순간, 잡담 소리가 뚝 끊기고 정적이 흘렀다.

"목적 말입니까? 그야 회사에 공헌하는 겁니다. 그리고 경력을 쌓기 위해서죠."

"공헌? 너 같은 애송이가 공헌하려면 죽었다 깨어나야 될 걸? 공헌은 무슨 공헌이야. 그리고 뭐? 경력을 쌓아? 회사가 학교인 줄 아나?"

마다라메의 얼굴이 삶은 오징어처럼 시뻘게졌다.

"저는 제이피를 위해 전력을 다할 각오가 되어 있습니다. 그러면 자연히 경력에도 도움이 되겠지요."

"잠꼬대 같은 소린 집어치워. 넌 이 회사에서 공부도 하고 월급도 받겠다, 이거 아냐?"

"부장님이 뭐라고 말씀하시건 전 반드시 좋은 성과를 내겠습니다."

마다라메의 공격에도 다츠야는 의연하게 대처했다.

마리가 일어나 다츠야에게 물었다.

"과장님, 그게 다 인가요?"

"다라니요?"

"예를 들면 정의라든가."

사무실 안이 순식간에 웃음바다가 되었다.

"뭐가 그렇게 우스워요! 여러분은 옳지 않은 일을 반복하는 일상이 실망스럽지도 않아요?"

마리는 직원들의 무신경한 웃음소리를 참지 못하고 버럭 소리를 질렀다. 그러자 마다라메가 이렇게 내뱉었다.

"2년제 대학을 나와서 사무나 보는 네가 뭘 알겠어. 그러니까 사람들이 널 싫어하는 거야."

그때 우사미의 말이 다츠야의 뇌리를 스쳤다.

다츠야, 포부를 높게 가지고 노력을 아끼지 말게. 그리고 스스로 생각하게. 최고의 컨설턴트가 되고 싶다면 최악의 환경에서 일을 하게. 그리고 어떤 상황에서도 정의를 위해 싸우게. 그것이 자네에게 최고의 경험이 될 게야.

다츠야는 가슴을 펴고 마리에게 말했다.

"마리 씨, 저도 같은 의견입니다. 상대가 누구이건 옳지 않은 일은 절대 용서하지 않습니다."

마리의 입가에 처음으로 미소가 번졌다.

🔒 의혹

그날 오후 다츠야는 곧바로 경리부 회의실에 틀어박혀 과거의 결산서류를 샅샅이 살펴보았다. 우선 회사의 사업내용과 실적부터 파악했다. 다츠야가 꼼꼼하게 정리된 5년 치 결산자료를 다 읽었을 때 노크 소리가 들렸다.

"호소야 마리입니다."

긴 머리를 아무렇게나 묶은 마리가 들어왔다.

"다음 달 자금운용계획표입니다."

마리는 A4 용지에 인쇄된 자료를 책상에 놓았다.

다츠야는 이런 자료를 처음 보았다. 자금운용계획표는 MBA 수업에서 맛보기로 배우긴 했지만 실물은 처음 보는데다 실제로 업무에 어떻게 적용하는지도 몰랐다.

"이건 어떻게 보는 거지?"

"네? 과장님, 어떻게 보는 건지 모르세요?"

아무리 어제 입사했어도 명색이 경리부 과장인데 마리는 어이가 없어 말을 못했다.

'회사의 목숨 줄인 자금흐름이 적힌 표를 못 읽는다니……. 이 사람 과장 맞아?'

"어떻게 보는지 가르쳐줄 수 있을까?"

다츠야는 천연덕스럽게 부탁했다. 마리는 할 수 없이 설명했다.

"그날그날의 돈의 움직임을 파악하는 것을 자금운용이라고 해요. 앞으로 들어올 돈과 나갈 돈을 일람표로 만들어서 돈이 충분한지 부족한지, 부족하다면 언제 얼마가 부족해질지 나타낸 게 자금운용표입니다."

"아~, 그렇군. 자금운용계획을 세우지 않으면 회사가 돌아가지 않겠네."

다츠야는 감탄하며 A4 용지에 적힌 숫자를 훑어 내려갔다.

"과장님, 다음 달 25일 부분을 좀 봐주세요."

마리는 가느다란 손가락으로 자금운용계획표를 가리켰다. 지급해야 할 금액보다 잔고가 2천만 엔 부족했다. 그냥 두면 발행어음이 부도가 나서 회사 신용도가 단숨에 추락할 것이다.

"과장으로서 어떻게 대처하시겠어요?"

다츠야는 순간적으로 생각에 잠겼다.

"먼저 질문을 하나 하지. 매달 이런 상태인가?"

"글쎄요. 괜찮았다가 안 괜찮았다가 하지만, 연 단위로 보면 5천만 엔 정도 부족합니다."

"이 표는 어떻게 작성한 거지?"

다츠야가 물었다.

"예금 잔고에 입금예정과 출금예정을 합해서 제가 만들고 있어요. 입금예정은 제가 외상매출금처럼 앞으로 회수될 금액을 입력하고, 출금예정은 매입대금이나 경비 처리를 할 금액을 모에 씨가 정리합니다."

"아, 모에 씨?"

"네, 그 예쁘장한 아가씨요."

마리는 모에에게 호감을 갖고 있었다.

"그래서, 자금이 모자라면 마다라메 부장님은 어떤 식으로 대응하시지?"

"은행에 연락해서 대출을 신청하죠. 경리부장의 능력은 얼마나 돈을 잘 융통하느냐로 판가름 난다고 하더군요."

마리가 감정을 억누르려고 애쓰는 것이 느껴졌다.

"부장님은 돈을 빌리는 게 경리의 소임이라고 생각하시는 거로군. CFO의 그릇이 아닌데."

다츠야가 이렇게 내뱉었다.

"CFO요?"

마리가 물었다.

"Chief Financial Officer의 약자로 최고재무책임자란 뜻이야. 기업의 돈을 어떻게 사용하고 운용해야 할지 최고 경영인의 일원으로서 생각하는, 돈에 관해서는 최고 책임자지. 일본에서도 CFO라는 직책으로 일하는 경영인이 점차 많아지고 있어."

"CFO라는 말은 저도 알아요. 마다라메 부장님은 이사경리부장이니까 바로 그 CFO가 아닌가요?"

마리가 되물었다.

"CFO라면 그날그날의 자금운용에만 신경을 소모하지 말고 왜 정기적으로 돈이 부족한지 그 원인을 찾아야 해. 눈앞의 돈을 좇기만 해서야 경영자라고 할 수 없지. 공공연히 말할 순 없지만, 부장님은 그냥 경리부문의 책임자에 지나지 않아."

다츠야가 그렇게 설명했다.

그러자 마리는 "보여 드리고 싶은 게 있어요."라며 회의실을 나갔다가 종이 두 장을 들고 왔다.

"이 표를 잘 보세요."

엑셀로 작성된 표였다. 한 장은 월별 업체별 재료매입금액, 또 한 장은 월별 재료별 매입금액과 월말 재고수량이 적힌 표였는데 군데

❖ 왜 우리 회사 자금상황은 항상 빠듯할까?

입출금 시점에 따라 은행의 예금 잔고가 마이너스(=자금부족)가 되는 날이 있다. 지금까지는 차입금으로 모면했지만…….

제이피의 일별 자금운용계획표 (××년 ×월 22일)

(단위 : 천 엔)

일	내용	입금	출금	잔액	
20(금)	가스요금 이체		16,000	507,065	과거
21(토)				507,065	과거
22(일)				507,065	오늘
23(월)	A은행 차입금 상환		100,000	407,065	예정
24(화)	매입대금 이체		150,000	257,065	예정
25(수)	급여 이체		267,065	−10,000	예정
26(목)	매출대금	154,000		144,000	예정
26(목)	발행어음 결제		130,000	14,000	예정
27(금)	지급이자		6,000	8,000	예정
28(토)				8,000	예정
29(일)				8,000	예정
30(월)	임대료 이체		12,500	−4,500	예정
31(화)	경비 지급		5,500	−10,000	예정

자금부족

군데 형광펜으로 표시한 숫자가 있었다. 다츠야는 마리가 형광펜으로 칠한 매입처와 숫자를 주의 깊게 보았다.

얼핏 보면 아무런 이상이 없는 것처럼 보이는 표였다. 매출이 오른 달은 매입금액도 늘어났다. 그런데 자세히 보면 그 중 숫자 변화가 좀 이상한 매입처가 있었다. 다마가와포장이라는 회사였다. 이 회사의 월별 매입금액은 한 번도 줄어들지 않고 꾸준히 증가만 했다.

"다마가와포장은 어떤 회사지?"

"우리 회사가 종이상자 포장재를 제일 많이 구매하는 회사입니다."

다츠야는 또 한 장의 표로 눈길을 주었다.

"확실히 포장재 매입이 늘어났군."

"하지만 포장재 재고수량을 보면 그렇게 늘어나진 않았거든요."

마리의 말이 맞았다. 일반적으로 매입대금이 늘어나면 월별 재고수량도 증가한다. 하지만 포장재의 재고수량은 거의 변함이 없었다.

"이상한데."

"저도 이상하다고 생각해요. 매입대금은 매월 조금씩 증가하고 있습니다. 하지만 재고수량이 거의 일정하다는 건 매입단가가 증가했다는 이야기가 되지요."

이 비정상적인 숫자 변화가 무엇을 의미하는지 정확하게 유추하는 마리를 보고 다츠야는 내심 놀랐다.

"구매부장은 누구지?"

52

"이노우에 게이지 부장님입니다."

"그럼 매입단가는 이노우에 부장님이 체크하시겠네?"

다츠야는 그 점이 이상했다.

"아마도 그렇겠지요……."

"마리 씨는 이 이야기를 마다라메 부장님한테 말씀드려봤나?"

"그야 수도 없이 말씀드렸죠. 하지만 '구매부에서 그렇게 결정했으니까 경리부가 이러쿵저러쿵 나설 것 없어. 그건 월권행위야.'라며 상대해주시지 않았어요."

"월권행위라고? 그럼 구매부의 이노우에 부장님한테 질문한 적은 있나?"

"딱 한 번이요. 하지만 벌컥 화만 내셨어요. '회사에 빌붙어 사는 부서가 무슨 말이 그렇게 많아, 자기 일이나 잘해!'라고 말이죠. 도대체 무슨 생각인지 이해가 안 가는 분들이에요."

마리는 평소 품고 있던 불만을 처음으로 입 밖에 냈다. 다츠야는 눈을 감고 마리의 말을 곱씹었다.

'그렇군, 매입대금 상승이 자금운용에 영향을 끼치고 있는지도 몰라. 이 숫자들의 움직임 이면에는 분명 뭔가 있다. 마리는 그 변화를 감지하고 이 자료를 작성했을 것이다. 그리고 지금 내게 열심히 신호를 보내고 있다.'

다츠야는 그렇게 생각했다.

'이대론 안 된다. 그냥 내버려두면 안 되는 사태가 우리 눈을 피

해 슬금슬금 진행되고 있을지도 모른다.'

다츠야는 눈을 떴다.

"신출내기 과장이지만 내 오른팔이 되지 않겠나?"

"기꺼이 그러지요."

회사에선 여태까지 한 번도 보이지 않은 활짝 웃는 얼굴로 마리가 대답했다. 웃는 모습도 린다처럼 이지적이었다.

🔒 이즈의 산장

"오늘도 다츠야는 아무런 연락이 없는건가?"

왼손으로 어설프게 찻잔을 입으로 가져가며 우사미 히데오가 아내 사나에한테 물었다.

"당신도 참⋯⋯, 다츠야가 제이피에 취직하겠다고 하니까 뭐라고 했죠? '이제부턴 나한테 의지하지 말고 뭐든지 스스로 해결하게. 일이 일단락 지어질 때까지 연락하지 말게.' 라고 사정없이 말해놓고는 무슨 말씀이세요."

"그랬었지⋯⋯."

창문 너머로 오무로 산을 보며 우사미는 한숨을 쉬었다.

반년 전 어느 날 아침이었다. 평소처럼 잠에서 깨어나 침대에서 일어나려는데 오른쪽 다리가 툭 구부러지며 바닥으로 굴러 떨어졌다. 다리가 저려서 힘을 줄 수도 없었다. 황급히 사나에를 부르려 했지만, 목소리가 나오지 않았다. 불길한 예감이 우사미를 덮쳤다. 다행히도, 아침 식사를 준비하던 사나에가 꽈당하는 소리를 듣고 부리나케 달려와 바닥에 웅크리고 있는 남편을 발견했다. 우사미는 응급차에 실려 곧장 병원으로 갔다.

검사 결과, 뇌경색이었다.

다행히 목숨은 건졌지만, 오른팔과 오른다리가 마비되었다. 그로부터 한 달 후 우사미는 그 상태로 퇴원했다.

"생활 방식을 바꾸셔야겠습니다."

주치의는 우사미에게 현역에서 물러날 것을 권유했다. 대학 강의와 비즈니스 컨설팅, 강연 활동 등으로 눈코 뜰 새 없이 바쁘게 지낸 지 벌써 30년이 넘는다. 그동안 바쁜 시간을 쪼개어 틈틈이 여행을 다니고 술과 요리를 즐겼는데 결국 한계가 왔던 것이다.

"다음번에는 마지막일 수도 있어요."

주치의의 말이 비수가 되어 우사미의 가슴을 찔렀다.

'그 말이 맞을지도 모르겠군. 이제 슬슬 물러날 때인가……'

우사미는 사나에와 함께 이즈고원에 있는 별장으로 거처를 옮기기로 했다. 마그네슘과 염소 성분이 풍부하게 들어 있는 이즈고원의 온천과 맑은 공기, 아름다운 자연이 건강을 회복하는 데 안성맞춤이라고 생각했다.

우사미가 도쿄를 떠나기로 결심한 이유는 또 있었다. 퇴원을 할 때에는 일은 줄이되 계속하려는 생각이었다. 몸은 말을 안 들어도 머리는 여전히 쌩쌩했다. 하지만 생각지도 못한 일이 일어났다. 고문을 맡고 있던 대부분의 회사와 계약이 파기된 것이다.

"선생님, 요양에 집중하셔야죠."

"건강이 회복되시면 그때 또 부탁드리겠습니다."

우사미가 고문으로 일하던 곳의 대부분은 경영 실권이 다음 세대로 넘어간 상태였다. 그들은 아버지와 같은 세대의 컨설턴트로부터 자문을 받을 생각이 없었다. 그런 이유로 우사미가 쓰러졌다는 소식을 듣자마자 고문계약을 파기하는 회사가 속출했던 것이다.

얼마 전에도 제이피로부터 고문 계약을 연장하지 않겠다는 문서가 도착했다. 우사미는 입에 마비 증세가 남아 있어서 아직 유창하게 말할 수 없는 상태였다. 그래도 제이피에 전화를 걸었다. 그 회사에 들어간 애제자가 눈에 밟혔다.

하지만 사장인 다카라베 마스오는 부재중이었다. 그 후 아무리 전화를 걸어도 사장은 부재중이라는 말만 되돌아왔다.

새빨간 저녁노을에 물든 오무로 산을 바라보며 우사미는 자신에게 이렇게 물었다.

'지금까지 살아온 인생에서 후회는 없는가?'

과거의 수많은 일이 우사미의 뇌리를 스쳐 지나갔다.

물론 후회는 없었다. 단 하나만 빼고는 말이다.

다츠야.

다츠야는 우사미를 믿고 전도양양한 엘리트로서의 미래를 내치고 일부러 제이피에 입사했다. 이대로는 다츠야를 일류 경영 컨설턴트로 키우겠다는 약속을 지킬 수 없다는 생각에 우사미는 마비된 팔과 다리를 왼손으로 주무르면서 마지막 불꽃을 태워보자고 다짐했다.

그런 만큼 자신이 뇌경색으로 쓰러진 사실을 다츠야에게 알리고 싶지 않았다.

'그 녀석에게 공연한 걱정을 끼칠 순 없어.'

그렇게 생각한 우사미는 싱가포르에 있는 다츠야에게 편지를 보냈다.

다츠야에게
내가 가르칠 수 있는 것은 이미 대학 시절에 전부 가르쳤다.
싱가포르에서 많은 지식을 쌓았을 터 이제부터는 경험을 쌓을 단계야.
제이피에 입사해도 내게 의지하지 말게.
스스로 생각하게.
스스로 고민하게.
그러니 일이 일단락 지어질 때까지 절대 연락하지 말게.
다츠야, 자네가 좋은 소식을 가져오길 기대하겠네.
우사미 히데오

'다츠야, 제이피의 상황은 엉망일 게다. 하지만 결코, 물러서지마라. 역경이 인간을 성숙하게 한단다.'

창문 너머로 어두워지는 하늘을 물끄러미 바라보며 우사미는 애제자를 생각했다.

🔒 경리부의 셜록 홈즈

다츠야가 제이피에 입사한 지 일주일이 지났다.

그동안 다츠야는 회사 소개서, 상품 카탈로그, 회사조직도, 결산재무제표할 것 없이 회사와 관련된 자료란 자료는 다 뒤져보았다.

어느새 책상은 서류로 뒤덮였다. 다츠야는 온종일 서류를 검토하는 데 신경을 집중했다. 한 번씩 사와구치 모에가 커피를 갖다주었지만, 그녀가 온 것도 모를 정도로 서류에 빠져 있었다.

다츠야는 다소 성급하지만 일단 발동이 걸리면 엄청난 집중력을 발휘했다. 싱가포르 대학 비즈니스 스쿨을 수석으로 졸업한 사람의 능력은 남달랐다.

하지만 그렇게 생각한 것은 마리뿐, 다른 경리부서 직원들은 그런 모습을 달갑게 여기지 않았다. 다츠야의 긴장감이 경리부 전체에 퍼져서 평소처럼 차분히 일을 할 수가 없기 때문이다. 그러다 다츠야가 회의실에 틀어박히면 그제야 모두 안도의 한숨을 쉬었다.

다츠야에게도 회의실은 여기저기 서류를 펼쳐놓을 수 있는 안성맞춤의 작업공간이다. 회의실에서는 다른 사람 눈치 볼일 없이 마리와 각종 서류를 마음껏 검토할 수 있었다. 다츠야는 입사한 그날부터 마리의 도움으로 회계 자료를 이용해 회사 상황을 추적하고 있다.

이날, 다츠야와 마리는 제품 포장재의 매입 거래부터 조사하기로 했다.

다츠야는 일전에 마리가 작성한 회계자료의 숫자 추이가 아무리 봐도 미심쩍었다. 종이에 인쇄된 숫자들이 이상이 발생했다고 자신에게 호소하는 것 같았다. 다츠야는 우사미의 말을 떠올렸다.

> 셜록 홈즈가 되어서 숫자 뒤에 가려진 진실을 꿰뚫어보게.

다츠야는 마리가 작성한 자료를 몇 번씩 들여다보았다. 최대 거래처인 다마가와포장에서 매입한 금액이 꾸준히 증가하고 있었다. 회사의 월매출은 거의 변동이 없으니 매출과 비례하는 포장재도 매달 비슷한 양을 사용했고 월말 재고수량이 늘어난 것도 아니었다. 다츠야는 마리의 추측대로 매입단가가 상승했다는 결론을 내렸다.

다츠야는 다마가와포장이 발급한 지난 1년 동안의 청구서를 모두 확인해보기로 했다. 청구서와 영수증같이 제삼자에 의해 작성된 자료는 요긴한 증빙서류가 된다. 조작 가능성이 상대적으로 낮기 때문에 신뢰할 수 있는 것이다.

포장재는 이 회사 제품인 전자부품을 넣는 상자가 대부분이었다. 전자부품이 들어가는 개수에 따라 포장재의 종류도 달라진다. 다츠야와 마리는 상자의 종류별로 월별 매입수량과 단가, 금액을 엑셀에 입력한 다음 그 숫자들의 추이를 비교했다. 다츠야가 우사미 교수에게 배운 분석방법이었다.

> 이상한 점을 발견하려면 우선 숫자를 시간순으로 나열하게. 규칙적으로 반복되는 현상이 있는지, 갑자기 증가하거나 감소하는 게 있는지 주의해서 봐야 하네. 이상한 점이 발견되었으면 그 구성요소를 수량과 단가로 쪼개서 다시 한 번 보게.

"그러면 그렇지!"

다츠야가 예상했던 대로였다. 거의 모든 종류의 포장재 단가가 찔끔찔끔 상승하고 있었다. 매달 한 자릿수 단위로 올라서 단가만 보면 미미하지만, 전체 구매량을 생각하면 무시할 수 없는 금액이 된다.

다츠야는 지난 몇 년 동안 골판지 가격이 오르고 있다는 이야기는 들어본 적이 없었다. 그런데도 포장재 단가가 오르는 이유를 이리저리 생각해봐도 이렇다 할 만한 게 떠오르지 않았다.

"단가를 개정할 때마다 구매처에서 통지가 왔을 텐데?"

"그런 건 한번도 못 봤어요."

마리는 생전 처음 듣는다는 표정으로 말했다.

"그럴 리가 있나."

다츠야가 고개를 갸웃거렸다.

"매입단가를 인상한다는 건 그 금액만큼 구매처에게 회사 이익을 빼앗긴다는 이야긴데."

마리도 그 말에 동의했다. 판매처인 다마가와포장은 판매가를 올린 만큼 이익이 늘어난다. 반대로 제이피 입장에서는 매입원가가 올라가 이익이 줄어든다. 이 상황이 계속된다면 다마가와포장이 제이피의 이익을 다 가져가 버릴수도 있었다.

"하지만, 우리 회사에는 명확한 단가개정 규칙이 없는 것 같아요."

"규칙이 없어도 거래를 계속하는 이상 단가개정을 피할 수는 없지. 그렇다면 다마가와포장과 우리 회사 담당자가 적어도 구두로 합의는 했을 거야."

"그렇겠네요. 구매부장님이 직접 발주하시니까……."

"누가 발주한다고?"

다츠야는 굳은 표정으로 되물었다.

"저기 그, '구매부의 보스'라 불리는 이노우에 부장님이요. 툭하면 자재 구매처한테 골프에 식사 접대를 받기로 유명하답니다."

이노우에가 구매처로부터 빈번하게 접대를 받고 있는 건 바람직하지는 않지만 관행처럼 되어 있어 그것만으로 뭐라 할 수는 없는 일이다.

그보다는 구매책임자인 이노우에가 직접 다마가와포장에게 발주한다는 점이 다츠야 마음에 걸렸다. 이노우에는 부장이니까 다른 사람의 결제를 받을 필요가 없다. 사실상 확인이나 승인절차를 건너뛰고 발주를 진행하니까 이노우에는 포장재의 수량과 단가를 자기 마음대로 조정할 수 있었다.

"그리고 부장님은 이번 달에는 다마가와포장에 얼마를 지급하는지 매달 물으러 오세요."

마리가 말했다.

"점점 더 수상한데!"

다츠야의 목소리가 자기도 모르게 커졌다.

"하지만 이노우에 부장님이 포장재의 매입단가를 부풀린 금액을 착복한다는 건 불가능해요……."

"그건 그렇지……."

그렇게 대답하며 다츠야는 팔짱을 꼈다.

"뭐, 있을 수 없는 일은 아니지만."

마리가 이렇게 중얼거렸다.

"뭐라고?"

다츠야는 마리가 무슨 생각을 하는지 궁금해졌다.

"이노우에 부장님 혼자선 불가능한 일이죠. 하지만……."

"사내에 공모자가 있다는 뜻인가?"

마리가 살짝 고개를 끄덕였다.

"우리 회사는 다마가와포장에서 연간 5억 엔어치나 물건을 사들이고 있습니다. 그 중 1%만 요구해도 5백만 엔이지요. 매입대금을 부풀려서 자기 호주머니로 들어가게 하려면 경리부의 개입이 꼭 필요해요. 경리부의 관여 없이 단독으로 부정한 매입대금을 지급할 순 없으니까요."

다츠야도 맞는 말이라고 생각했다.

"그럼, 경리부에서 누가 수상하다고 생각하나?"

"아직 거기까진 생각해보지 않았어요. 저는 다만 그럴 수도 있다는 말씀을 드렸을 뿐이에요."

마리가 대답했다.

하지만 결코 있을 수 없는 이야기는 아니다.

'만약 지급업무를 맡은 경리부 직원과 구매책임자가 한통속이라면……'

다츠야는 비즈니스 스쿨에서 배운 지식을 총동원했다. 구매부 부장인 그의 발주 내역을 확인하거나 결제할 사람은 아무도 없다. 그 어떤 수상쩍은 발주도 가능하다는 말이다. 더구나 경리부서의 지급 담당 직원과 공모하면 지급내역이 걸릴 우려도 없다. 이거야말로 짜고 치는 고스톱이었다.

지금 이노우에 부장과 경리부 누군가가 부정행위를 하고 있다는 증거를 다츠야가 잡은 것은 아니지만 그럴 가능성은 충분했다. 다츠야의 뇌리에 '착복' 이라는 말이 스쳤다.

그렇지만 부풀린 구매대금을 매입처에 지불했다고 해서 그 금액이 자동으로 자기 호주머니로 들어가는 건 아니다.

다음으로, 생각해야 할 일은 어떻게 하면 아무도 모르게 부풀린 돈을 자신의 은행계좌로 송금할 수 있는가 하는 것이다. 다츠야는 최대한 머리를 굴렸다.

"만약 마리라면 어떤 식으로 매입대금을 착복하겠나?"

갑작스러운 질문에 마리의 얼굴에 잠깐 놀라움이 번졌다. 하지만 다음 순간 흥미를 느꼈는지 눈을 반짝거렸다.

"글쎄요."

마리는 연필을 손가락에 끼운 채 추리하기 시작했다.

"우선, 다마가와포장에게 부풀린 청구서를 발행하게 해서 그 대금을 전부 지급합니다. 다음으로 다마가와포장에게 구매부장님이 지정한 계좌로 대금 중 일부를 이체하게 한 다음 경리부의 누군가와 반반 나눕니다."

"실은 나도 같은 생각을 했어. 하지만 그렇게 단순한 방법을 쓰진 않았을 거야."

다츠야는 자신의 추리를 이야기했다.

"다마가와포장은 매출액이 200억 엔인 어엿한 중견기업이야. 그 나름의 내부통제시스템이 갖춰져 있겠지. 대금을 부풀린 청구서를 발행하거나 합리적인 증빙서류 없이 부풀린 대금을 이체하는 일은 그렇게 간단히 할 수 없을 거야."

"합리적인 증빙서류요?"

"대금을 지급한다는 것은 그 대금에 적합한 가치와 교환한다는 의미지."

회사는 가치를 구입하고 그 대금을 지급한다. 그 가치의 내용이 청구서에 쓰여 있어야 한다. 다츠야가 말한 합리성이란 청구내용이 지급금액에 걸맞다는 뜻이다.

원래 회사에서 현금을 지급하려면 청구서가 필요하다. 그러니 누군가가 부풀린 금액에 상당하는 청구서를 발행하고 있을 터였다. 그럼 대체 누가 다마가와포장에서 가짜 청구서를 만들고 있을까? 그리고 그 대금이 이체되는 곳은 이노우에 구매부장의 계좌인가? 아니면 다른 사람의 계좌인가?

의문점이 한두 개가 아니었다. 이쯤 되니 다츠야도 뭐가 뭔지 알 수가 없어졌다.

'생각해봐야 소용없는 건가······.'

그때 우사미의 말이 떠올랐다.

증거는 바로 눈앞에 굴러다니고 있어. 하지만 잘 훈련된 사람이 아니면 발견할 수 없지.

다츠야는 눈앞에 놓인 정기이체일람표를 철한 파일을 한 장 한 장 넘기며 훑어보았다.

❖ 부풀린 돈의 행방(추리 1)

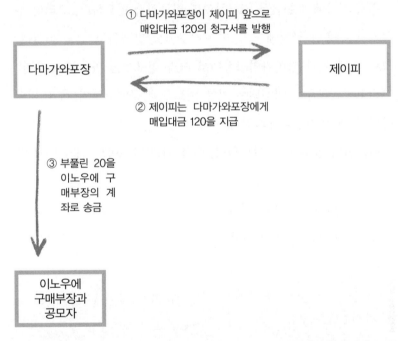

① 다마가와포장이 제이피 앞으로
   매입대금 120의 청구서를 발행

다마가와포장

제이피

② 제이피는 다마가와포장에게
   매입대금 120을 지급

③ 부풀린 20을
   이노우에 구
   매부장의 계
   좌로 송금

이노우에
구매부장과
공모자

※ 포장재의 원래 가격 = 100

세부내역을 일일이 짚어보지 않고 전체 흐름을 훑어볼 때 중요한 점을 발견하는 경우가 가끔 있다. 바로 지금 같은 경우를 일컫는다. 파일을 넘기던 다츠야의 손이 멈칫했다.

'이게 뭐지?'

그 순간 다츠야는 자신의 눈을 의심했다. 몇 번이나 그 표에 적힌 지급처를 확인했다.

믿을 수 없는 사실을 발견한 것이다.

"이것 좀 봐."

다츠야는 지급 회사명을 가리켰다.

"'오카와포장(王川梱包)'이라고 기재되어 있네요."

마리도 놀라움을 감추지 못했다. '다마가와(玉川)'가 아니라 '오카와(王川)'라고 기재되어 있는 것이다. 즉 청구한 회사가 아니라 다른 회사에 매입대금을 지급하고 있다는 말이다.

"매입처의 정보를 확인해봐."

다츠야는 속으로 이렇게 되뇌었다.

'진정하자. 섣불리 판단하지 말자.'

마리는 컴퓨터로 다마가와포장의 등록정보를 살펴보았다. 등록정보에는 다마가와포장에 관한 각종 정보가 기록되어 있었다.

마리는 정보 내용을 또박또박 소리내어 읽었다. 다츠야는 온 신경을 집중해서 청구서에 적힌 내용을 확인했다.

주소는 일치했다. 하지만 전화번호와 계좌번호는 다마가와포장과 달랐다.

그 순간 엉켰던 실타래가 풀어지듯 다츠야의 의문이 풀렸다.

"이런 일이 정말 있구나."

"정말 있다니요?"

마리가 되물었다.

"말하자면 이런 거야."

다츠야는 흥분한 어조로 트릭의 원리를 설명했다.

이노우에는 진짜 청구서를 다마가와포장에게 직접 받는다. 그런 다음 이노우에는 단가를 부풀린 가짜 청구서를 제이피에게 보낸다. 이때 회사명은 '오카와포장(王川梱包)'으로 한다. 청구서 주소는 다마가와포장이 등기한 본점 소재지와 일치시킨다.

하지만 전화번호와 이체할 계좌번호는 이노우에 부장이 준비한 오카와포장의 것이다. 제이피가 매입내용에 대해 문의할 경우를 대비해 오카와포장에는 전화 담당을 둔다. 매입대금은 제이피에게서 오카와포장 계좌로 이체된다.

"하지만 이체명은 한자가 아니라 발음으로 입력하잖아요."

"그렇지. 어떤 자가 '다마가와포장(玉川梱包)'이 아니라 '오카와포장(王川梱包)'이라는 사실을 알면서 대금을 이체하는 거야. 다시 말해 경리부에 공모자가 없으면 이런 부정거래는 불가능하지."

다츠야의 목소리가 자신도 모르게 점점 커졌다. 마리는 연신 회의실 문 쪽으로 눈을 돌렸다. 옆방에서 누가 듣는 것이 아닐까 신경

❖ 부풀린 돈의 행방(추리 2)

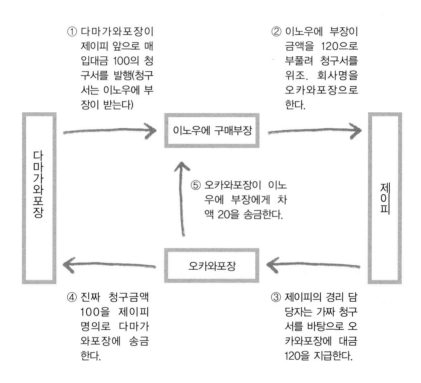

① 다마가와포장이 제이피 앞으로 매입대금 100의 청구서를 발행(청구서는 이노우에 부장이 받는다)

② 이노우에 부장이 금액을 120으로 부풀려 청구서를 위조. 회사명을 오카와포장으로 한다.

⑤ 오카와포장이 이노우에 부장에게 차액 20을 송금한다.

④ 진짜 청구금액 100을 제이피 명의로 다마가와포장에 송금한다.

③ 제이피의 경리 담당자는 가짜 청구서를 바탕으로 오카와포장에 대금 120을 지급한다.

이 곤두섰다. 다츠야가 설명을 계속했다.

"오카와포장은 제이피로부터 이체된 대금 중 진짜 청구금액을 제이피라는 이름으로 다마가와포장에 이체한 다음 나머지 돈을 나눠 가지는 거야."

"과장님, 대단한 추리력이에요."

마리가 칭찬하자 다츠야는 쑥스러워하며 털어놓았다.

"비즈니스 스쿨에서 수강한 감사론에서 배운 사례와 판박이야. 그 당시엔 애들 장난 같은 수법이라고 생각했는데 이렇게 직접 보니 정말 놀랍군. 설마 진짜 이런 일이 있을 줄이야……."

다츠야는 흥분이 가라앉지 않았다.

그러자 마리가 입을 열었다.

"사실은 이상한 거래처가 또 있어요. 이걸 봐주세요."

마리는 청구서 다발과 월별 매입금액표를 인쇄한 종이를 갖고 왔다.

"이 매입처요."

다츠야는 숫자의 변화를 살펴보았지만, 딱히 이상한 점은 눈에 띄지 않았다.

마리는 재빨리 1년 동안의 청구서 중 몇 장에 접착식 메모지를 붙여 다츠야에게 건넸다.

"과장님, 이 청구서를 어떻게 생각하세요?"

다츠야는 마리에게서 받은 매입 청구서를 펄럭펄럭 넘겼다.

"이게 뭐야? 품목과 수량이 다 똑같잖아."

"맞아요. 청구서를 정리할 때 알았는데 아이치부품에서 똑같은 종류의 가변저항기를 몇 번씩 구매했어요."

"몇 번씩……."

'이것도 학교에서 공부한 사례인가? 설마…….'

이것도 수상했다. 시계를 보자 벌써 7시가 지났다. 이걸 조사하려면 상당한 시간이 걸릴 것 같았다.

"마리 씨는 이제 그만 들어가 봐. 이건 내가 할 테니까."

"늦어도 괜찮아요. 어차피 오늘밤은 약속도 없고 전부터 찜찜했던 일이어서 꼭 지금 조사하고 싶어요."

"나야 좋지. 고마워."

다츠야는 지난 1년 동안 아이치부품에서 구입한 가변저항기의 구입수량과 단가, 금액을 월별로 엑셀에 입력해달라고 지시했다.

시곗바늘이 8시를 넘겼을 무렵, 작업이 끝났다.

다츠야는 인쇄한 표를 찬찬히 보면서 이상한 점을 발견했다. 제이피는 3개월 간격으로 1억 엔에 상당하는 같은 종류, 같은 수량의 가변저항기를 아이치부품으로부터 구입하고 있었다. 자세히 살펴보니 한 번 주문할 때마다 매입단가가 2%씩 야금야금 상승하고 있었다.

"왜 우리 회사는 같은 원재료를 대량으로 몇 번씩이나 사는 거지?"

"그건 원재료가 아니에요."

마리가 뜻밖의 사실을 밝혔다.

"이 가변저항기는 그대로 상품으로 판매합니다."

'원재료가 아니라고?'

"그게 무슨 소리야?"

"우리 회사 영업부가 홋카이도공업에서 주문을 받아 아이치부품에 발주하고 있는 것이죠."

이 거래에 제이피의 제조부는 관여하지 않는다. 제이피의 영업부는 그 가변저항기를 아이치부품에 발주해서 완제품을 매입해 제이피의 브랜드로 홋카이도공업에만 판매하고 있다. 그리고 상품인 가변저항기는 아이치부품에서 홋카이도공업에 직송된다.

다시 말해 아이치부품이 제이피에게 보내는 것은 청구서와 납품서뿐이라는 소리다. 제이피는 그 납품서가 도착한 날에 매입을 계상하고 같은 날에 홋카이도공업에 대해 매출을 계상하고 있다는 말이다.

"왜 홋카이도공업에만 파는 거지?"

"주문제작이니까요."

마리가 대답했다. 홋카이도공업 사양에 맞춘 제품이어서 다른 회사에 판매할 수 없다는 것이다.

"그러면 결제는 어떻게 하나?"

"매입대금은 3개월 만기어음으로 지급합니다. 즉 어음을 발행한 날에서 3개월 후에 우리 회사 은행계좌에서 대금이 이체됩니다. 그리고 판매대금은 제품을 검수한 날에서 2개월 후에 홋카이도공업에서 우리 회사 은행계좌로 송금되지요."

다츠야는 입출금 시점을 생각해보았다. 제이피로서는 판매대금 회수일로부터 1개월 후에 어음이 결제되어 은행계좌에서 예금이 빠져나가니까 자금운용에는 문제가 없다. 또, 얼마 안 되지만 이익도 나고 있다.

그런데 같은 상품을 같은 수량만큼 반복적으로 구입·판매한다는 점이 묘하게 걸렸다.

'혹시…….'

다츠야는 가슴이 두근거렸다.

"이건 치밀한 부정거래일지도 몰라."

"네? 어떤 부정이요?"

"비즈니스 스쿨에서 공부한 또 다른 사례가 생각났어."

시곗바늘은 9시를 넘겼다.

다츠야와 마리는 과거 3년간의 제이피와 홋카이도공업의 거래를 샅샅이 뒤졌다. 결과는 다츠야가 예상했던 대로였다. 3년 전에는 거의 거래가 없었다. 그런데 지난해에는 약 1억 엔, 그리고 올해는 약 4억 엔으로 대폭 늘었다. 어찌된 일인지 거래가 거듭될 때마다 매출이 6백만 엔씩 증가하고 있었다.

"틀림없어."

다츠야가 중얼거렸다.

❖ 순환거래의 속임수 (1)

거래 내역

(단위 : 백만 엔)

매출액	아이치부품	제이피	홋카이도공업
1회째	100	102	104
2회째	+6 106	108	110
3회째	+6 112	114	116
4회째	+6 118	120	122
합계	436	444	452

매입(매출원가)	아이치부품	제이피	홋카이도공업
1회째	98	100	102
2회째	+6 104	106	118
3회째	+6 110	112	114
4회째	+6 116	118	120
합계	428	436	444

각 회사와 거래를 할 때마다 매출과 매입이 600만 엔씩 증가하고 있다.

"그것 말고도 보여 드릴 자료가 있어요."

마리는 이런 말을 남기고 종종걸음으로 회의실에서 나갔다.

10분 후 마리는 폴더를 가져와 다츠야에게 건넸다.

표지에는 '미수금 리스트'라고 쓰여 있었다.

미수금 리스트는 '외상매출금 연령분석표'라고도 불리며 사전에 정해둔 결제조건대로 회수되지 않은 외상매출금의 이력을 관리하는 표이다.

다츠야는 그 표를 살펴보았다.

역시, 그의 생각대로였다. 홋카이도공업의 미수금이 꾸준히 늘어나고 있지만, 회수가 늦어지는 이유에 대해서는 전혀 언급이 없었다.

"홋카이도공업에서 들어온 돈은 네 번 모두 1억 엔입니다."

"마다라메 부장님은 이 일을 알고 있나?"

다츠야는 어리석은 질문이라 생각하면서도 물었다.

"제가 이 표를 작성해서 매달 부장님에게 보고하고 있어요. 하지만 '내가 영업한테 재촉하라고 말해두지'라고 하실 뿐이에요."

마리는 그렇게 말하고 한숨을 쉬었다.

다츠야는 마리가 입금처리 담당임을 떠올렸다.

"마리 씨는 홋카이도공업의 입금액을 청구서 사본과 대조해서 확인하고 있지?"

마리는 말없이 고개를 저었다.

경리부의 입금 담당자는 매출대금이 은행계좌로 입금되면 그 금액이 어느 매출, 즉 청구서에 대응하는지 확인하고 외상매출금 계정에서 소거하는 작업을 한다.

그런데 홋카이도공업만은 입금 확인 작업을 하지 않는다고 했다.

"이 상품은 영업부의 이시다 과장님이 관리하셔서 청구서 사본이 경리한테 오지 않아요."

"경리한테 오지 않는다고? 그럼 홋카이도공업의 발주서는 있나?"

"아니요, 이시다 과장님이 전화로 주문을 받을 뿐 따로 서류는 없습니다."

"그거 정말 이상한데. 발주서도 없고 청구서 사본도 없어. 그러면 경리부는 뭘 판매했는지도 모르고 회수금액이 타당한지 확인할 수도 없는 데다 외상매출금 데이터를 소거할 수도 없어······. 판매 업무에 대한 내부 통제가 제대로 되지 않는다는 말이로군."

이런 상태가 방치되다니 다츠야는 믿을 수가 없었다.

"그게 무슨 말씀이시죠?"

"판매업무의 흐름은 수주, 출하, 매출계상, 청구, 회수 순이지. 원칙적으로 이 다섯 가지 업무를 각각 다른 담당자가 처리해야 하고 반드시 상사의 확인이 있어야 해. 하지만 홋카이도공업과의 거래는 발주서도 없이 이시다 과장 혼자서 주문도 받고 청구서도 발행하고 있어. 이건 그 일을 확인하는 사람이 아무도 없다는 말이야. 암만 생각해도 이상하군."

비록 실무경험은 적지만 교과서에 나온 올바른 업무 흐름은 완벽하게 다츠야의 머릿속에 들어 있었다. 따라서 제이피의 판매업무 흐름이 이론적으로 틀렸다고 다츠야는 자신 있게 말할 수 있었던 것이다.

다츠야의 설명을 들으면서 마리는 짙은 안개가 서서히 걷히는 느낌을 받았다. 하지만 아직 의문점이 하나 더 있었다.

"입금액도 이상해요. 홋카이도공업은 끝자리를 쳐서 더 적게 입금한답니다. 예를 들면 외상매출금이 235만이라고 하면 200만 엔만 입금하는 거죠."

"매월 들어오는 돈이 얼마인지 어떻게 알지?"

"홋카이도공업의 구매부장님에게 이시다 과장님이 확인하나 봐요."

"확인을 해?"

"네. 하지만 입금예정을 확인하는 건 잘못된 일은 아니지요."

마리의 말이 맞았다. 담당 영업이 언제 얼마나 매출대금이 회수되는지 사전에 확실히 파악해두면 회사의 자금운용계획을 세우기 쉽다. 하지만 홋카이도공업처럼 외상매출금 중 일부 금액이 입금되지 않고 그 이유도 해명할 수 없는 상태를 정상이라고 보긴 어렵다.

"이 회사는 자금운용에 애를 먹고 있을 거야."

"그래서 회수가 늦어지는 거겠지요."

"신용조사는 했나?"

"이시다 과장님은 흥신소에 의뢰해서 조사했다고 합니다."

"마리 씨는 그 신용조사 결과를 봤나?"

"아니요, 보여주지 않던데요."

다츠야는 찜찜한 기분을 지울 수 없었다.

'홋카이도공업으로부터 제날짜에 돈이 들어오면 운전자금이 잘 돌아갈 텐데……..'

그때였다. 회의실 문이 벌컥 열리더니 마다라메 부장이 들어와 소리쳤다.

"너희들! 여기서 무슨 작당들이야!"

"마리 씨에게 이것저것 배우는 중이었습니다."

다츠야는 전혀 동요하지 않고 씩씩하게 대답했다.

"그, 이것저것이란 게 뭐야?"

"회사 실적과 경리 업무에 대해섭니다."

"그런 건 나나 모에에게 물어봐."

"마리 씨가 제일 한가한 것 같아서요."

다츠야는 마리를 힐끔 보며 말했다.

"그리고 뭐냐. 자기 자리를 놔두고 왜 여기에 있어!"

마다라메는 다츠야를 의심하는 것이 분명했다. 하지만 다츠야는 능청스럽게 "보시다시피 이런 상태여서요."라며 회의실 테이블에 흩어져 있는 서류를 가리켰다.

그러자 마다라메는 켜져 있는 컴퓨터 화면을 들여다보았다.

'아차, 이걸 어쩌나?'

다츠야가 이렇게 생각했을 때였다.

마리가 힘껏 전원 코드를 밟아 당겼다. 컴퓨터 화면이 꺼졌다.

"아, 죄송합니다."

마리는 마다라메에게 머리를 숙였다.

"이런 곳에 컴퓨터를 갖고 오니까 그렇지. 이러면 데이터가 망가지는 수가 있어. 조심하라고."

마다라메는 큰소리로 마리를 꾸짖은 후 이번에는 다츠야를 노려보며 볼륨을 높였다.

"네 월급이 얼만데 이러고 노닥거리는 거야. 빨리 일을 해야 할거 아니야!"

"저도 그럴 생각으로 지금 열심히 공부 중입니다. 부장님, 부탁이 있습니다. 업무파악을 위해 영업소와 공장을 둘러보고 싶습니다."

"그럴 필요 없어. 경리부 직원은 본사에 있으면 돼."

마다라메는 출장이 무슨 장난인 줄 아냐며 다츠야에게 핀잔을 주었다.

그때 다츠야는 우사미의 말을 떠올렸다.

경리가 해야 하는 가장 중요한 일은 자신의 눈으로 직접 확인하는 것이다.

"부장님. 죄송하지만, 현장을 모르면 경리 업무를 할 수 없습니다."

"네가 뭔데 그따위 말을 해!"

마다라메의 얼굴이 시뻘겋게 달아올랐다.

"그럴 시간에 전표나 입력해."

이쯤 되니 다츠야도 폭발했다.

"전표 입력은 일반 사원이 해도 됩니다. 경리 업무 중 가장 중요한 건 경영지원 아닙니까. 그런 것도 모르시는 겁니까!"

"들어온 지 얼마나 됐다고 건방진 놈! 어차피 상관없어. 넌 1년 뒤에 잘릴 몸이야."

그렇게 내뱉고 마다라메는 회의실에서 나갔다.

"마다라메 부장님은 윗사람한텐 굽실거리고 아랫사람한텐 호통만 치는 사람이에요. 신경 쓰실 것 없어요."

마리는 열심히 다츠야를 위로할 말을 찾았다.

뜻밖에도 다츠야는 언제 그랬냐는 듯 태연했다. 그리고 "아, 배고프다."라며 배를 쓸었다. 기분 나쁜 일이 있으면 맛있는 음식을 실컷 먹는 것이 다츠야의 스트레스 해소 방법이었다.

그런 다츠야를 보고 마리는 불쑥 이렇게 말했다.

"그럼 저하고 같이 저녁 식사하실래요?"

순간 마리의 배에서 꼬르륵 소리가 났다.

"이야, 그거 좋지. 오랜만에 맛있는 초밥이나 먹어볼까?"

"제가 싸고 맛있는 초밥집으로 안내할게요."

🔒 네즈의 초밥집 1

그 가게는 분쿄 구 네즈에 있었다.

가게에 들어서자 힘찬 목소리가 두 사람을 맞았다.

"마리 왔구나. 어서 오너라."

"겐 아저씨, 소개할게요. 제 상사인 단 다츠야 과장님이에요."

"안녕하세요. 단 다츠야입니다."

다츠야는 아버지 연배인 주인에게 가볍게 고개를 숙였다.

"마리가 회사에서 잘하고 있습니까?"

"겐 아저씨, 회사에선 제가 선배예요."

마리가 삐쭉 입을 내밀었다.

"술은 무엇으로 할래?"

가게 주인이 물었다.

"따뜻한 정종이요."

얼마 안 있어 따끈하게 데운 술이 나왔다. 마리는 다츠야의 큼지막한 술잔에 술을 따랐다.

"실은 저희 부모님이 센주 수산시장에서 생선가게를 하시는데 여기에도 물건을 대주고 있어요."

"쓰키지 말고도 수산시장이 또 있나?"

"어휴, 진짜 아무것도 모르신다니까."

마리는 자신의 잔에도 술을 따르며 설명했다.

도쿄에는 중앙도매시장이 세 군데 있다. 그 중 기타센주는 4백 년 이상의 역사를 간직한 유일한 수산물 전문시장으로 다른 수산시장보다 훨씬 품질 좋은 어물이 사고팔린다. 마리의 집은 백 년 전부터 대대로 생선가게를 하고 있었다.

"그렇죠? 겐 아저씨."

초밥집 주인은 "그렇고 말고."라며 밝게 웃었다.

"마리 씨는 도쿄 토박이로군."

"여긴 회사가 아니니까 마리 씨가 아니라 마리라고 하셔도 돼요."

다츠야는 마리에게 독특한 매력을 느꼈다. 마리는 뛰어난 실무 능력과 더불어 잘못된 일은 절대 용납하지 않는 대쪽 같은 성품을 지녔다. 일터에선 무뚝뚝하기만 한 마리가 지금은 귀엽고 생기발랄한 모습으로 떠들고 있다.

'린다도 그랬지……'

논쟁을 할 때, 린다는 완벽한 논리로 상대를 코너로 몰아넣어야 직성이 풀리지만 두 사람만 있을 때는 사랑스럽고 다정했다. 싱가포르에서 보낸 나날이 잠시 다츠야의 머리를 스쳤다. 이때 마리의 말이 다츠야를 도쿄로 불러들였다.

"전 세무사가 되고 싶어요."

마리는 그 지역의 국립고등학교를 다녔고 공부도 꽤 잘했다. 하지만 고지식하고 보수적인 아버지는 딸을 대학에 보낼 필요가 없다고 생각했다.

"여자가 무슨 학문이야."

그렇게 생각하는 아버지를 열심히 설득해서 마리는 간신히 2년제 대학에 들어갔다. 하지만 학교 수업은 마리의 갈증을 채워주지 못했다. 마리는 졸업 후 세무사 시험을 대비하는 전문학교에 들어갔다. 그로부터 2년이 지났다. 앞으로 세법과목만 합격하면 드디어 세무사 자격을 취득할 수 있게 되었다.

"세무사 자격을 따면 저희 가게 장부는 제가 관리할 거예요."

마리는 눈을 반짝거리며 언젠가 세무사가 되어 부모님의 가게를 돕고 싶다고 말했다.

"그나저나 마다라메 부장이란 사람은 참 큰일이야."

다츠야는 그럴 시간에 전표나 입력하라는 발언을 생각하며 분개했다.

"다른 부서 덕분에 경리부가 먹고산다고? 어떻게 그런 생각을 할 수 있지."

다츠야의 뇌리에 마다라메가 내뱉은 말들이 차례차례 떠올랐다. 순간 머리에 피가 솟구쳤다.

'웃기고 있네. 우사미 스승님이 들었다면 죽도(竹刀)로 흠씬 맞았을 거다.'

다츠야의 입에서 불쑥 이런 말이 튀어나왔다.

"그런 놈 밑에서 일하는 건 시간 낭비야. 이제부터 난 절대로 참지 않겠어! 내 진면목을 보여줄 테다!"

불쾌한 감정을 훌훌 털어버린 듯 다츠야는 유도로 단련된 두 팔을 번쩍 치켜들었다.

"그 썩어빠진 회사를 확 뜯어고쳐야겠어! 마리, 도와줄 거지?"

"물론이죠."

마리는 기다렸다는 듯이 기세 좋게 대답했다.

"전 홋카이도공업이 수상해요."

"아니야, 난 매입처인 아이치부품이 범인일 것 같아."

"그 반대가 아닌가요?"

　마리는 다츠야가 술에 취해 회사명을 잘못 말한 게 아닐까 생각했다. 하지만 다츠야는 두 번째 손가락을 좌우로 흔들었다.

"이건 회전 초밥이야. 그것도 '참치 뱃살'이라고 적힌 종이만 놓인 빈 접시가 빙글빙글 돌아가는 초밥집이야."

　마리는 다츠야의 말뜻을 이해할 수 없었다.

"잘 들어봐. 몇몇 회사가 서로 짜고 전표(납품서)만 빙글빙글 돌리는 거야. 납품서가 자기 회사에 오면 매입과 매출을 계상하지. 이런 식으로 100만 엔짜리 납품서가 세 번 통과하면 매출은 300만 엔으로 부풀어 오르는 거야."

"상품은 어떻게 되는데요?"

"내가 예전에 책에서 본 바에 의하면 상품은 전혀 이동하지 않아. 어차피 사기 거래니까 상품을 옮길 필요도 없겠지."

"하지만 왜 그렇게 사기를 치는 걸까요?"

마리는 영문을 몰라 어깨를 움츠렸다.

"바로 그거야. 이 사기 거래의 당사자들은 동상이몽을 꾸고 있어."

다츠야는 가방에서 레포트 용지를 꺼내 아이치부품, 제이피, 홋카이도공업이라고 썼다.

"우리 회사의 목적은 아마도 매출을 늘리는 걸 거야."

그 점은 마리도 이해할 수 있었다. 사장과 임원들은 입만 열면 '매출증대'라고 떠들어댔다. 매출액에 따라 보너스가 지급되기 때문에 영업사원들의 머릿속에도 오로지 매출을 올릴 생각뿐이었다.

"하지만 아이치부품은 달라."

"그 회사도 매출을 올리고 싶은 게 아닌가요?"

"그렇지 않아. '참치 뱃살'이라고 쓰여 있는 빈 접시만 쳐다본다고 배가 부르겠어?"

다츠야가 웃으며 말했다.

아무리 가공의 매출을 올린들 현금이 늘어나지는 않는다는 뜻이다.

"그럼 아이치부품의 목적은 뭐죠?"

술잔을 손에 쥔 마리는 눈을 동그랗게 뜨고 물었다.

"자금운용이야. 아이치부품은 아마 현금이 부족할 거야. 그래서 부정 거래를 시작했겠지."

다츠야는 레포트 용지에 화살표를 그리며 설명을 계속했다.

아이치부품은 제이피에게 받은 3개월 만기의 어음을 은행에서 할

❖ 순환거래의 속임수(2)

전체 구조

상품은 아이치부품에 보관된 채 이동하지 않는다. 각 회사는 지급일에 맞춰서 매출
대금을 회수하지만, 실질적으로는 당사자들끼리 차입과 대출을 반복하는 것에 지나
지 않는다.

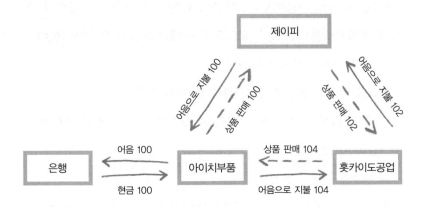

인하여 대금을 지급한다.

3개월 후 어음 만기일이 되면 제이피의 계좌에서 현금이 빠져나가 아이치부품이 어음을 할인한 은행에 들어간다.

"즉 아이치부품은 제이피가 발행한 어음을 담보로 은행에서 돈을 빌리고 있는 것과 마찬가지지."

"이제 알겠어요. 하지만 우리 회사도 돈이 없는데 무슨 돈으로 그렇게 하는 걸까요?"

"맞아. 어디선가 그만큼의 자금을 조달해오지 않으면 제이피가 위험해지지."

다츠야는 설명을 계속했다. 제이피는 아이치부품에서 구입한 상품을 홋카이도공업에 판매해 2개월 후에 대금을 수령한다. 이렇게 해서 제이피의 수지가 일치하면 자금 부담이 없어진다. 그러면 이번에는 홋카이도공업의 운전 자금이 부족해진다. 그때 홋카이도공업이 아이치부품에 매출을 올리고 아이치부품은 매입 대금을 제날짜에 지급한다. 이로써 홋카이도공업의 수지도 일치한다.

"하지만 아이치부품에는 돈이 없잖아요?"

"마리, 우리 회사의 자금운용표를 생각해봐. 자금이 바닥을 드러내는 건 돈을 결제하는 날이 매출대금을 회수하는 날보다 빨리 닥쳐서 그런 거였잖아? 그래서 일시적으로 은행 차입금으로 때우는 형국이지. 아이치부품의 자금이 부족해도 어음할인으로 자금을 융통하면 돈이 돌아가니까 일단 부도가 나는 사태는 막을 수 있어."

마리는 잠자코 고개를 끄덕였다.

"그럼 과장님은 아이치부품의 상태를 어떻게 생각하세요?"

"아이치부품은 지금 사업이 문제가 아니라 돈밖에 안 보이는 상태라고 생각해."

다츠야는 우사미의 말을 떠올렸다.

> 도산 직전인 회사는 결제 자금밖에 보이지 않게 된다네.

아이치부품이 지금 그런 상태였다.

"돈밖에 안 보인다고요?"

"아이치부품은 어음을 주고받아서 간신히 연명하는 게 아닐까?"

"잘 모르겠어요. 좀 더 풀어서 설명해주세요."

마리는 혼란스러웠다.

"난 실무 경험이 거의 없어. 그러니 예전에 책에서 본 사례를 예로 들어 볼게. 이건 순환거래일 거야."

"순환거래?"

"응, 이 세 회사가 짜고, 있지도 않은 상거래를 날조해서 가공의 매출액을 올리거나 부족한 자금을 일시적으로 마련하는 거야."

"왜 그런 짓을 하죠?"

"순환거래를 하는 목적은 회사에 따라 제각각이야. 그래서 더 복잡하고 악질적이지."

"목적이 제각각이라고요?"

"아이치부품은 자금부족을 메우기 위해, 제이피와 홋카이도공업은 매출액을 부풀려서 외부에 좋게 보이기 위해서지."

"그러면 왜 안 되나요?"

마리는 양손으로 턱을 괴더니 고개를 갸웃거렸다.

"세 회사 모두 거래가 없는데 마치 매출이 증가하는 척할 뿐이야. 원래 거래가 성립되려면 두 가지 요소를 충족시켜야 해. 우선 제품을 상대방에게 건네줄 것. 그리고 매출대금이 현금으로 확실하게 회수될 것. 하지만 순환거래에선 제품은 꿈쩍하지 않고 출하전표와 청구서만 돌아다니지. 그러고 나서 매출대금으로서 현금이 들어오지만 이건 매출대금을 회수했다고 할 수 없어. 사실은 매입처에 빌려준 돈이 한 바퀴 돌아서 들어온 것에 지나지 않아. 전표와 현금이 이 회사들 사이를 순환할수록 매출액이 부풀어 오르지. 매출액으로 실적을 판단하는 경향이 있는 거래처나 금융기관이 회사를 높이 평가하게 만드는 수법이야."

"아, 그건 매출을 인식하는 요건이네요. 세무 학원에서 배웠어요."

마리가 눈을 빛내며 말했다. 하지만 잠시 후 다시 고개를 갸웃하며 다츠야에게 질문했다.

"그런데 우리 회사는 왜 어음으로 매입대금을 지불할까요? 현금이체가 더 간단할 텐데요."

"그야 제이피도 자금 회전이 원활하지 않으니까. 그래서 자금 운용에 부담을 주지 않도록 어음으로 순환거래를 하는 거야. 말하자면 이런 거지. 아이치부품은 돈을 지불할 시점에 돈이 들어오지 않기 때문에 자금이 돌아가지 않아. 하지만 그렇게 간당간당한 회사에 은행이 선뜻 대출을 해주겠어? 그래서 제이피로부터 받은 어음을 할인하는 거야. 그 어음을 담보로 은행에서 돈을 빌리는 거지."

"아하, 그렇군요. 어음 만기가 되면 제이피의 계좌에서 현금이 빠져나가 아이치부품이 할인한 어음 결제로 충당되는 거로군요."

"바로 그거야. 하지만 문제가 있어. 제이피도 그냥은 자금을 빌려줄 여유가 없어. 아이치부품에 빌려준(어음 결제에 충당한) 돈을 어디선가 조달해야만 해. 그래서 아이치부품에서 매입한 제품을 홋카이도공업에 판매한 것처럼 꾸며서 판매대금을 회수하고 지불어음을 결제할 때 충당하지. 그러면 이번에는 홋카이도공업의 자금 회전이 악화되겠지? 홋카이도공업은 제이피에서 매입한 제품을 아이치부품에 팔아서 대금을 회수해. 하지만 자금이 바닥난 회사는 대체로 적자에 허덕이는 경우가 많아. 아이치부품은 일시적으로 부족한 자금을 메워도 자금이 다시 부족해지니까 결국 똑같은 거래를 반복하게 돼. 이런 식으로 순환거래에 관련된 회사들끼리 현금을 빙글빙글 돌리고 있을 뿐이야. 빈 접시 위에 초밥 이름만 놓인 회전 초밥과 똑같아. 매입대금에 이익을 얹어서 판매한 척해도 그만큼 현금이 늘어나는 건 아니잖아? 그림의 떡이지. 이런 일을 반복하고 있으면 마치 가는 실로 목을 조이듯이 점점 숨이 막혀오니까 숨통을 틔우려고 순환거래 규모를 확대하게 되어 있어. 하지만 언젠가 순환거래를 멈추는 순간, 지급 능력이 없는 회사가 제일 먼저 무너지지. 그리고 지급 능력이 있는 회사가 그 자금을 전부 떠안게 되는 거야……."

"그래서 아이치부품이 같은 수량의 납품서를 계속 보내는 거였군요. 그걸 그대로 홋카이도공업에 팔지 않으면 자금회전이 멈춘다는 거죠? 이시다 과장님이 홋카이도공업에 보낸 매입과 똑같은 내용의 청구서 사본을 주지 않는 이유를 이제야 알겠어요."

마리의 눈이 반짝였다.

"현금은 전표와 반대 방향으로 회전해. 제이피 입장에서는 아이치부품에 매입대금을 지불하는 건 그 회사에 돈을 빌려주는 거나 진배없고, 홋카이도공업에서 회수한 매출대금은 원래는 제이피가 아이치부품에 빌려준 현금이 돌고 돌아서 제이피에게 들어온 것뿐이야. 같은 금액의 현금만 계속 순환하고 있으니 이익에 상당하는 돈을 결제할 자금이 없겠지? 그래서 미수금이 점점 늘어나는 거야. 현실적으로는 어음할인수수료니 이체수수료니 하는 부대비용이 드니까 현금이 더욱 줄어들었겠지. 이렇게 돌려막기에 급급한 상황이다 보니 막상 대금 결제를 할 땐 그 금액의 끝자리를 쳐내는 거야."

"끝자리를 쳐낸다고요?"

마리는 처음 듣는 말이었다.

"아까 회의실에서 마리가 말했지? 외상매출금이 235만 엔이라고 하면 200만 엔만 입금된다고. 그게 바로 끝자리를 쳐서 더 적게 입금하는 거야."

"우와! 이제 문제가 다 해결되었네요."

마리는 흥분해서 두 손으로 다츠야의 굵직한 팔을 잡았다.

"하지만, 증거가 없어."

다츠야는 학교에서 공부한 사례에 끼워 맞춰서 추측했을 뿐 사실 여부는 아직 확실하지 않았다.

"과장님의 추리가 틀림없어요. 전 이론은 잘 모르지만 직감 하나는 끝내주거든요."

"증거가 없으면 아무도 상대해주지 않아."

"그렇게 약한 말씀 하지 마세요! 아까 썩어빠진 회사를 확 뜯어고치겠다고 하셨잖아요."

"문제는 어떻게 증거를 확보하느냐인데……."

다츠야는 고개를 갸웃했다.

"그렇겠네요. 모에한테 물어볼까요?"

"모에? 사와구치 모에 씨?"

"이 두 건의 비정상적인 거래는 전부 지급업무가 관련되어 있죠. 모에는 지급업무 담당이니까 뭔가 알고 있을지도 몰라요."

'사와구치 모에가 뭔가 알고 있을지도 모른다고? 맙소사…….'

마냥 기분 좋게 초밥을 먹고 있는 마리를 보며 다츠야는 기가 막혔다.

'설마 그럴 리가?'

두 사람은 초밥과 술을 실컷 먹었다.

"계산해주세요."

다츠야는 불룩해진 배를 만지며 말했다.

"다츠야 과장님, 마리랑 또 찾아주십시오."

초밥집 주인이 청구한 금액은 턱없이 적었다.

"이렇게 적게 내도 괜찮을까?"

"괜찮아요. 아저씨는 과장님이 마음에 들었나 봐요."

마리는 만족스러운 표정으로 말했다.

다츠야는 택시를 잡아 마리를 태워 보내고 혼자서 집을 향해 걸었다. 여기서 다츠야 집까지는 30분 정도 걸렸다. 술을 깨는데 딱 좋은 거리였다.

다츠야는 길을 걸으며 내일부터 할 일을 차근차근 생각했다.

'우선 오카와포장이다. 이노우에 구매부장이 오카와포장을 이용해서 부정행위를 저지르고 있는 것이 틀림없어 하지만 증거가 부족하다. 결정적인 증거로 뭐가 있을까?'

다츠야는 머리를 쥐어짰다.

'맞다! 등기부등본이 있었지!'

다츠야는 다마가와포장과 오카와포장의 등본을 떼서 내용을 비교해보면 오카와포장의 대표이사와 본점 소재지가 결정적인 증거가 될 수도 있다고 생각했다.

오카와포장이 사기 거래처임이 증명된다면 경리부가 허위 매입에 대금을 지급하고 있었다는 사실이 드러날 것이라고 확신한 다츠야는 가슴이 두근거렸다.

'그걸 이노우에 부장에게 들이대야지.'

다츠야는 주먹을 불끈 쥐었다.

다츠야가 또 하나 확인할 점이 있었다. 이 부정행위를 마무리하는 역할을 찾는 것이다. 경리부 중 누군가가 이노우에와 결탁하지 않으면 대금을 지급할 수 없다. 냉정하게 생각했을 때 제일 용의자는 누구일까?

지급 담당인 사와구치 모에.

모에는 이 부정행위를 가장 빨리 눈치챌 수 있는 위치에 있다. 또, 그녀가 지급업무를 처리하지 않으면 오카와포장에게 현금을 송금할 수 없다.

'아, 그런 건가······.'

다츠야는 입사한 날 보았던 모에의 이상한 행동이 생각났다.

'모에가 말한, 남자들이 보면 좀 그런 사이트가 이 일에 관련된 것이 아닐까?'

다츠야는 순간, 술이 확 깼다. 오히려 점점 머리가 맑아졌다.

언덕길을 넘어 앞으로 집까지 10분 정도 남았다. 다츠야는 계속 걸었다.

'마다라메 부장은 이 거래와 아무런 관련이 없을까? 마다라메는 부하 직원을 감독하고 회사 돈의 흐름을 파악해야 하는 최고책임자다. 모를 리가 없다. 아마 마다라메도 한몫하고 있을 것이다.'

다츠야는 또 하나의 부정거래가 더 나쁘다고 생각했다. 이것은 개인이 회사 돈을 횡령하는 차원의 일이 아니었다.

순환거래로 매출액 부풀리기를 계속하면 재무제표를 보는 사람은 제이피를 과대평가하기 마련이다. 이런 부정행위로 매출액을 늘려봤자 회사의 경영 실태는 변하지 않는다. 실적부진인 아이치부품에 자금 원조를 확대하면 할수록 제이피의 자금회전은 점점 악화될 것이다. 다츠야가 비즈니스 스쿨에서 공부한 사례를 보면 순환거래의 끝은 백이면 백, 회사가 함께 도산하는 사태를 맞았다.

하지만 이 거래도 다츠야가 결정적인 증거를 잡은 것은 아니다. 같은 부품을 같은 매입처로부터 사서 같은 거래처에 팔고 있다는 심증만 있지 물증이 없다. 순환거래일 가능성이 있다며 밀어붙여도 능구렁이 같은 마다라메와 보통 실력이 아닌 이시다가 '그렇소이다' 하고 순순히 인정할 리가 없다는 점을 다츠야도 잘 알았다.

'결정적인 증거가 없으니……'

그때 다츠야의 귀에 우사미의 목소리가 들렸다. 뒤돌아봤지만 아무도 없었다. 하지만 다츠야는 분명히 스승님이 귓가에 속삭인 듯한 기분이 들었다.

다츠야, 고민이 생기면 오감을 사용해 확인하게. 직접 눈으로 보고 손으로 만지고 귀로 듣고 코로 냄새를 맡고 혀로 맛을 보게.

'내일은 흥미진진한 하루가 될 것 같다.'
다츠야의 심장이 고동쳤다.

🔒 순환거래

아침 7시. 다츠야는 회사에 도착했다. 입사 첫날처럼 사와구치 모에가 컴퓨터로 작업을 하고 있었다. 모에는 다츠야를 보자 재빨리 화면을 바꾸었다.

"과장님, 안녕하세요."

모에가 인사를 하고 휴게실로 사라졌다가 잠시 후 은은한 향이 가득한 커피잔을 다츠야의 책상에 놓았다.

다츠야는 잡티 하나 없는 투명한 피부, 다소곳한 말씨와 행동, 뛰어난 패션 감각에다 어디 한군데 흠잡을 데 없는 모에가 어딘지 꺼림칙했다. 더 좋은 회사에 충분히 들어갈 수 있을 텐데 그녀가 왜 여기서 일하는지 그 이유까지도 궁금해졌다. 일단 의심하기 시작하자 모에의 행동 하나하나가 다츠야에게 수상쩍었다.

다츠야는 커피를 들고 신문을 읽는 척하면서 모에의 행동을 훔쳐

보았다. 모에는 컴퓨터 작업을 중단하고 걸레로 책상을 훔치기 시작했다. 이것도 모에가 늘 하는 행동이었다.

가만히 있어도 남자의 마음을 살짝살짝 간질이는 모에가 별 볼일 없는 경리부 남자 직원들에게 다정한 말을 건네고 책상을 닦아주며 차를 가져다주었다.

"안녕, 모에. 이야, 오늘도 고마워."

좋아서 어쩔 줄 모르는 그들을 보고 있노라니 다츠야는 왠지 모르게 기분이 나빠졌다.

모에와 정반대인 마리는 회사에선 무뚝뚝하고 쌀쌀맞지만, 사실은 순수하고 심지가 굳은 여자라고 다츠야는 생각했다. 생김새도 예쁘장한 편이고 긴 검은 머리와 몸에 딱 붙는 바지가 잘 어울리는 마리는 남을 의심하지 않았다. 일반적으로 여자는 남자의 시선을 의식하며 행동하는 모에 같은 동성을 싫어하는데, 다츠야가 보기에 마리는 오히려 모에에게 호감을 갖고 있는 것 같았다.

8시 반을 지났을 때 마리가 나타났다.

"안녕하세요."

어젯밤과는 딴판으로 다츠야에게 무뚝뚝하게 인사를 했다.

그러고는 사와구치 모에에게 "모에, 안녕." 하고 정답게 말을 걸었다.

"좀 피곤한가 봐."

모에는 숙취로 다크 서클이 턱까지 내려온 마리를 보며 걱정스럽게 말했다.

"괜찮아."

마리가 이렇게 말하며 자리에 앉았다.

"잠깐 나 좀 보지."

다츠야가 마리를 옆방 회의실로 데려갔다.

"지금 건에 대해선 아직 모에에게 묻지 않는 게 좋겠어."

"왜요?"

마리는 모에에게 물으면 모든 게 밝혀질 거라고 생각하고 있었다.

"이유는 나중에 설명할게. 그전에 부탁이 있어. 등기소에 좀 다녀왔으면 하는데."

"등기소요?"

"다마가와포장과 오카와포장의 등기부등본을 받아와. 이 정도면 충분할 거야."

다츠야는 지갑에서 만 엔을 꺼내어 마리에게 주었다.

"이 일은 우리 두 사람만 아는 거야."

다츠야는 목소리를 낮춰 말했다.

"알겠습니다."

마리는 돈을 재킷 호주머니에 넣은 다음 회의실을 나가려 했다. 그때 회의실 문의 유리창 너머로 여자의 실루엣이 보였다. 마리는 재빨리 그 여자를 쫓았다. 다츠야도 마리를 따라갔다. 하지만 아무도 없었다.

"설마, 모에?"

마리가 중얼거렸다.

샤넬 코코 마드모아젤의 잔향이 은은하게 떠다녔다. 분명, 모에가 쓰는 향수였다.

점심시간이 되기 전에 마리는 등기부등본을 갖고 돌아왔다.

"예상대로였어요."

마리는 통통 튀는 목소리로 말했다.

다마가와포장뿐 아니라 오카와포장도 실제로 있었다.

당연히 등기부등본의 주소와 대표자가 달랐다. 오카와포장의 대표는 '이노우에 요리코'였다. 이 여자가 누군지는 모르지만, 이노우에 부장의 관계자일 가능성이 있다고 다츠야는 추측했다. 만약 친인척이라면 이노우에 부장은 오카와포장을 마음대로 조종할 수 있을 것이다.

회사명과 마찬가지로 주소도 헷갈렸다. 다마가와포장의 본점 소재지는 '지요다 구 구단키타 10-1-9'였고, 오카와포장은 '지요다 구 구단미나미 10-1-9'였다.

'아마 이노우에는 되도록 비슷한 주소지인 건물을 찾았을 것이다.' 다츠야는 이것만으로도 증거가 충분하다고 생각했지만 마지막까지 방심하지 않았다.

"밑져야 본전인데 다마가와포장에게 확인서를 보내볼까?"

"확인서요?"

마리가 물었다.

"제이피가 다마가와포장에 지불해야 할 외상매입금은 다마가와포장한테는 회수해야 할 외상매출금인 셈이지. 그러니까 제이피의 외상매입금과 다마가와포장의 외상매출금이 일치한다면 누락이나 속임수가 없다는 이야기야. 감사론 수업 때 배운 내용이지."

"일치할 리가 없지요."

마리가 미소 지었다.

"하지만 또 다른 순환거래는 이보다 훨씬 까다로울 거야."

다츠야가 팔짱을 끼고 굳은 표정으로 말했다.

"여기서 물러나면 안 돼요. 아이치부품한테 받은 납품서와 홋카이도공업에 발송한 청구서 사본을 복사해서 마다라메 부장님에게 들이대면 분명히 화들짝 놀라실 걸요."

다츠야가 입사하기 전부터 이 수상쩍은 거래의 정체가 궁금했던 마리는 10년 묵은 체증이 확 뚫리는 기분이었다.

"순환거래의 앞잡이는 틀림없이 영업부의 이시다 과장이야. 하지만 이 부정거래를 사장님과 전무님, 그리고 이사다 과장의 상사인 영업부장님과 경리부장님이 알고 있는지 마음에 걸리는군."

타사(아이치부품) 제품에 자사(제이피)의 브랜드를 붙여 고객(홋카이도공업)에게 판매하고 물건은 제조사에서 고객에게 직송한다. 이 자체는 종종 있는 거래 형태다. 문제는 전표와 현금이 세 회사 사이를 서로 반대방향으로 빙글빙글 돌아가면서 매출과 매입, 이익을 차곡차곡 쌓고 있다는 점이다.

매출과 이익은 반드시 현금이 뒷받침되어야 한다. 이것이 회계의 대원칙이다. 예를 들면 매출이 100만 엔이면 현금도 100만 엔 있어야 하고 200만 엔이면 현금도 200만 엔이 있어야 한다.

그런데 순환거래에서는 매출액이 100만 엔에서 500만 엔이 되어도 엄연히 있어야 할 현금이 없다. 처음 발생한 100만 엔도 자사가 빌려준 현금이 한 바퀴 돌아서 입금된 것에 지나지 않는다.

"사장님은 매출을 늘리라고만 하시는 분이니까 오히려 좋아하실 지도 모르겠네요."

마리가 그렇게 비꼬았다. 그리고 전무님과 경리부장님은 이런 사실은 잘 모를 것 같다고 덧붙였다.

그럴지도 모른다며 다츠야도 수긍했다. 마나카도 마다라메도 회계를 우습게 보는 구석이 있다. 마나카는 "경영자는 회계를 몰라도 돼."라고 하며 마다라메는 "경리부는 다른 부서 덕분에 먹고산다."라고 한다.

> 다츠야, 수많은 경영자는 회계정보로 회사를 판단한다. 하지만 거기에는 '숨은 그림'이 있다는 걸 깨닫지 못해. 이것이야말로 희극이지.

우사미의 말이 다츠야의 뇌리에 스쳤다.

'스승님 말씀대로 진짜 희극이야.'

다츠야는 그렇게 생각하며 씁쓰레 웃었다.

"만약 순환거래를 이시다 과장 혼자서 저질렀다면 그의 뒷배를 봐주는 사람이 없다는 결론이 나오지. 우리가 선제공격을 날려서 자백을 받아내자!"

"잠깐만요."

마리가 말렸다.

"이시다 과장님은 왜 이런 일을 시작했을까요?"

다츠야는 단순히 이시다가 영업실적을 올리고 싶어서라고 생각했다.

"그야 자신의 이익을 위해서겠지. 판매실적을 올려서 다른 사람보다 많은 보너스를 받고 승진하겠다는 생각밖에 더 있겠어? 이렇게 양심도 없이 부정을 저지르는 인간, 절대 용서 못 해."

다츠야는 주먹을 쥐었다.

"자신의 이익을 위해 순환거래를 시작했다……. 음……. 그렇다 해도, 이시다 과장님은 영업부 톱이에요. 그래서 영업부장님도 함부로 건드리지 못하죠. 이시다 과장님을 어설프게 공격하다가는 오히려 과장님이 잘릴지도 몰라요. 전 그런 사태는 보고 싶지 않아요."

마리의 눈시울이 붉어졌다.

"알겠어. 증거가 없는 한 아무 짓도 안 한다고 약속하지."

다츠야는 이시다와 안면이 없다. 하지만 씩씩한 마리가 겁을 먹을 만한 이유가 있을 것이라고 생각했다.

"마⋯, 마리 씨, 증거를 모아야겠어. 도와주는 거지?"

"물론이에요, 과장님."

어느새 그녀는 씩씩한 마리로 돌아왔다.

"눈물샘이 말라서 눈이 따갑네요."

마리는 손수건으로 눈가를 꾹꾹 눌렀다.

"내일 휴가를 내서 아이치부품에 가보자."

다츠야는 그곳에 결정적인 증거가 있을 거라는 예감이 들었다.

다음 날.

"이것들, 대체 뭐야!"

두꺼비처럼 뒤룩뒤룩 살찐 마다라메의 목소리가 쩌렁쩌렁 울려 퍼졌다. 경리부는 쥐죽은 듯 조용했다.

"둘 다 휴가를 냈다고? 일을 팽개치다니 웃기는 놈들이구먼."

마다라메는 아무한테나 고래고래 소리를 질렀다.

그때 모에가 커피를 가져왔다. 그러자 마다라메의 목소리가 갑자기 속삭임 모드로 변했다.

"이봐, 모에. 넌 그 두 사람을 어떻게 생각하지?"

마다라메가 경리부의 마돈나에게 말을 걸 때는 항상 이런 식이었다.

모에는 당황한 표정을 지었다.

"다츠야 과장님은 여기 들어오신지 얼마 안 되어서 열심히 업무

파악을 하시는 중이겠죠. 마리 씨는 저보다 훨씬 일을 잘하니까 다츠야 과장님도 신뢰하는 게 아닐까요?"

"모에는 정말 착한 아가씨야. 자기 마음대로 조직의 질서를 깨는 녀석들도 좋게 말하고 말이야."

마다라메는 눈을 가느스름하게 뜨고 모에를 칭찬했다.

"저, 한 가지, 마음에 걸리는 일이 있는데요……."

갑자기 모에가 말을 꺼내다 말았다.

"그게 뭐지?"

마다라메는 모에의 얼굴을 들여다보았다.

"아뇨. 아무것도 아니에요."

"말을 하다가 말면 어떻게 하나. 말해봐. 아무한테도 말 안 할 테니까."

모에는 커피잔이 놓인 쟁반을 책상에 놓고 이렇게 속삭였다.

"다츠야 과장님과 마리가 뭔가 찾고 있는 것 같아요."

마다라메의 어조가 순식간에 험악해졌다.

"그거 거짓말은 아니겠지!"

그러자 모에는 눈물을 뚝뚝 흘리며 호소했다.

"전 본대로 말씀드렸을 뿐이에요. 그런데 거짓말이라뇨. 너무하세요, 부장님."

모에는 손수건으로 눈물을 닦으며 사무실을 뛰쳐나가 엘리베이터로 향했다. 마다라메는 육중한 몸을 이끌고 모에를 쫓아갔지만,

엘리베이터 앞에는 아무도 없었다. 마다라메는 엘리베이터의 위치를 표시하는 층수를 보았다. 모에가 타고 있을 엘리베이터가 위로 올라가더니 멈추었다.

마나카의 호화로운 전무실이 있는 층이었다.

그 무렵, 다츠야와 마리는 나고야에 위치한 아이치부품 공장에 있었다. 다츠야는 아이치부품 제조부와 미리 연락하여 "품질관리에 대해 여쭤보고 싶은 게 있습니다."라고 말했다.

물론 다츠야의 진짜 목적은 순환거래의 대상인 제품을 자신의 눈과 귀로 확인하는 것이다.

다츠야가 영업부가 아니라 제조부에 약속을 잡은 데에는 이유가 있었다. 다츠야는 조직 구조상 제품창고는 영업부 관할이므로 순환거래는 제이피의 구매부와 아이치부품의 영업부 사이에서 이루어졌을 것이라고 확신했다.

다시 말해 아이치부품의 제조부는 순환거래의 당사자가 아니어서 영업부에 창고를 보여 달라고 해봤자 단칼에 거절당할 게 뻔했다. 그래서 다츠야는 제조부에 연락한 것이다.

제조과장인 나카바야시 신고는 다츠야와 마리의 명함을 받고 정중히 인사했다.

"저희 제품의 품질에 뭔가 문제라도 있나요?"

나카바야시는 난처한 표정으로 다츠야에게 물었다.

"품질 문제로 찾아뵌 건 아닙니다. 실은, 홋카이도공업용 제품 말인데요."

다츠야는 말문을 열었다.

"아, 그 제품이요! 잘됐다. 이제야 겨우 내보내는군요."

나카바야시는 한시름 놓았다는 듯이 말했다.

"좀 볼 수 있을까요?"

다츠야의 말에 나카바야시가 이렇게 물었다.

"영업부 직원도 불러올까요?"

"아니요. 잠깐 보기만 할 건데요 뭐. 납품하기 전에 확인 차 왔을 뿐입니다."

다츠야가 태연자약하게 대답했다.

"알겠습니다."

나카바야시는 두 사람을 공장부지 내에 있는 제품창고로 안내했다. 나카바야시가 육중한 철문을 열었다. 그곳에는 제이피의 로고가 박힌 제품이 산더미처럼 쌓여 있었다.

마리는 제품이 들어 있는 상자를 손가락으로 쓱 훑었다. 손가락에 먼지가 묻어 나왔다.

"줄곧 이런 상태입니까?"

다츠야가 물었다.

"품질검사 결과가 나올 때까진 출하할 수 없다는 영업부의 지시가 있었으니까요. 벌써 2년이나 지났네요. 정말로 품질검사를 기다리는 중입니까?"

나카바야시가 말했다.

"아무튼, 가까운 시일 내에 물건을 인수할 테니까 걱정마세요."

다츠야가 대답했다.

"하지만 다츠야 과장님. 댁의 회사에 제품 샘플을 보낸 게 벌써 2년 전입니다. 그렇게 오래된 제품을 어디에 써먹겠습니까. 그래도 인수해주시는 거죠?"

나카바야시는 아리송하다는 표정으로 물었다. 그때였다.

"저, 죄송하지만……."

마리가 주뼛거리며 말문을 열었다.

"죄송하지만, 화장실에 가고 싶은데요……."

"아, 이쪽으로 오시죠."

나카바야시는 마리를 데리고 창고를 떠났다.

'이야~ 아카데미 여우주연상 감인데!'

다츠야는 나카바야시와 마리의 뒷모습에 한 번 눈길을 주고는 재빨리 가방에서 디지털 카메라를 꺼냈다. 그러고는 먼지가 수북이 쌓인 제품을 몇 장 찍었다.

마리와 나카바야시가 돌아오자 두 사람은 나카바야시에게 인사를 하고 아이치부품을 뒤로 했다.

"좋았어. 증거는 확보됐어. 마리의 임기응변 덕분이야. 고마워."

"지금부터가 큰일인데요, 뭐."

마리는 미소를 지으며 다츠야를 격려했다.

🔒 적발된 만행

그 다음 날.

"너희들! 여기서 또 무슨 수작들이야!"

다츠야와 마리가 회의실에 들어가자마자 마다라메가 버럭 소리를 질렀다.

'모에의 말마따나 뭔가를 찾고 있는 게 틀림없어.'

마다라메는 테이블에 산더미처럼 쌓인 서류 뭉치를 보며 그렇게 확신했다.

"이런 곳에서 빈둥거리지 말라고 했지!"

마다라메의 호통에도 개의치 않고 다츠야는 서류 더미를 한쪽 구석으로 밀어 공간을 만든 다음 마다라메에게 의자를 권했다.

"부장님, 여기 앉으시죠."

다츠야는 방금 완성한 자료를 마다라메 앞에 놓았다.

그것은 어제 나고야에서 도쿄로 돌아와서 두 사람이 오카와포장에 대해 정리한 보고서였다. 각 장에는 보기 쉽게 요점이 하나씩만 기재되어 있다. 다츠야와 마리는 모든 숫자를 그래프화해서 나타내고 이상한 점은 빨간색으로 표시했다.

마다라메는 "오카와포장(玉川梱包)? 다마가와포장(玉川梱包)을 잘못 쓴 거 아냐? 처음 들어보는데."라고 중얼거리며 자료를 훑었다. 처음에는 귀찮다는 표정이 점차 일그러졌다. 그 보고서의 내용을 이해한 것이다.

"이건 너희 둘이 발견한 건가?"

"네."

"증거는 있어?"

다츠야는 두 회사의 등기부등본을 테이블에 놓았다. 등기부등본에는 회사명과 주소, 대표이사가 노란색 형광펜으로 표시되어 있었다.

그것을 본 마다라메의 눈썹이 치켜 올라갔다.

다츠야는 제이피의 '정기이체일람표' 사본을 테이블에 놓았다. 월말에 송금하는 회사명과 금액이 적혀 있다.

"우리 회사가 포장재를 구입하는 곳은 다마가와포장입니다. 그런데 이체일람표에는 다마가와포장이 없습니다. 그 대신 오카와포장이란 헷갈리는 회사가 있지요. 이상하게도 이 오카와포장은 매입처리스트에 등록되어 있지 않습니다."

등기부등본을 든 마다라메의 오른손이 부들부들 떨렸다.

"말도 안 돼. 아니, 오카와포장 대표이사인 이노우에 요리코는 이노우에 부장의 부인과 이름이 같잖아."

'역시 그랬군.'

다츠야는 이때다 싶었다.

"죄송하지만, 부장님 허가 없이 확인서를 보냈습니다. 이것을 보십시오."

제이피에 대한 다마가와포장의 전월 외상매출금은 1,000만 엔이라고 적혀 있었다. 제이피가 외상매입금으로 계상한 1,200만 엔보다 200만 엔이 적은 금액이다.

확인서의 여백에는 마리의 필체로 다마가와포장에 대한 외상매입금의 잔고내역과 오카와포장에 대한 외상매출금 내역이 나란히 적혀 있다. 품명과 수량은 같은데 단가만 다르다.

"이노우에 부장이……. 이럴 수가."

충격으로 말을 잇지 못하는 마다라메의 얼굴이 다음 순간 사납게 일그러졌다.

경리부장인 자신에게도 불똥이 튈 거라는 생각이 미친 것이다. 마다라메는 매입처로 정식 등록되지 않은 회사에게 돈을 이체한 책임을 꼼짝없이 추궁당할 판이었다.

"부장님. 지금 당장 사장님과 마나카 전무님에게 알려주십시오."

다츠야가 재촉하자 평소에는 다츠야에게 화만 내던 마다라메가 어쩐 일인지 순순히 마나카에게 전화를 걸어 부정행위의 자초지종을 설명했다. 마다라메의 목소리가 떨리고 낯빛도 새파랗게 변했다.

"지금 바로 가겠습니다."

마다라메는 전화를 끊고 다츠야가 만든 자료를 움켜쥐고는 허둥지둥 회의실을 뛰쳐나갔다.

한 시간 뒤 다츠야에게 마다라메로부터 내선전화가 걸려왔다.

"다츠야 과장인가? 마리와 모에를 데리고 지금 바로 전무실로 와."

사와구치 모에도 호출되었다.

'생각대로다……'

다츠야는 지금부터 벌어질 일을 상상하니 슬며시 웃음이 나왔다.

전무실은 건물 고층에 있었다. 창문 가득히 펼쳐진 녹지가 한눈에 들어왔다. 마나카 전무는 손님이 오면 창밖에 펼쳐진 풍경을 보이며 "도쿄나 뉴욕은 대도시인데도 생각보다 녹지가 많지요."라며 자랑스럽게 말하곤 했다.

그런데 지금은 눈을 감고 다리를 꼰 채 한마디도 하지 않았다. 마나카 옆에 있는 소파에는 럭비선수 같이 우람한 몸집의 이노우에 구매부장이 앉아 있었다.

"전무님, 모두 모였습니다."

마다라메가 보고했다.

마나카는 생쥐처럼 작은 눈을 최대한 크게 뜨고 이노우에에게 말했다.

"이노우에, 자넨 해고야!"

"해고라니요, 그, 그게 무슨 말씀입니까?"

너무 갑작스러운 말에 영문을 모르는 이노우에가 마나카에게 되물었다.

"시치미 떼지 마라! 이게 뭔지 설명해봐."

마나카는 다츠야와 마리가 작성한 문서를 이노우에 앞에 있는 테이블에 던졌다.

이노우에는 그 자료를 다 읽더니 입맛이 쓰다는 얼굴로 팔짱을 꼈다.

마나카는 이노우에에게 속사포처럼 쏘아댔다.

"오카와포장. 이게 자네 회사인가? 분명 자네 부인 이름도 이노우에 요리코였지."

"……."

"이건 작정하고 꾸며낸 유령 회사로군. 다마가와포장과 주소가 흡사한 임대 사무소도 자네가 찾아냈겠지."

"……."

"자네가 횡령한 돈에 대해선 이미 다 알고 있어."

"……."

'전무님은 우리가 조사한 내용을 달달 외우고 있구만…….'

다츠야는 웃음을 참았다.

"그런 회사, 전 금시초문입니다. 그리고 매입대금 지급업무는 경리부의 일 아닙니까."

이노우에가 억울하다는 듯 그렇게 말하자 마나카는 마다라메에게 의심의 눈길을 날렸다.

"마다라메, 경리부장으로서 책임을 느끼지 않나?"

마다라메는 찢어지는 목소리로 변명했다.

"지, 지급업무는 모에 씨가 담당이고……."

마다라메는 지급업무가 부하직원인 사와구치 모에 담당이며 자신은 아무것도 모른다고 책임을 떠넘기기 바빴다.

마나카는 모에게 물었다.

"모에, 자네 상사는 자네가 부정을 저질렀다고 하는데 그게 정말인가?"

"저를… 그런 식으로……."

모에의 커다란 눈에 눈물이 그렁그렁 고였다.

"전 청구서 내용대로 지불했을 뿐 하늘에 맹세코 결백해요."

이번에는 거꾸로 모에의 반격이 시작되었다.

"제가 결제 대금을 지불할 때, 그 회사가 유령회사인지 아닌지 일일이 확인해야 한다는 말씀인가요? 청구서엔 부장님 인감이 똑똑히 찍혀 있었어요. 저는 시키는 일만 하는 단순 사무직일 뿐이에요."

말이 끝나기가 무섭게 모에의 눈에서 눈물이 주르륵 흘렀다.

"마다라메, 그렇다는데?"

그 말에 마다라메의 목소리가 더 찢어졌다.

"저, 저는 그런 의도로 말씀드린 게 아닙니다."

마나카는 이노우에게 "내일부터 회사에 나올 필요 없어."라고 통보했다. 이노우에가 묵묵히 방을 나가자 마나카는 천장을 쳐다보며 한숨을 푹 쉬었다.

"이 회사는 대체 어떻게 돌아가고 있는 거야. 내가 전에 있던 은행에서는 상상할 수도 없던 일이야. 직원들 수준이 너무 낮아."

마나카는 어처구니없다는 얼굴로 중얼거렸다.

"이만한 일로 놀라시면 안 됩니다."

다츠야가 말했다.

"뭐라고? 자네, 무슨 말을 하고 싶은 건가?"

미간을 찌푸리며 마나카가 다츠야를 노려보았다.

"가공의 매출이 있습니다."

다츠야는 또 한 권의 보고서를 마나카에게 보였다. 마나카는 때때로 입가를 실룩거리며 그 보고서를 수차례 읽었다.

"증거는 있겠지?"

"물론입니다."

다츠야는 아이치부품에서 온 납품서와 청구서, 판매처인 홋카이도공업에게 보낸 청구서 사본의 복사본과 그것들을 정리한 표를 보이면서 홋카이도공업의 외상매출금 회수가 늦어지는 점, 회사 전체의 이익률이 점점 떨어지는 점을 지적했다.

"이건 증거라고 할 수 없네."

마나카는 이렇게 내뱉었다.

"같은 제품을 정기적으로 구입해서 판매한 게 뭐 어떻다는 건가? 판매단가가 오른 것도 이시다가 열심히 영업한 결과겠지. 외상매출금 잔고가 늘어나고 있다 해도 매월 꼬박꼬박 회수되고 있으니 불량채권이라고 할 순 없어. 회사의 이익률이 떨어졌다지만 기껏해야 몇 %에 지나지 않는군. 별일 아니야."

완전히 다츠야를 얕잡아보는 태도였다.

그러자 다츠야는 지지 않고 받아쳤다.

"죄송하지만, 이건 전형적인 순환거래입니다."

"뭐, 뭐라고? 순환거래!"

가뜩이나 벌겋게 달아오른 얼굴에 이젠 목소리까지 뒤집혔다.

"넌 비즈니스란 게 뭔지도 몰라?"

마다라메는 다츠야의 말을 부정하려 했다.

"우리 회사는 홋카이도공업에서 주문을 받으면 아이치부품에 생산을 위탁해서 제품을 만들고 그걸 홋카이도공업에 판매하고 있어. 그게 뭐가 이상해! 넌 뭘 잘못 알고 있는 거야."

"잘못 알고 있는 건, 제가 아니라 마다라메 부장님입니다."

다츠야가 말했다.

"제이피와 아이치부품, 제이피와 홋카이도공업의 거래를 따로따로 생각하니까 그런 잘못된 결론을 내리는 겁니다. 실태는 그렇지 않아요. 제이피가 직접 관여하지 않은 홋카이도공업과 아이치부품의 거래까지 포함해서, 세 회사가 입을 맞춘 위장거래입니다."

"이봐, 지금 소설 쓰는 거야!"

당황한 마다라메는 다츠야를 꾸짖었다. 하지만 다츠야는 들은 척도 하지 않고 마나카를 향해 설명을 계속했다.

"아이치부품은 연매출이 20억 엔인 중소기업입니다. 제이피는 그 회사로부터 한 건당 1억 엔씩 1년에 4번 커넥터를 구입했습니다.
문제는 거래 내용입니다. 청구서 내용이 전부 똑같습니다. 게다가
그 거래에서 얻은 이익은 1년 동안 기껏 800만 엔에 불과합니다."

"정말 아무것도 모르는군, 자네란 사람은."

마나카는 다츠야의 말을 가로막았다.

"비록 적은 금액이라도 이익이 난다면 그 거래를 지속할 가치가
충분히 있는 거야."

다츠야는 물러서지 않았다.

"하지만 그게 아니란 거죠. 맨 처음 제이피와 아이치부품과의 거
래는 1년에 한 번, 1억 엔 정도였습니다. 하지만 그다음 해에는 1년
에 네 번, 4억 엔으로 늘었습니다. 제이피가 아이치부품에 송금한 1
억 엔이 1년에 네 번씩 세 회사를 빙글빙글 돌고 있을 뿐입니다."

마나카가 웃음을 터뜨렸다.

기분 나쁜 웃음소리였다.

"흥, 백번 양보해서 자네의 추리가 옳다고 하지. 하지만 그래도
금년에 벌어들인 이익이 800만 엔인 것은 사실이지 않나."

다츠야는 마나카의 지적에 개의치 않고 이야기를 계속했다.

"물론 통상적인 거래라면 전무님 말씀대로겠죠. 하지만 이건 통
상적인 거래가 아닙니다. 머지않아 아이치부품은 도산할 겁니다.
그때 제이피가 실질적으로 아이치부품에 빌려준 1억 엔과 이익에
해당하는 800만 엔은 외상매출금이란 형태로 남아 영원히 회수할

수 없게 됩니다."

"자네는 그 거래를 누가 먼저 시작했다고 보나?"

마나카가 물었다.

"자금운용에 허덕이는 아이치부품의 사장이 제안한 게 아닐까요? 당시 아이치부품은 제이피에서 주문받은 제품의 출하지시를 기다리는 상태였습니다. 매출증대만 생각하던 영업부의 이시다 과장은 그 제품을 순환거래에 이용하자는 생각이 들었을 거고 제품 품질에 문제가 있다며 거래를 끊었습니다. 결국 제품은 2년이 지난 지금도 아이치부품의 제품창고에 쌓여 있습니다. 한편 이시다 과장은 아이치부품, 홋카이도공업과 입을 맞춰 서류만 왔다 갔다 하는 거래를 시작했죠. 운전자금이 바닥난 아이치부품은 제이피에게 받은 어음을 할인해서 위기를 모면했습니다."

그러자 마다라메가 옆에서 끼어들었다.

"매출대금이 결제되었으니까 이것도 어엿한 거래야."

"다시 한번 말씀 드리지만, 매출을 계상하려면 그 금액에 상당하는 새로운 현금이 실재해야 합니다. 그런데 연간 4억 엔인 매출에는 단 한 푼도 현금이 존재하지 않습니다. 얼핏 보면 외상매출금이 회수된 것 같지만 이건 제이피의 현금 1억 엔이 아이치부품, 홋카이도공업을 경유해서 자사 은행계좌로 들어온 것뿐입니다."

"매출은 매출이야. 우리 회사에게 그만한 이점이 있으니까 그렇게 한 거야!"

마다라메는 목소리를 높였다. 하지만 다츠야는 고개를 휘휘 내저으며 반론을 제기했다.

"겉보기엔 매출이 늘어나니까 속아넘어가는 사람도 있겠지요. 우리 회사의 보너스는 실적연동형이니까 이시다 과장의 보너스는 상당히 늘었겠죠. 하지만 제이피에게는 득이 아니라 실만 있을 뿐입니다. 그러니까 이런 짓은 해서는 안 되는 행위죠."

마나카 전무의 가느다란 눈이 깜빡거렸다. 마나카는 다츠야에게 물었다.

"그렇게 자신만만한 걸 보면 당연히 증거가 있겠지?"

"물론입니다."

"말만 번지르르한 추리는 의미가 없지. 결정적인 증거를 보이게."

마나카는 빈정거리는 미소를 띠었다.

"이걸 보십시오."

다츠야는 A4용지 크기로 확대한 사진을 마나카와 마다라메의 눈앞에 들이밀었다. 사진에는 산더미처럼 쌓인 상자가 찍혀 있다. 상자 옆면에는 제이피 로고가 똑똑히 보였다.

"2년 전부터 아이치부품의 창고에서 잠자고 있는 제품입니다. 그리고 이게 그 주문서입니다."

다츠야는 주문서 복사본을 책상에 놓았다.

"이게 진짜 증거인지 어떻게 믿나?"

"아이치부품 제조부인 나카바야시에게 물으면 첫 거래 때부터 자세하게 알려줄 겁니다."

다츠야의 말이 끝나기도 전에 마나카가 마다라메에게 호통을 쳤다.

"다츠야 과장의 말이 사실이라면 자네는 그동안 경리부장으로서 뭘 한 건가!"

한순간에 손바닥 뒤집히듯이 달라진 마나카의 태도에 다츠야는 웃음을 참느라 애를 먹었다.

"자네는 나와 다츠야 과장에게 반론할 말이 있나?"

"없습니다."

마다라메는 조개처럼 입을 다물었다.

"내 눈을 속이고 이런 일을 벌이다니……."

마나카는 자리에서 일어나 혼잣말을 하며 창가로 가서 한동안 녹지를 바라보다가 다시 소파에 앉았다.

"이 거래는 이시다가 영업실적을 올리려고 독단으로 저지른 짓이다. 실적에 급급한 마음을 내가 모르는 바는 아니지만 해고할 수밖에 없군."

마나카는 묘하게 침착한 어조로 그렇게 통보했다.

"과연 전무님이십니다. 지당하신 결정입니다."

마다라메는 손을 비비며 아첨했다.

마나카는 팔짱을 낀 채 눈을 감고 생각에 잠겼다. 때때로 가느다란 눈을 뜨고 다츠야와 마리를 한 번씩 쳐다보고는 다시 눈감기를 반복하다가 휴대전화를 들더니 "잠깐, 실례하겠네."라는 말을 남기고 방을 나갔다.

한참 뒤 마나카가 돌아와 소파에 앉았다. 어쩔 줄 모르던 불안한 몸짓은 온데간데없이 사라지고 입가에 여유로운 미소마저 띠고 있다. 그리고 천천히 입을 열었다.

"다츠야 과장, 자네 덕분에 부정행위가 두 건이나 밝혀졌네. 과연 우사미 선생님이 추천할 만한 인재야."

마나카는 책을 읽듯이 낯간지러운 말을 읊으며 다츠야를 추켜세웠다. 하지만 다츠야는 도리어 긴장감으로 굳어졌다.

'이 사람, 지금 무슨 꿍꿍이야?'

"이제부터 자네는 우리 회사의 미래를 짊어진 귀중한 인재일세. 그러니 아이치 공장의 부공장장으로서 경영을 배우도록 하게. 지금 당장 사장님께 승인받고 발령을 내지."

"아니, 그게 무슨 말씀이십니까?"

너무나 갑작스러운 이야기에 다츠야가 놀랐다.

"자네는 경력을 쌓기 위해 우리 회사에 들어왔다고 했었지? 자네의 소원이 이루어진 거야."

마나카는 즐거운 표정으로 말했다.

"그리고 마다라메 부장, 자네는 이번 불상사를 반성하고 앞으론 부장이란 직급에 걸맞게 잘 좀 일하게나."

'뭐가 어쩌고 어째!'

다츠야는 뒤로 넘어갈 뻔했다.

'그게 다란 말인가? 마다라메에게 책임을 추궁하지 않는단 말인가.'

다츠야가 보기에 마다라메는 경리부가 다른 부서 덕분에 먹고산다고 서슴없이 주절거리며 경리부장으로서 뭐 하나 제대로 하는 게 없는 사람이었다. 더구나 부하 직원에게 야근을 시켜놓고 수당도 올리지 못하게 하며 자기 비위에 거슬리면 화를 내고, 그러면서 자신의 공적을 뽐내고 상사에게 아첨하기 일쑤였다. 그것도 모자라 이번엔 책임 추궁도 하지 않다니 다츠야는 이해할 수가 없었다.

'왜 이놈은 그냥 넘어가는 거야!'

다츠야는 눈앞에 있는 이 추하고 뚱뚱한 중년 사내의 목덜미를 낚아채 창밖으로 던져버리고 싶은 충동에 휩싸였다.

"마리 씨와 모에 씨는 지금까지 했던 대로 성실하게 일해주길 바라네."

마나카는 두 사람에게 이렇게 말했다.

'아니, 이게 도대체 어떻게 된 거야?'

마리는 이번 일의 공로자이지만 모에는 이 두 사건과 깊은 관련이 있었다. 회사명이 흡사한 회사에 송금하는 일, 3개월에 한 번씩 같은 회사에서 발송되는 똑같은 내용의 청구서, 빈틈없는 모에가 눈치 못 챘을 리가 없다고 다츠야는 생각했다.

그런데도 모에는 아무것도 모른다며 딱 잡아뗐다. 또한, 마나카도 그 점을 전혀 추궁하지 않고 이 사건의 막을 내리려 하고 있다.

다츠야는 마리와 모에에게 시선을 돌렸다.

마리는 잠자코 마나카를 노려보고 모에는 새하얀 손수건으로 눈가를 누르며 고개를 숙이고 있다. 그리고 그런 모에를 꼬챙이처럼 마르고 왜소한 마나카가 물끄러미 바라보고 있다. 다츠야 눈에는 마나카가 모에에게 시선을 빼앗긴 것처럼 보였다.

'혹시 마나카는 모에의 연기에 넘어간 게 아닐까?'

눈물 열연을 펼친 모에와 뚱한 표정의 마리를 번갈아 보며 다츠야는 한숨을 쉬었다.

마나카는 테이블에 펼쳐진 자료를 책상 서랍에 집어넣고는 "손님과 약속이 있으니 이만 하지."라며 전무실을 빠져나갔다.

다츠야가 전무실을 나가려는데 마리가 다가와서 다츠야의 귓가에 속삭였다.

"과장님, 아이치 공장으로 가실 건가요?"

"발령을 받으면 할 수 없지, 가야지."

마리가 한층 더 목소리를 낮추어 말했다.

"거긴 악마의 소굴이란 말이 있어요."

🔒 네즈의 초밥집 2

마리가 퇴근한 후 다츠야도 회사를 나왔다. 지하철을 타고 지난번에 갔던 초밥집에 도착했을 때는 8시가 좀 지났다.

가게에 들어서자 "과장님, 여기에요."라는 마리의 목소리가 들렸다.

다츠야는 카운터에 있는 마리 옆자리에 앉았다.

"아저씨, 초밥은 알아서 주시고요, 데운 술 두 잔이요."

"알겠습니다!"

주인의 대답이 가게에 우렁차게 울려 퍼졌다.

"오늘 회의는 완전 개판이었어."

물수건으로 손을 닦으며 다츠야는 울분을 터뜨렸다.

"물론 이시다 과장과 이노우에 부장이 제일 잘못했지. 하지만 마다라메 부장도 오십보백보였어. 그런데도 아무런 추궁이 없다니. 사와구치 모에도 좀 수상해. 정말 말도 안 돼."

"저도 그렇게 생각해요."

데운 술이 나왔다.

다츠야는 마리와 자신의 술잔에 술을 따르고는 쭉 들이켰다.

"난 다음 주부터 도요하시에 가. 전무의 즉흥적인 생각으로 입사한 지 반년도 안 되어서 지방으로 발령 나다니 이거야 원."

다츠야는 불쾌하기 짝이 없었다.

도쿄에서 두 시간 거리지만 도요하시에서 살게 되면 마리를 자주 보기 힘들 거란 생각을 하자 다츠야는 마음이 허전해졌다.

마리도 잔을 비웠다.

"과장님, 아이치 공장엔 경리부가 없다는 사실 알고 계세요?"

다츠야는 자신의 귀를 의심했다. 제이피의 제1공장에 경리부가 없다고 마리가 말한 것이다.

"뭐라고?"

다츠야가 되묻자 마리는 마른하늘에 날벼락 같은 말을 했다.

"아이치 공장의 실질적인 권한은 제조부장님이 쥐고 있고 공장장님은 허수아비예요."

"허수아비?"

"공장장님은 그냥 경조사 얼굴마담이래요."

"그렇다면, 부공장장인 난 결국 좌천이란 소리잖아!"

다츠야는 마나카의 속셈을 이제야 확실하게 알아챘다. 마나카는 다츠야를 본사에서 내친 것이다. 그것도 그냥 내친 게 아니라 전혀 권한이 없는 부공장장이란 한직에 몰아넣은 것이다.

"마나카……. 이 나쁜 놈!"

다츠야는 화가 머리끝까지 치밀었다.

그는 술잔을 벌컥벌컥 연속으로 비우고 나서 마리에게 물었다.

"아까 마리는 아이치 공장엔 경리부가 없다고 했지?"

다츠야는 그게 무슨 말인지 이해가 되지 않았다.

"경리부가 없는데 어떻게 결산 작업을 하지?"

"공장의 업무과가 결산에 필요한 데이터를 작성해요."

마리는 아이치 공장에서 이루어지는 경리업무를 간단하게 설명했다.

재료매입, 인건비, 수도광열비 등의 경비는 업무과에서 회계 프로그램에 입력한다. 월말에 원재료와 재공품 재고의 품목과 수량

데이터를 업무과가 본사 경리부에 보내면 마다라메 부장이 그 내용을 근거로 재고 금액을 계산한다.

또, 현금 지급은 5만 엔 미만인 건은 업무과에서 직접 처리하지만, 그 이상인 건은 본사 경리부(즉 모에)가 상대방의 계좌로 송금하고 있다.

"경리부는 다른 부서 덕분에 먹고산다고 공공연하게 말하고 야근수당을 올리지 않는 게 회사에 기여하는 일이라고 생각하는 사람이 왜 그런 식으로 하는 거지?"

다츠야가 물었다. 아무리 생각해도 이상했다.

"자기가 직접 처리해서 경리부 인건비를 절약하려는 건가?"

다츠야가 중얼댔다.

"그게 무슨 소리예요!"

마리가 웃음을 터뜨렸다.

"과장님은 마다라메 부장님을 아직 잘 모르니까 그렇게 말하는 거예요!"

술기운이 돌았는지 마리의 어조가 까칠해졌다.

"잘 들어요. 본인은 손 하나 까딱하지 않으면서 윗사람한텐 아부나 하고 아랫사람을 콩 볶듯이 달달 볶기만 하는 사람이에요. 그게 경리부장의 소임이라고 생각한다고요."

"그럼 왜 재고 금액을 계산하는 일은 직접하는 거지?"

"어휴, 이래서 가방끈만 긴 엘리트는 안 된다니까!"

"특별한 이유가 있나?"

'가방끈만 긴 엘리트' 소리를 들은 다츠야는 쓴웃음을 지으며 마리에게 물었다.

"당연하죠. 그 사람은 재고금액을 계산해서 회사에 기여하는 거예요."

"재고금액 계산으로 회사에 기여한다고? 별 웃기는 소리 다 듣겠네. 그게 무슨 기여야."

다츠야는 기가 막혔다.

"마리, 공장에 대해서 말이야……."

다츠야는 마리에게 아이치 공장의 정보를 되도록 많이 들어봐야겠다는 듯이 다그쳤다.

"미사와 공장장님에 대해 뭐 아는 거 있어? 사장님도 전무님도 미사와 공장장님을 좋게 생각하지 않는다는 소문이야. 예전에 이사 임기가 찼을 때 해임하면 그만이었을 텐데 왜 계속 회사에 두는 걸까?"

"돌아가신 회장님과 미사와 공장장님과 컨설턴트인 우사미 선생님이 제이피를 키웠다고 들었어요. 회사의 일등공신이니까 그런 거 아닐까요?"

"하지만 공신이라고 해서 해고할 수 없는 건 아니지."

"미사와 공장장님은 회장님의 사모님과도 돈독한 사이래요. 사모님은 회장님이 갖고 있던 회사 주식을 전부 상속받은 오너죠."

다츠야는 이제야 이해했다. 후미가 발행주식수의 몇 퍼센트를 보유하고 있는지는 알 수 없지만 어쨌든 제이피의 최대주주이고 아들인 사장과 조카인 전무는 최대주주인 후미의 힘이 두려운 것이다.

다츠야에게 제이피의 권력구조가 명확해졌다. 미사와를 해고하면 후미가 가만있지 않을 것이다. 그러니까 미사와를 쉽게 자를 순없는 상황이다.

"이유가 하나 더 있어요."

마리가 말했다.

"제이피는 특허권 사용료 수입으로 먹고사는 회사예요. 이것도소문이긴 한데 그 특허는 대부분 미사와 공장장님이 발명했고 특허신청자가 제이피인 거래요. 사장님과 전무님 입장에선 그분은 눈엣가시지만 모든 이가 존경하고 따르는 공장장님을 해고하면 직원들이 등을 돌리겠죠? 그럴 바엔 허수아비 공장장으로 정년까지 가만두는 게 낫겠다는 심산일 거예요."

"제이피는 그분이 발명했다는 특허권 사용료 수입만으로도 먹고살 수 있는 회사라고 들었어. 그런데 지금은 자금 마련에 허덕이다니. 대체 어떻게 된 거지?"

"중간에 들어온 마나카 전무님의 공명심? 어떻게든 자기 힘으로새로운 사업을 개척하고 싶은 거겠죠. 하지만 그 신규 사업이 생각대로 돌아가지 않고 있어요."

그렇게 말하고 마리는 입을 다물었다. 그녀는 초밥을 하나 먹은 후에 술잔을 비웠다. 그러고는 다츠야를 보며 진지한 표정으로 이야기했다.

"과장님은 아이치 공장으로 유배되었다고 생각하죠? 하지만 과장님한텐 굉장한 기회일 수도 있어요."

"왜?"

다츠야가 되물었다.

"우리 회사의 진짜 핵심 인물인 미사와 공장장님을 만날 수 있잖아요. 혹시 알아요? 최대주주인 후미 회장님도 뵙게 될지."

마리는 진심으로 다츠야를 격려했다.

"마리, 이 썩어빠진 회사를 일으켜 세우려면 네가 꼭 필요해. 앞으로도 도와줄 거지?"

"물론이죠. 약속했잖아요. 자, 우리의 앞날을 위해 건배!"

마리는 술잔을 높이 들었다.

2부
악마의 소굴

🔒 도요하시

아이치 현은 나고야가 있는 서쪽과 도요타 자동차의 본거지와 도
요하시가 있는 동쪽으로 나뉘어 있다.

제이피 아이치 공장은 도요하시 항구 근처의 공업단지에 자리잡
고 있었다.

지하철역을 나오자 '제이피 아이치 공장'이라고 쓰인 플랜카드를
든 남자가 보였다. 다츠야는 "수고가 많으십니다."라며 그 남자에
게 말을 걸었다.

"부공장장님이시죠? 전 업무과의 기우치 슈지입니다."

남자가 싱긋 웃으며 다츠야를 맞았다.

다츠야는 기우치가 운전하는 차를 타고 공장으로 향했다. 차는
주택가를 지나서 공장단지로 이어지는 넓은 길로 들어서더니 삼십

여분 뒤 공장에 도착했다.

공장 입구에 흰머리가 드문드문 섞인 한 남자가 서 있었다.

"제가 공장장인 미사와입니다."

남자가 머리를 숙였다.

"안녕하십니까, 다츠야입니다."

다츠야도 깍듯이 인사를 했다.

"기다리고 있었습니다."

미사와는 다츠야를 진심으로 환영하는 기색이었다.

"오늘 저녁에 별일 없으면 기우치와 함께 셋이서 환영회를 할까 하는데 어떻습니까?"

"아, 별일 없습니다. 감사합니다."

다츠야는 미사와가 본사에 있는 무리와는 다른 사람이라는 걸 느꼈다. 미사와의 겸손한 자세. 정중한 말씨는 제이피에서 처음 대하는 것이었다.

"지금부터 공장단지 모임에 가야 해서 나중에 보지요."

미사와는 주차장으로 향했다.

밤이 깊었다. 환영회는 지하철역 근처에 있는 술집에서 열렸다.

미사와는 된장 양념 어묵과 망둥어 튀김, 대합 소금구이를 주문했다. 술잔을 주거니 받거니 하며 알딸딸하게 술기운이 올랐을 때, 미사와는 담담한 어조로 이렇게 말했다.

"다츠야 과장은 우사미 선생님의 제자라고 했지?"

"네."

"우사미 선생님……. 옛날 생각이 나는군. 난 나고야의 공업대학을 졸업하고 나서 얼마동안 다른 제조사에서 근무한 적이 있는데 말이지, 그때 구매부로 배속되었어. 그 회사의 거래처 중 하나가 제이피였는데 그때 선대 사장님과 처음 만났지. 원래 난 엔지니어가 되어 뭔가 만들고 싶었거든. 그래서 선대 사장님이 불러주셨을 때 뛸 듯이 기뻤다네. 제이피에 면접을 보러 간 날, 사장님 옆에 있던 사람이 우사미 선생님이었지……."

기우치가 끼어들었다.

"우리 회사의 특허는 거의 미사와 공장장님이 발명하신 겁니다."

"아, 그렇습니까?"

다츠야는 짐짓 놀란 표정을 지어 보였다. 마리의 말대로였다.

"기우치, 그만하지. 다 옛날 일이야."

미사와는 화제를 바꾸었다.

"그런데 우사미 선생님과 최근 만난 적이 있나?"

"아니요, 싱가포르에서 돌아온 후로 아직 뵙지 못했습니다."

순간, 미사와의 표정이 어두워졌다.

"그럼 자네는 선생님이 뇌경색으로 쓰러지신 것도 모르는가?"

'뭐라고?'

다츠야의 손에서 젓가락이 떨어졌다.

"뇌경색, 이라고요?"

"전혀 모르고 있었구먼."

미사와는 다츠야의 얼굴을 보았다.

귀국하고 나서도 다츠야는 우사미에게 일부러 연락을 하지 않았다.

'제이피에 입사해도 내게 의지하지 말게.'라는 우사미의 당부를 굳게 지키고 싶었던 것이다.

'그게 이렇게 되었다니⋯⋯.'

다츠야는 전화 한 통이라도 해야 했었다는 후회가 갑자기 물밀듯이 밀려왔다.

"그러면⋯⋯. 지금, 선생님은 건강하신가요?"

"그게 말이지, 어디서 요양하시는지 나도 들은 바가 없어."

"네?"

"선생님 댁에 몇 번 전화를 했는데 통화가 안 되는 거야. 난 그저 자네에게 물으면 선생님이 어디 계신지 알 거라고만 생각했지."

'스승님, 대체 어디 계신 겁니까.'

다츠야는 흐릿한 기억을 더듬었다. 그러다 우사미가 집필을 할 때는 이즈의 별장에 틀어박힌다고 대학 시절에 말한 내용을 떠올렸다.

"이즈의 별장에 계실지도 모르겠군요."

그곳은 요양하기에 안성맞춤인 곳이기도 했다.

"공장장님, 혹시 별장 주소를 아십니까? 전 모릅니다."

"나도 모르는데……. 혹시 사모님은 아실지도 모르지."

"사모님이요?"

"선대 사장의 부인, 다카라베 후미 회장님 말일세."

'마리가 이야기했던 제이피의 최대주주 말인가.' 다츠야는 마리의 말이 생각났다.

"그런데 말이지……."

"왜 그러십니까?"

"회장님도 심근경색으로 입원 중이라네."

미사와가 서글픈 어조로 말했다.

"병문안을 가보셨나요?"

"이삼일 전에 따님한테 연락이 왔어. 그때 처음으로 회장님이 병중이란 사실을 알았지. 요즘엔 산책을 할 수 있을 정도로 회복되었다고 하네만……."

"따님이요?"

"선대 사장의 따님인 사유리. 아주 어렸을 때부터 보아 왔다네."

미사와는 과거의 그리운 한 장면을 회상하는 것처럼 옛 시절을 되돌아보는 듯한 표정이었다. 미시와는 선대 사장의 가족과 한식구 같이 지냈다.

"공장장님, 회장님이나 따님하고는 자주 연락하고 지내십니까?"

다츠야가 물었다.

"아니, 사유리의 전화를 받은 것도 1년 반만이야. 그때까진 나도 회장님이 쓰러진 줄 전혀 몰랐네."

미사와의 이야기에 따르면 후미는 아직 입원 중이었다. 다츠야는 왜 사유리가 하필이면 이 시기에 미사와에게 연락했는지 궁금했다. 후미가 병으로 쓰러졌다는 소식은 그때 바로 알렸을 법도 한데 말이다. 다츠야는 사유리가 지금 이 순간에 미사와에게 하고 싶은 말이 있기 때문일지도 모른다고 생각했다.

"공장장님, 회장님의 병문안을 가실 생각은 없습니까?"

다츠야는 빙빙 돌리지 않고 물었다. 미사와는 당혹스러운 얼굴로 팔짱을 낀 채 생각에 잠겼다.

"회장님한테 걱정을 끼치고 싶지 않은데……."

"회장님은 혹시 공장장님을 만나고 싶으신 게 아닐까요?"

"하지만……."

미사와는 쉽게 결단을 내리지 못했다.

"지금 만나지 않으면 후회하실지도 모릅니다."

미사와는 다시 팔짱을 끼고 생각에 잠겼다.

"그럴지도 몰라. 한번 찾아가보기로 하지."

그러자 지금까지 얌전히 술을 홀짝거리던 기우치가 입을 열었다.

"공장장님, 지금이 기회입니다. 회장님께 우리 회사의 실상을 전해주십시오."

다츠야는 기우치의 마음을 이해할 수 있었다. 이 회사는 한편으로는 분식회계를 하느라 바쁘고 다른 한편으로는 그달 그달의 자금 마련에 혈안이 되어 있다. 공정한 경영을 추구해야 할 기업이 발등에 떨어진 불을 끄느라 돈을 좇을 뿐이다. 다츠야는 후미가 그 사실을 모르고 있을 것이라고 짐작했다.

"회장님은 심장병이 있어. 섣불리 그런 얘길 꺼낼 순 없어."

"공장장님은 사장님과 전무님에게 수도 없이 개혁을 부르짖지 않으셨습니까. 하지만 항상 무시당했어요. 그 사람들은 공장장님의 조언을 귓등으로도 듣지 않는다고요."

기우치는 분해서 못 살겠다는 얼굴로 두 주먹을 불끈 쥐었다.

"좀 더 기다려보게나. 나도 가만히 앉아서 구경만 하는 건 아니야. 그건 알아주게."

그렇게 말하며 기우치의 어깨를 가볍게 두드렸다.

"그런데 다츠야 과장. 내일은 함께 공장을 둘러보는 게 어떻겠나?"

미사와는 정종을 한 모금 마셨다.

"네, 부탁드립니다. 우사미 선생님께선 현장에서 눈을 떼지 말라고 항상 말씀하셨지요."

"지당한 말이야. 공장이 끌어안고 있는 과제가 보일 걸세."

🔒 숫자 마술사

다음날 아침 7시, 다츠야는 공장에서 회사 명의로 빌린 집을 나와 걸어서 출근했다. 미사와는 이미 공장장실에서 서류를 훑어보고 있었다.

"일찍 오셨네요."

다츠야는 놀랐다. 경조사 얼굴마담이라는 공장장이 이렇게 일찍 출근하다니.

"다츠야, 이게 공장 레이아웃이네."

미사와는 손으로 그린 공장 조감도를 보였다.

"이게 재료창고와 제품창고. 그리고 공장에는 열 개의 생산 라인이 있는데 커넥터와 가변저항기가 각각 네 개 라인을 쓰고 있고 나머지 두 개가 마이크로스위치야."

커넥터는 배선 접속에 쓰이는 부품이다. 또, 가변저항기는 수동 조작으로 전기저항을 변화시키는 전자부품이며 소형 마이크로스위치 회로는 온오프(ON/OFF)를 조정하는 부품이다. 모든 제품은 휴대전화를 비롯한 전자기기에 쓰인다고 미사와가 설명했다.

"선대 사장님은 마이크로스위치에 회사의 존폐를 걸었어. 나도 공장에서 먹고 자면서 밤낮으로 개발에 매달렸지."

'기우치가 어제 이야기한 특허권은 이 스위치에 관련된 발명을 말하는 거구나.'

"이미 잘 알고 있겠지만, 우리 회사는 특허권 사용료 수입으로 겨우 버티고 있네. 다른 사업은 전부 적자야. 즉, 이 공장은 충분한 가치를 창출하지 못하고 있어."

"가치를 창출하지 못하고 있다니요?"

다츠야는 그 의미를 이해할 수 없었다. 공장은 제품을 만드는 곳이라고 생각하기 때문이었다. 그런데 미사와는 공장은 가치를 만드는 곳이라고 다츠야에게 말한다.

"기계를 가동할 시간이 되면 같이 공장을 한 바퀴 둘러보지. 그전에 이걸 좀 보게나."

미사와는 제품 리스트와 조직도를 다츠야에게 주었다.

다츠야는 의자에 앉아 두툼한 제품 리스트를 한 장씩 넘겼다. 거기에는 제품명과 판매가가 적혀 있었다.

제이피가 제조판매하고 있는 커넥터와 가변저항기의 판매가는 개당 100엔도 안 되었다. 그중에는 50엔이 안 되는 것도 있었다. 하지만 마이크로스위치의 판매가는 1,000엔이 넘었다.

"아니, 왜 이렇게 가격 차이가 심하게 나지요?"

다츠야가 물었다.

"스위치, 커넥터, 가변저항기는 원래 다양한 종류가 있지. 가격도 천차만별이야. 하지만 우리 회사가 만든 스위치는 다른 회사가 쉽게 따라할 수 없는 특별한 제품이야."

미사와의 설명에 다츠야는 오히려 의문이 증폭되었다. 경쟁력이 뛰어나고 가장 단가가 높은 마이크로스위치의 제조 라인은 두 개뿐이다.

'이익률이 낮아서 그런가?'

다츠야는 그렇게 생각하며 책상에 조직도를 펼쳤다.

'아니, 이게 뭐야?'

다츠야는 깜짝 놀랐다. 공장 조직도의 맨 위에는 이시카와 제조부장이라고 쓰여 있을 뿐 공장장이란 직책이 보이지 않았다.

다츠야는 눈을 휘둥그레 뜨고 조직도를 샅샅이 살펴보았다. 자세히 보니 서무직 자리에 '공장장(촉탁) 미사와 아쓰시'라고 쓰여 있는 게 아닌가. 미사와는 표면적으로는 공장장이지만 실제로는 단순한 촉탁에 지나지 않았던 것이다.

'뭐 이런 공장이 다 있지?'

이상한 점이 한둘이 아니었다.

스위치는 다양한 특허권이 등록된 경쟁력 있는 제품이다. 그런데 이 공장은 스위치 생산을 등한시하고 있다. 그리고 스위치의 개발 책임자인 미사와는 정작 실권이 없고 한직으로 내몰려 있다. 다츠야는 이것도 마나카의 소행일 거라고 생각했다.

"공장장님, 이게 어떻게 된 겁니까?"

다츠야가 조직도를 보며 말했다.

"다츠야 과장, 이제 알겠나? 그렇게 되었다네."

'마나카, 나쁜 놈 같으니!'

다츠야는 주먹으로 책상을 부서져라 내리쳤다.

다츠야가 공장장실을 나오자 기우치가 기다렸다는 듯이 다가와 부공장장실로 안내했다. 말이 좋아 부공장장실이지 낡은 장부더미와 고장 난 컴퓨터가 자리를 차지하고 있었다.

"부공장장님의 자리는 원래 제 옆자리였는데요, 도쿄에 회의하러 가신 이시카와 제조부장님한테서 조금 전에 전화가 왔어요. 이 방을 부공장장실로 쓰라고 하셔서……."

기우치는 죄송하다는 말과 함께 머리를 조아렸다.

"제조부장님은 본사에 자주 가십니까?"

다츠야가 물었다.

"매주 3일은 도요하시, 2일은 도쿄에 있습니다. 도요하시에 있는 3일 중 하루는 골프장에서 보내지만 말이죠."

"평일에 골프라고요?"

"골프도 어엿한 업무의 일환이시랍니다."

기우치가 빈정거렸다.

"제조부장이 일주일에 3일이나 자리를 비워도 아무런 문제가 없습니까?"

"매주 금요일에 다음 주에 할 일을 지시하고 그다음엔 현장 직원들에게 버럭버럭 호통을 치느라 바쁘지요. 생산 라인마다 책임자가 따로 정해져 있어서 평상시엔 그들이 알아서 일을 진행합니다. 미니 프로핏 센터 시스템으로 운영되는 거죠."

다츠야의 입이 놀라움으로 다물어지지 않았다. 공장에서 '미니 프로핏 센터(mini profit center, 이익을 낼 수 있는 가장 작은 단위로 기업 조직을 나누어 스스로 운영해 나가는 방식)'라는 관리회계 전문용어를 들을 줄이야!

이 공장은 생산 라인별로 매출목표와 이익목표를 설정해서 공장 전체를 관리하고 있는 것이다.

"이시다 부장님은 미니 프로핏 센터 방식으로 이익을 파악할 수 있으니까 굳이 공장에 있을 필요가 없다고 합니다. 하지만 공장 관리라는 게 과연 그렇게 간단한 일인지……."

기우치는 다츠야에게 하소연하듯이 말했다.

그때 점심시간을 알리는 벨이 울렸다.

"식사하러 가시죠."

기우치는 다츠야를 식당으로 안내했다.

두 사람은 쟁반에 생선구이와 뜨거운 김이 나는 된장국을 놓고 빈자리를 찾아 앉았다.

"어제 먹은 음식도 그렇지만 이곳에선 정말 아카미소를 많이 쓰는군요."

아카미소는 부리누룩을 섞어 만든 붉은색 된장으로 나고야에서 주로 쓰인다. 타 지역 출신인 다츠야는 된장국을 훌훌 마시면서 이렇게 말했다.

"어묵도 그렇고 돈가스에 찹쌀떡, 소 힘줄 조림까지, 아카미소가 안 들어가는 데가 없네요."

기우치는 환하게 웃었다.

"어제는 셋이서 그 독한 술을 두 병이나 비웠죠."

"예, 정말 맛있는 술이었어요."

다츠야가 감사를 표했다.

"부공장장님이 그렇게 술이 셀 줄은 몰랐습니다. 술친구가 생겨서 정말 좋습니다."

"기우치 씨, 우리 둘만 있을 땐 그냥 다츠야라고 하세요."

"알겠습니다. 다츠야 씨."

다츠야가 웃는 얼굴로 고개를 끄덕였다.

두 사람은 눈 깜짝할 새에 밥그릇을 비웠다.

"잠깐 산책이라도 할까요?"

다츠야가 기우치에게 말했다. 방금 본 공장 조직도가 다츠야의 뇌리에서 떠나지 않았다.

"미사와 공장장님은 아이치 공장에선 전혀 권한이 없나요?"

다츠야는 단도직입적으로 물었다.

"일은 많지만, 권한은 전혀 없습니다."

"어떻게 그럴 수가 있죠?"

다츠야의 물음에 기우치가 억울함을 담은 목소리로 대답했다.

"공장장님의 원래 직함은 상무이사공장장이었어요. 그런데 지금 사장님과 마나카 전무님이 공장장님을 이사직에서 해임하고 모든 업무와 부하 직원을 거두어 들였습니다. 그리고 원래 공장장님의 부하였던 이시카와 씨가 이사제조부장이 되었죠. 마나카 전무님은 관리부문과 제조부문의 총괄책임자니까요."

"마나카 전무님은 기술적인 부분을 잘 알고 있나요?"

다츠야가 묻자 기우치는 고개를 내저었다.

"미사와 공장장님에게 경쟁의식이 있는 건지, 예전엔 마이크로스위치가 우리 회사의 주력 제품이었는데 난데없이 가변저항기와 커넥터 사업을 하겠다고 나서지 뭡니까."

"그래서 잘되었나요?"

다츠야가 물었다.

"잘되긴요, 당연히 실패했죠. 전자부품업계가 그렇게 만만한 줄 아십니까. 하지만……."

"하지만, 뭡니까?"

"미니 프로핏 센터는 흑자라고 하네요. 이상하게도 이 공장 전체도 흑자랍니다."

'공장장님은 적자라고 하셨는데……. 이게 어떻게 된 거지?'

다츠야는 고개를 갸웃거렸다.

점심시간이 끝나기 5분 전임을 알리는 벨이 울렸다.

"전, 은행에 좀 가봐야겠습니다."

이렇게 말하며 기우치가 자기 자리로 돌아갔다.

다츠야는 협소한 부공장장실로 돌아가 가방에서 노트를 꺼내어 페이지를 넘겼다. 거기에는 마리와 함께 조사한 제이피에 관한 정보가 빽빽이 적혀 있었다.

다츠야는 노트를 보며 생각에 잠겼다.

기우치는 이 공장이 흑자라고 했다. 월말 결산서를 보면 제이피 자체는 간신히 흑자를 내고 있다. 하지만 아이치 공장에서 이익을 내는지 여부는 월말 결산서를 봐도 알 수 없었다.

왜냐하면 공장은 코스트센터에 지나기 않기 때문이다. 다츠야는 비즈니스 스쿨에서 공부한 내용을 떠올렸다. 공장 즉 제조부에 관한 회계정보는 제조원가뿐이다.

매출은 영업부문에서 계상된다. 이익은 매출에서 비용을 제외하고 남은 금액이니 이익을 계산하려면 영업부의 매출액과 제조부의 제조원가에 관한 정보가 필요하다. 그런데 기우치는 라인별 이익과 공장이익을 언급했다. 다시 말해 공장과 생산라인을 프로핏 센터, 즉 기업 단위로 보고 있는 것이다.

이익을 계산하는 이유는 성과를 측정하기 위해서다. 이 공장에서 매출액이란 재무회계가 말하는 상품을 팔았을 때의 매출액이 아니라 회사에서 제품별로 미리 정해놓은, 영업부로 인도되는 가격을 의미한다. 그렇게 매출액으로 간주한 금액에서 이 공장이나 라인별 완성품원가의 합계액을 차감하여 각 라인의 이익 즉 성과를 계산하는 방식이다.

'아마도 관리회계를 좀 아는 사람이 미니 프로핏 방식을 공장에 도입했을 것이다. 그게 누구일까? 마나카 전무? 그럴 수도 있다. 그는 하버드 비즈니스 스쿨을 나온 MBA 취득자다.

그럼 실제로 누가 매월 이익을 계산하는 걸까? 마다라메 부장? 그 사람한테 그런 능력이 있을 리가 없다. 그는 결산서 작성과 세금 계산이 경리 업무의 전부라고 착각하는 인간이다.

그럼 또 누가 있을까……. 사와구치 모에? 가능성이 없진 않다.

마나카가 모에에게 이익을 계산하게 한 다음 관리회계를 적용해 공장의 실태를 파악하는 것일지도 모른다. 마나카가 그 계산결과를 보고 이시카와 제조부장에게 이것저것 지시하면 이시카와가 라인 책임자를 쪼아대는 것이 아닐까. 하지만 이렇게 단순한 방법으로 공장을 통제할 수 있을까?'

그때 다츠야는 우사미의 말을 떠올렸다.

> 절대로 회계수치를 그대로 믿지 말게.

다츠야의 자리로 미사와가 다가왔다.

미사와는 "다츠야 과장, 이제 그만 가지."라고 하며 모자를 내밀었다.

"제조현장은 재료의 흐름을 따라가며 견학하면 이해하기 쉽지."

미사와가 맨 처음 안내한 곳은 부품창고였다. 수많은 상자들이 빼곡히 들어차 있어 발 디딜 틈도 없었다.

"엄청나게 많군요. 이게 전부 회사 재료입니까?"

"정확하게 말하자면 저쪽에 있는 검수가 끝난 부품이 우리 회사의 재료 재고이고 이쪽의 검수를 하지 않은 부품은 매입처의 원재료지."

"검수요?"

물론 다츠야도 '검수'라는 용어는 알고 있다. 하지만 그게 어떤 의미인지 잘 몰랐다.

다츠야의 당혹스러움이 전달되었는지 미사와는 차근차근 설명을 이어갔다.

"매입처에서 도착한 부품이 양적이나 질적으로 아무런 문제가 없다는 보장은 없네. 그래서 부품이 도착하면 검사를 하고 아무런 문제가 없으면 회사 재고로 인정하지. 그게 검수라네."

만약 도착한 부품이 주문 요건을 충족시키지 못한다면 반품처리하거나 가격 할인을 요구한다.

"검수는 일종의 검문소라고 생각하면 될 거야. 그곳을 통과한 불량품은 손해라는 빗방울이 되어 우리 회사에 떨어져 내리거든."

'검문소라… 적절한 비유인걸.'

다츠야는 감탄했다.

제품 품질은 원재료의 품질에 좌우된다. 불량품을 사전에 봉쇄하지 않으면 나중이 골치 아프다.

"불량부품으로 제품을 만들어도 그 제품은 출하검사를 통과할 수 없어. 만에 하나 출하검사를 통과했다 하더라도 거래처로부터 반품당하기 십상이지."

불량품을 발견하는 시기가 늦어질수록 손해가 부풀어 오르기 마련이다.

"그렇게 되면 재료비와 가공비 전부를 제이피가 부담하게 되나요?"

다츠야가 물었다.

"불량 원인이 부품인 게 확실하다면 매입처에게 재료비를 청구한다네. 하지만 원재료 반입 시 검수만 제대로 해도 가공작업을 하지 않고 끝났겠지. 불량품을 만들려고 기계를 가동하고 직원들이 땀 흘리며 일하다니 안타까운 일이야. 그런 헛수고를 하지 않기 위해서도 검수는 중요한 과정일세."

미사와의 설명을 들으면서 다츠야는 비즈니스 스쿨에서 공부한 사례를 생각했다.

식품가공에 종사하는 회사는 식재료의 안전을 위해 철저한 반입 관리를 시행한다. 재료를 들일 때 철저하게 체크해두면 그다음부터는 사내 안전관리에만 집중하면 된다. 그러면 적은 비용으로도 제품 출하관리가 가능하다는 논리였다.

전자부품제조사에도 같은 원리가 적용된다는 말이다.

"그런데 몇 만개나 되는 부품을 일일이 다 검사하나요?"

고개를 갸우뚱하며 다츠야가 물었다.

"그건 물론 불가능하지. 그리고 품질에 문제가 없는 부품을 만드는 건 원래 매입처 책임이니까 우린 되도록 반입검사 비용을 적게 들이려 하네. 그러니까 신뢰할 수 있는 업체하고만 거래하게 되지. 제이피도 가만히 있지 말고 업체에게 구체적으로 기술적인 사항을 알리고 가르쳐야 해. 그게 되면 무작위로 제품 일부만 검사해도 목적을 달성할 수 있네."

다츠야는 맞는 말이지만 아무리 그래도 검사 담당자가 너무 적다고 생각했다.

"무작위 검사를 하는 건 스위치 제작에 쓰이는 부품뿐일세."

"다른 부품은 검사를 하지 않는다는 말씀이십니까?"

"커넥터나 가변저항기 부품은 검사 없이 받아들이고 있어."

미사와는 한숨을 쉬었다.

"신용 있는 업체한테서 구매하기 때문인가요?"

다츠야의 물음에 미사와는 고개를 저었다.

"아니, 전혀 다른 이유일세. 이시카와 부장 말로는 부품에 문제가 있으면 어차피 출하검사에서 발견되니까 반입검사에 비용을 들일 필요가 없다고 하더군."

"그건 이시카와 부장님이 정한 규정입니까?"

"아니, 제이피의 방침이야. 하지만 스위치만은 매입처에 기술지원을 하고 반입검사도 하게 되어 있네."

이렇게 말하고 미사와는 제조현장을 향했다.

그곳에는 자동기기가 줄을 지어 있었다.

"전부 로봇이라네."

미사와는 조감도를 펼쳐 다츠야에게 보여주었다. 열 개의 라인에는 로봇이 한 대씩 설치되어 있다.

"저기 보이는 네 대가 커넥터, 저 맞은편에 있는 네 대가 가변저항기, 그리고 여기 두 대가 마이크로스위치를 만드는 생산 로봇이야."

"이야, 굉장하네요."

'우리처럼 인건비가 높은 나라는 자동화 시스템으로 생산하지 않

으면 가격경쟁력이 없을 거야.'

대량의 제품을 순식간에 만드는 로봇을 보면서 다츠야는 생각했다.

그때였다. 미사와가 날카로운 목소리로 혼잣말을 했다.

"로봇 따위한테 의지하니까 안 되는 거야."

미사와의 말에 다츠야는 귀를 의심했다.

고개를 돌려 공장 전체를 둘러보자 열 대의 로봇이 일렬로 설치되어 있고 작업자 몇 명이 기계를 조절하거나 부품을 세팅하며 부산하게 움직이는 모습이 보였다.

그런데 잘 보면 커넥터와 가변저항기를 생산하는 로봇 중에 움직이는 것은 각각 두 대뿐이었다. 다시 말해 로봇의 반은 놀고 있다는 이야기다.

"저 로봇들은 왜 움직이지 않지요?"

다츠야는 미사와에게 물었다.

"주문이 없거나 고장이 난 거겠지."

'주문이 없어?'

다츠야는 이상하다고 생각했다. 결산 재무제표를 보면 외주가공비란 항목으로 상당한 금액이 올라가 있다는걸 이미 알고 있기 때문이다.

"하지만 협력업체에게 외주를 주고 있잖습니까?"

"다츠야 과장, 여기에 있는 로봇으로 주문을 받은 모든 커넥터와 스위치를 만들 수 있는 건 아니라네."

미사와가 단호한 어조로 말했다.

"고장이 자주 납니까?"

다츠야는 고장이란 말도 마음에 걸렸다.

"실은 말이지… 스위치를 제조하는 로봇은 아이치 공장에서 제작하네. 하지만 다른 로봇은 외부회사에 위탁해서 제작하지."

다츠야는 미사와의 말뜻을 이해할 수 없었다. 내부에서 만들면 돈이 밖으로 새지 않지만 외주를 주면 많은 현금이 빠져나간다는 차이점 외는 로봇을 사내에서 만들건 다른 회사에서 만들건 상관이 없다고 다츠야는 생각했다.

'그 이유 말고 또 뭐가 있을까?'

그때 졸린 듯이 눈이 반쯤 감긴 남자가 나타나 다츠야에게 인사했다.

"안녕하세요. 마이크로스위치 제조과의 가네코 준페이입니다."

남자는 자기소개를 하면서도 하품이 나오는 걸 간신히 참고 있었다.

"가네코는 지역 국립대학을 졸업한 엔지니어인데 로봇 만들기 천재라네."

미사와는 가네코를 칭찬했다.

"스위치 로봇은 전부 가네코 군이 만들었다네. 다른 로봇은 호라이엔지니어링이란 회사에 주문하고 있네."

"왜 직접 만들지 않죠?"

다츠야는 그 이유를 물었다.

"안 만드는 게 아니라 못 만드는 거야. 커넥터와 가변저항기 제조부문에는 로봇을 만들 기술자가 없네."

로봇은 사내에서 제작해야 한다. 로봇 제작을 외부에 위탁하면 그 노하우가 외부로 유출되기 때문이라고 미사와가 힘주어 말했다.

제이피는 외부 회사에 의지하지 않으면 로봇을 만들지 못하는 상황이다. 그러면서도 로봇으로 커넥터와 가변저항기를 양산해서 이익을 내려 하는 것이다.

'그런데 말이 쉽지 일이 그렇게 잘 풀릴까?'

다츠야는 의아하게 생각했다.

"로봇은 여기 있는 열 대가 전부가 아니라네. 이 건물 뒤편에 기계창고가 있는데 말이지, 사용하지 않는 로봇이 몇 대씩이나 먼지를 뒤집어쓴 채 잠들어 있는 실정이야."

미사와는 서글프게 중얼거렸다.

"그 기계창고를 볼 수 있을까요?"

"자기 눈으로 확인하고 싶은 거로군. 과연 우사미 선생님의 제자야."

미사와는 다츠야를 안내했다.

기계창고 문에 커다란 자물쇠가 단단히 채워져 있었다. 미사와는 허리춤에 찬 열쇠로 창고 문을 열었다.

그러자 여기저기에 놓인 녹슨 로봇들이 다츠야의 시야에 들어왔다.

"이게 어떻게 된 일입니까?"

"이시카와 제조부장이 로봇에 지나치게 의존하기 때문이지."

"로봇에 지나치게 의존한다고요?"

다츠야는 알듯 모를 듯한 표정을 지었다. 그러자 미사와는 선생님이 학생을 가르치듯이 차근차근 그 이유를 설명했다.

"신제품을 출시해도 그게 꼭 팔릴 거라는 보장은 없지. 또, 최초로 양산한 제품은 품질이 들쑥날쑥이야. 처음엔 실패를 많이 하니까 말일세. 그래서 처음에는 단순한 기계로 사람이 직접 제품을 만든다네. 그 후 판매 양상을 보면서 제조상 문제를 하나씩 해결하고 그게 안정화되면 로봇에 의한 생산으로 이행되지. 하지만 이시카와는 처음부터 로봇으로 제품을 생산했어."

다츠야는 이제야 궁금증이 풀렸다.

제이피가 만드는 커넥터와 가변저항기는 판매가가 낮다. 제품 한 개당 이익은 기껏해야 몇 엔이다. 100만 개를 팔아도 매출은 겨우 몇 백만 엔에 그친다.

그래서 이시카와는 대량주문에 대응할 수 있도록 신제품 개발 단계부터 아예 로봇으로 생산하기로 결정했던 것이다.

하지만 다츠야는 아직 납득이 가지 않는 부분이 있었다. 가령 신제품이 팔리지 않는다면 그 기계로 다른 제품을 만들면 되는데 왜 멀쩡한 로봇을 녹슨 채 방치하는지 이해할 수 없었다.

"우리가 사용하는 로봇은 제품 전용 로봇입니다. 그래서 제품 종류가 다르면 무용지물이지요."

가네코가 여전히 졸린 듯한 얼굴로 대답했다.

'아니, 뭐라고? 그러면서 이익을 내겠다니 씨도 안 먹히는 소리

를 하는군.'

로봇은 사용하지 않아도 여전히 유지비용이 든다. 더욱 심각한 문제는 로봇 제작에 들인 현금이 새로운 가치를 창출하지 못하고 있다는 사실이다. 로봇들이 창고에서 잠든 상태라면 더욱 그렇다.

다츠야는 다시 한번 우사미의 말을 떠올렸다.

> 증발된 물이 구름이 되고 비가 되어서 다시 지상에 돌아오듯이 회사의 현금도 지속적으로 순환해야 하네.

제이피는 지금까지 로봇 제작에 수억 엔이란 돈을 쏟아 부었다. 그러나 제조부장인 이시카와에게 그렇게 큰 금액을 결제할 권한이 있을 리 없다고 다츠야는 생각했다. 더구나 이 공장에는 미사와 가네코라는 스위치에 관한 전문가가 있음에도 오로지 가변저항기와 커넥터 공장과 기계에 중점을 두고 투자가 이루어져 왔다.

'마나카가 틀림없어!'

자신의 존재감을 과시하려는 마나카 때문에 이런 쓰레기 더미가 생겼다고 다츠야는 확신했다.

커넥터도 가변저항기도 하루가 다르게 발전하는 품목이고 시장 규모도 크다. 그래서 타사보다 빨리 신제품을 출시하고 신속한 양산체제를 구축하는 것이 무엇보다 중요하다. 마나카와 이시카와는 신제품 개발과 자동화 로봇에 시간과 돈을 투입했다.

그런데 일이 생각처럼 진행되지 않았다. 마이크로스위치의 생산 라인을 제외하고 정상적으로 작동하는 라인은 하나도 없다. 또한, 기계창고에는 녹슨 로봇이 처량하게 널려 있다. 다츠야는 치솟아 오르는 분노를 간신히 억눌렀다.

세 사람은 생산현장을 가로질러 제품창고로 이동했다.

"여기에도 엄청난 재고가 쌓여 있군요."

재료창고와 마찬가지로 이 창고에도 발 디딜 틈 없이 제품으로 넘쳐나고 있었다.

"결산기간이 다가오면 항상 이런 상태야."

미사와는 팔레트에 적재된 제품을 물끄러미 쳐다보며 말했다.

"항상 이렇다고요?"

다츠야가 되물었다.

"특히 최근 들어 재고가 점점 증가하고 있다네."

'재고가 증가하고 있다고?'

다츠야는 미사와의 말이 마음에 걸렸다.

"그것만이 아니야. 평소에는 절대 일어나지 않는 일들이 일어나고 있다네."

"무슨 일 말입니까?"

그러자 미사와가 고개를 돌리며 이렇게 말했다.

"내가 설명하기보단 자네의 눈으로 확인해보는 게 좋겠지."

"제가 어떻게 하면 될까요?"

다츠야는 그 방법을 몰라 당황스러웠다.

"자네는 재고자산실사를 해본 일이 있나?"

"아뇨, 한 번도 없습니다."

다츠야가 솔직하게 말했다. 만약 이 자리에 마리가 있다면 '이래서 가방끈만 긴 엘리트는 안 된다니까!' 라고 놀릴 것이 다츠야 눈에 선했다. 아마 미사와도 그렇게 생각할지도 모른다고 다츠야는 생각했다. 그렇지만, 다츠야도 재고자산실사는 결산일에 제품과 재공품, 원재료를 실제로 세어서 재고수량과 금액을 파악하여 1년 동안의 이익을 확정하는 중요한 절차라는 것은 알고 있다. 단지 경험한 적이 없을 뿐.

다츠야가 비즈니스 스쿨에서 공부한 회계 책에는 재고자산실사가 무척 중요한 절차라고 강조하고 있었다. 하지만 재고를 세어보는 게 그렇게까지 대단한 작업인지 솔직히 다츠야는 인식하지 못했다.

"좋은 기회야. 재고조사에 꼭 참가하게. 실은 아까 자네한테 말한, 평소에는 절대 일어나지 않는 일들이 재고조사를 실시하기 1주일 전부터 당일에 걸쳐 일어난다네."

그렇게 말하고 미사와는 걸음을 재촉했다.

부공장장실로 돌아오자 다츠야는 의문점을 노트에 적어 내려갔다.

재료창고에는 부품이 산더미처럼 쌓여 있다. 제품창고에도 재고가 넘쳐난다. 제조현장에는 열 대의 로봇이 설치되어 있지만, 그 중

여덟 대가 커넥터와 가변저항기를 제조하는 로봇이며 그마저도 네 대는 놀고 있는 상태다. 그뿐 아니라 기계창고에는 열 대가 넘는 로봇이 아무렇게나 방치되어 있다.

'아무래도 마나카가 막무가내로 진행하는 신규 사업이 잘 풀리지 않는 모양이군.'

다츠야는 그렇게 생각했다.

그런데 기우치는 이 공장은 이익이 나고 있으며 지금 생산하는 제품은 전부 흑자라고 다츠야에게 말했다.

'아무리 생각해도 숫자에 장난을 치고 있는 게 틀림없어.'

다츠야는 마나카가 어떤 수를 써서 숫자를 조작했을까 생각해보았다. 답은 금방 나왔다.

다츠야가 비즈니스 스쿨에서 배운 전형적인 이익 쥐어짜기 수법을 마나카가 사용했던 것이다. 이런 식으로 말이다.

제품재고수량이 증가한다는 것은 다시 말해 생산량을 증가시키고 있다는 말이다. 공장에서 발생하는 비용은 재료비 외에도 인건비와 경비가 있다. 이것들은 생산량의 증감에 상관없이 매월 거의 일정한 금액이 드는 고정비다. 예를 들면 한 달 동안의 고정비를 100만 엔이라고 가정하자. 생산량이 1,000개라면 제품 한 개당 고정비는 1,000엔이다. 하지만 생산량을 열 배로 늘리면 제품 당 고정비는 10분의 1인 100엔이 된다. 즉 생산량을 늘릴수록 제품원가가 낮아지고 이익이 늘어난다.

'아마 이 방법을 썼을 거야.'

그때 기우치가 서류 뭉치를 갖고 들어와서는 다츠야에게 내밀었다.

"다음 주 실시할 재고조사 요령입니다."

"기우치 씨, 한 가지 물어볼 게 있습니다."

"예, 말씀하십시오."

기우치는 평소와 같이 성실하게 대답했다.

"조금 전 기우치 씨는 이 공장도, 또 여기서 만드는 제품도 이익이 나고 있다고 했지요?"

"예, 그렇습니다."

"그런데 말입니다, 기우치 씨는 정말로 이 공장이 흑자라고 생각합니까?"

다츠야는 단도직입적으로 물었다.

"마다라메 경리부장님이 그렇게 말씀하시니까 흑자인가보다 생각합니다만……."

기우치는 머뭇머뭇 대답했다.

"하지만 로봇 가동률이 낮은데다가 사용하지 않는 로봇이 잔뜩 굴러다니죠. 그런데도 정말 이익이 나는 걸까요?"

"사실은 저도 이익이 난다는 실감이 나지 않습니다."

기우치는 솔직하게 털어놓았다.

"혹시나 해서 하는 말인데요, 팔릴 예정이 없는 제품을 기말에 대량으로 생산해서 제품원가를 적게 계상하는 건 아닙니까?"

다츠야는 확신에 차서 말했다. 하지만 기우치의 대답은 예상 밖이었다.

"전 회계에 대해선 잘 모르지만, 이번 달 생산량은 그렇게 많진 않습니다."

생산량이 변하지 않은 게 사실이라면 다츠야의 가설은 처음부터 맞지 않는다.

"정말입니까?"

"정말이고 말고요. 제조부문은 매일 그날의 생산실적 보고서를 작성합니다. 제가 그 보고서를 정리해서 마다라메 부장님과 이시카와 부장님에게 보고하니까 틀림없습니다."

기우치는 단언했다. 다츠야는 이 문제가 그렇게 간단한 이야기가 아니라는 생각이 들었다.

'내 생각이 틀렸다면 어떻게 해서 이익을 짜냈단 말인가.'

그러자 기우치는 정신이 번쩍 들게 하는 말을 했다.

"마다라메 부장님은 숫자의 마술사라고 불리니까요."

'마다라메가 마술사라고?!'

다츠야는 자신의 귀를 의심했다.

'경리부는 다른 부서 덕분에 먹고산다는 둥 경리부 직원들은 야근 수당을 청구하지 않는 게 회사에 기여하는 거라고 주절거리는 인간이?'

"마다라메 부장님 말인가요?"

다츠야는 자기도 모르게 되물었다.

"사내에선 누구나 아는 이야기지요. 마나카 전무님도 마다라메 부장님의 마술사로서의 재능을 높이 사고 있다고 하더군요."

'이게 무슨 잠꼬대 같은 소리야!'

다츠야는 속이 울렁거렸다.

'그런 놈이 뭘 할 수 있다는 거지? 하지만 만에 하나, 생산량을 조작하지 않고 이익을 부풀린 거라면 대체 마다라메는 어떤 수법을 쓴 것일까?'

문득, 다츠야는 제이피의 자본금이 10억 엔이라는 점에 생각이 미쳤다. 즉, 제이피는 상법에 의거해 감사를 받을 의무가 있는 회사다.

그렇다면 다음 주에 재고조사를 실시할 때 공인회계사가 입회할 것이다. 회계감사를 받는다면 결산 수치를 그리 간단하게 조작할 수 없다.

"기우치 씨, 아이치 공장엔 경리부가 없다고 했죠. 그리고 본사 경리부가 요구하는 데이터를 발송한다고 했지요?"

다츠야는 재차 확인했다.

"아, 네. 모든 경리 데이터는 업무과가 작성해서 본사로 보냅니다. 그러면 먼저 마다라메 부장님이 내용을 확인한 다음 전무님과 사장님에게 보고한다고 합니다. 영업부의 데이터도 같은 수순입니다."

"어떤 데이터를 보내고 있나요?"

다츠야의 질문에 기우치는 막힘없이 대답했다.

재고금액은 컴퓨터로 단순 계산할 수 없다?

부품재고와 제품재고 금액은 컴퓨터로 간단히 계산할 수 있지만,
아직 완성되지 않은 재고(재공품)는 그렇지 않다.

왜?

> 재공품=재료비+가공비

이 중 재료비는 이미 정해져 있지만, 가공비는 재공품 하나하나의 진척도에 따라서
완전히 달라진다. 또한, 진척도는 시시각각 변한다.
재공품의 재고수량이 일정하더라도 가공비를 계산하는 방식에 따라서
재고금액이 크게 달라진다.

↓

가공비의 계산 방식에 따라 회사 이익을 조작할 수 있다!

"제품별 완성수량과 출하수량, 종류별 부품 매입수량, 직원별 근무시간, 그리고 공장에 들어간 경비 금액입니다."

"그게 다인가요?"

다쓰야가 다시 한 번 묻자 "아, 맞다. 중요한 데이터를 빼놓았네요." 하며 기우치는 재고수량을 덧붙였다.

"공장은 1년에 한 번, 재고실사로 재고수량을 확정 지어서 그 결과를 본사 경리부에 보고합니다."

"그렇다면, 재고수량의 금액을 계산하는 건 본사 경리부가 하나요?"

"그렇습니다."

"경리부는 날밤 새우며 일하느라 진짜 힘들겠군요."

다쓰야는 재고수량을 금액으로 환산하는 작업은 보통 일이 아니라고 수업 때 들은 적이 있다.

그런데 기우치의 대답은 뜻밖이었다.

"아뇨, 마다라메 부장님이 혼자서 계산합니다."

"혼자서요? 재공품의 금액을 계산하는 일도 혼자서 합니까?"

"물론입니다."

그때 다쓰야는 마리가 '그 사람은 재고금액을 계산함으로써 회사에 기여하고 있어요.' 라고 말한 것이 기억났다.

'이거였군.'

하지만 다쓰야는 상식적으로 이해가 되지 않았다. 부품재고나 제품재고의 금액을 계산하는 일은 컴퓨터에 입력하면 되니까 그렇게 어렵지 않다. 하지만 아직 완성되지 않은 재고(재공품)는 그렇지 않다. 재공품의 금액은 재료비와 가공비로 구성되며 재공품이 어느 공정까지 진행되었는지에 따라서 가공비가 완전히 달라지기 때문이다.

예를 들면 커넥터를 만드는 데 쓰이는 재료를 생산라인(로봇)에 투입한 직후와 모든 가공작업이 끝나고 최종 검사를 기다리는 상태와는, 같은 제품을 제조하는 도중의 재공품이라 해도 가공비 금액은 같지 않다. 즉, 가공 진척도에 따라서 재공품 금액이 시시각각 변화한다.

그런데 이렇게 복잡한 작업을 마다라메가 혼자서 해치운다고? 다츠야는 머릿속이 복잡해졌다.

그때 다츠야는 마리가 '재공품 계산 작업은 마다라메가 하는 유일한 일이다' 라고 말한 것을 떠올렸다.

재고금액을 얼마로 확정하느냐에 따라 회사의 이익이 크게 변한다. 기말재고수량을 조작하지 않아도 재고금액을 1억 엔 부풀리면 이익도 1억 엔 늘어난다. 또한 마다라메는 그 작업을 혼자서 한다. 혼자서 복잡한 그 작업을 하기 때문에 숫자의 마술사라고 불리는 것이다. 회사 실적이 어떻든 이익을 자유자재로 바꿀 수 있으니 사장과 전무의 기대대로 결산작업을 해왔던 것이다.

'숫자의 마술사라……'

다츠야는 생각에 잠겼다.

'혹시…, 그 사람은 소문대로 숫자의 마술사인지도 모른다.'

🔒 이상한 움직임

3월 25일, 재고실사를 하기 일주일 전이었다.

공장장이 예언한 대로 이상한 일이 벌어지기 시작했다.

일의 발단은 제품재고였다. 창고에 쌓여 있던 제품이 차례차례 출하되었다. 제품을 실은 트럭은 전부 제이피의 차였고, 운전기사도 같은 사람이었다. 한 명의 운전기사가 똑같은 트럭으로 왔다 갔다 했던 것이다.

다츠야는 운전기사에게 출하하는 곳이 어디냐고 물었지만, 입단속이 되어 있는지 아무런 대답도 들을 수 없었다.

다츠야는 창고사무소에 들어가서 출하전표를 뒤졌다.

'이거다!'

전표에는 '월드와이드전기'라고 적혀 있었다. 월드와이드전기는 국내 굴지의 가전회사였다.

'밀어내기식 판매인가?'

영업 담당자가 단골 거래처에게 부탁해서 억지로 제품을 사게 만드는 행위다. 밀어내기식 판매는 방법도 다양하다. 다음 달 주문할 것을 앞당겨서 인도하거나 나중에 반품할 조건으로 제품을 건네고 결산이 끝난 후 돌려받는 방법이 있다. 사실 다음 달에 받을 예정인 주문을 앞당겨 받아 제품을 인도해도 현금 회수기간이 한 달 빨라지는 것은 아니다. 하지만 그보다 더 문제가 되는 것은 반품할 조건으로 제품을 건네는 행위다.

학생 시절, 다츠야는 우사미 스승님에게 '왜 밀어내기식 판매를 하면 안 됩니까?' 라고 물었던 적이 있다. 책에는 '매출이 실현되지 않았으므로' 라고 나와 있었다. 매출이 실현되었다고 인정하는 요건은 제품을 인도하고 확정된 대가를 화폐성 자산(현금, 외상매출금, 받을어음)으로 수령해야 하는 것이다. 풀어서 말하자면 제품과 판매대금과의 교환이 성립해야 한다. 이렇게 이론상으로 아는 것이지 실감이 나진 않았다. 우사미는 이렇게 대답했다.

> 허상을 좇으니까 모르는 거야. 오직 현금만 보거라.

그때 다츠야는 우사미의 말이 선문답처럼 느껴졌다. 하지만 지금은 아니다. 반품할 조건으로 제품을 인도한다는 건 거래처가 애초부터 대금을 지급할 의사가 없었다는 말이다.

이렇게 꺼림칙한 속사정은 부장급에서 뭉개지고 사장은 매출과 이익만 보고 일희일비하게 된다.

"역시 내 생각이 맞구나."

사장은 회계수치라는 허상만 믿고 경영이란 배를 잘못된 방향으로 이끌어가고 있었던 것이다.

그로부터 사흘 뒤인 3월 28일, 재고조사 사흘 전이었다. 창고에서 제품이 사라진 후에 지금까지 정지 상태였던 네 대의 로봇이 갑자기 움직이기 시작했다. 그와 동시에 대량의 부품이 제조현장으로 운반되었다.

다츠야가 커넥터와 가변저항기의 제조책임자에게 이유를 물어보니 그들은 한결같이 '예비 생산'이라고 대답했다. 즉 주문이 올 경우를 대비해 사전에 제품재고를 만들어둔다는 것이다.

"주문이 왔을 때 만들면 되지 않나요?"

다츠야가 물었다.

그러자 책임자 중 한 명이 "부공장장님은 현장이 얼마나 힘든지 전혀 모르시는군요."라고 비꼰 다음 예비 생산이 필요한 이유를 설명했다.

"대기업은 자기 사정밖에 모릅니다. 오늘 필요하니까 오늘 가져오라고 요구한다니까요. 떼쟁이 어린애가 따로 없어요. 하지만 주문을 받았을 때 재고가 없으면 그 이야기는 물 건너가는 거죠."

일반적으로 생각하면 그의 말이 맞다. 하지만 이 로봇은 전용기기였다. 이 로봇으로 제작하는 제품 주문은 없었을 것이다. 그러니까 로봇이 가동되지 않고 먼지를 뒤집어쓰고 있던 것이었다.

"지금 만드는 제품은 어디에 파는 겁니까?"

"커넥터는 닛산전기, 가변저항기는 아카가와전자입니다."

양쪽 다 업계에서 다섯 손가락 안에 들어가는 전기기기 기업이었다. 하지만 다츠야는 납득할 수 없었다. 보통 일류 기업은 일류 부품 제조사에게 발주한다. 제이피의 경우, 그 주문 내용이 스위치라면 이해할 수 있다. 하지만 제이피의 커넥터와 가변저항기는 결함투성이 제품이다. 그 결과가 실적 저하라는 현 상태를 초래한 것이다.

'팔린다는 보장도 없는 제품을 이렇게 만들다니, 무슨 생각들이지?'

3월 29일. 재고조사 이틀 전. 이날도 다츠야는 재료창고로 시작해 작업 흐름에 따라 공장을 돌아보았다.

재료창고는 여전히 부품이 넘쳐나며 미검수 부품도 산더미처럼 쌓여 있었다. 또, 잉여로봇이었던 네 대의 로봇이 오늘도 부지런히 움직였다. 어제보다 재공품이 눈에 띄게 늘어났다.

다음으로 제품창고에 들어갔다. 그곳에 펼쳐진 놀라운 광경에 다츠야는 할 말을 잃었다. 엄청난 양의 제품이 빼곡히 들어차 있었다.

지금까지 다츠야는 네 대의 로봇이 만든 제품은 결산일인 3월 31일(일본에서는 보통 3월 31일이 기말결산일이다) 전까지 전부 공장에서 출하될 것으로 생각하고 있었다. 영업 담당은 거래처에게 억지로 제품을 인도하고 매출을 늘리려고 획책할 게 분명하다고 생각했다.

그런데 재고품들은 창고바닥에 놓여 있는 채였다.

'아니, 이게 뭐지?'

재고품에는 A4 용지가 붙어 있었다. 놀랍게도 '출하검사전'이라고 되어 있었다. 다시 말해 이것들은 '재공품'이지 아직 '제품'이 아닌 것이다.

재공품과 제품의 차이는 제품창고에 반입되기 전이냐 후이냐다.

다츠야는 비즈니스 스쿨의 수업을 떠올렸다. '창고반입'이란 단순히 출하검사를 마친 제품을 제품창고로 이동시키는 행위가 아니다. 그것은 완성품이 제조부로부터 영업부로 인도된 것을 의미한다. 제품창고는 영업부 관할이기 때문이다.

창고에 반입된 그 순간, 재공품은 제품으로 변하며 관리책임은 영업부로 이행된다. 영업부는 그 제품을 거래처에게 판매하고 돈으로 환산할 책임이 발생한다. 여기 있는 재고가 출하검사전이라는 것은 아직 제조부 관리하에 있다는 말이다.

'왜 도중에 제조를 하다 말았지? 품질에 문제라도 생겼나?'

아니, 그렇지 않았다. 누군가가 일부러 출하검사 단계에서 중지시킨 것이다.

'그럼 왜 놀려두고 있던 전용 로봇을 가동시켜서 이렇게 엄청난 재공품을 만든단 말인가.'

다츠야는 머리를 쥐어뜯었다.

그날 저녁, 한층 더 이해할 수 없는 사태가 벌어졌다. 미검수 재공품은 제품창고로 부품은 생산라인으로 이동되었으니 당연히 재료창고는 텅 비고 로봇 주변에는 부품이 넘쳐흘렀다.

'도대체 이게 무슨 일이야……'

다츠야는 일주일 동안 일어난 일을 정리해보았다.

처음에는 일류 제조회사인 월드와이드전기로 대량의 제품이 출하되었다.

다음으로, 지금까지 멈춰져 있던 로봇 네 대가 가동하기 시작했다. 하지만 제조를 하다 만 재고들이 어찌된 일인지 출하검사 직전에 제품창고로 옮겨졌다.

그리고 마지막으로 미검수 재공품도 재료창고의 부품도 전부 제조현장으로 운반되었다.

이 일련의 일들은 숫자의 마술사, 마다라메가 꾸며낸 분식회계의 시작을 알리는 서곡이었다.

3월 30일. 재고조사 전날, 다츠야가 회사에 도착하자 기우치가 당황한 기색으로 부공장장실로 찾아와 다츠야에게 "빨리 공장으로 와주십시오!"라며 재촉했다.

두 사람이 간 곳은 제품창고였다. 그곳에는 대형 운송트럭이 대기하고 있었다. 한 작업원이 포크리프트로 제품을 트럭에 싣고 있다. 상자에는 'JP SWICH(제이피스위치)'라고 적혀 있었다.

"어디로 운반하시는 거죠?"

다츠야는 적재 작업을 하고 있는 담당자에게 물었다.

"월드와이드전기입니다."

'월드와이드전기라고?'

거기는 며칠 전에 엄청난 양의 제품을 보낸 회사인데? 왜 일주일에 두 번이나 출하하는 거지?

"어디로 운반하시는 거죠?"

이번에는 트럭 운전기사에게 물었다.

"월드와이드전기의 도요타 공장인데요."

운전기사는 출하보고서를 다츠야에게 보여주었다.

"정말인가요?"

다츠야는 되물었다.

그러자 운전기사가 인상을 팍 쓰며 사투리를 내뱉었다.

"그런 거 와 물어샀나?"

"네?"

"왜 그런 걸 묻느냐고 하는데요."

기우치가 다츠야의 귓가에서 나직하게 말했다.

그 말을 듣고 다츠야는 마음이 놓였다. 이번 출하는 위장매출은 아니었다. 이 제품은 틀림없이 월드와이드전기에 운반될 것이다.

하지만 다음 의문이 솟았다.

'아직 아침 7시다. 왜 이렇게 이른 시간에 제품을 출하해야 할까?'

아마도 오늘 중에 납품하기 위해서일 거라고 다츠야는 생각했다.

"기우치 씨, 우리 회사의 매출인식기준은 출하기준입니까?"

"예, 맞습니다."

'역시 그렇군.'

다츠야의 짐작이 맞았다.

매출인식기준이란 제품을 어느 시점에서 매출로 잡는지를 정하는 회계 규칙이다. 제품과 판매대금이 교환되었을 때 매출로 인식하는 것이 회계의 원칙이다.

이를 거래처 입장에서 보면, 매입한 제품을 검수한 시점이 된다. 검수가 완료되면 비로소 그 회사의 제품이 되며, 그 대가로 상품대금을 지급할 것을 약속한다.

다시 말해, 거래처가 검수한 시점에서 매출을 인식하는 '검수기준'이 가장 합리적인 매출인식기준이라고 할 수 있다.

하지만 이 검수기준에는 커다란 문제점이 있다. 판매하는 측은 고객으로부터 연락이 오지 않는 한 언제 검수가 끝났는지 파악할 수 없다. 또한, 검수가 끝날 때까진 판매회사의 제품인 셈이다.

결국, 고객에게 납품된 제품재고를 실시간으로 파악하여 결산작업에 반영하기란 불가능에 가깝다.

한편, 거래 흐름 파악이란 측면에 중점을 두고 생각하면 공장이 제품을 출하한 시점에서 매출을 인식하는 '출하기준'이 더 합리적이다. 출하시점에서 매출로 잡으면 외부의 정보를 기다리지 않고도 회사 내부 정보만으로 제품재고를 관리할 수 있기 때문이다.

제품이 반품되면 어떻게 하느냐의 문제도 있지만 보통 특정 거래처와 지속적으로 거래하는 경우가 대부분이다. 그러니 특별한 사정이 없는 한 여간해선 출하된 제품이 전부 반품되지 않는다.

단, 출하기준에도 허점이 있다.

분식결산을 하기 쉽다는 점이다.

출하기준으로 매출을 인식하면 회사의 관심이 출하 여부에만 집중되며 '제품과 판매대금의 교환이 성립된다'는 매출의 본질적인 의미가 퇴색하는 경향이 있다. 영업사원들은 주문이 없어도 일단 제품을 내보내면 당기 매출로 잡을 수 있다는 생각에 사로잡히기 십상이다. 자연히 밀어내기식 판매가 부정행위라는 의식은 저만치 멀어진다.

'이번에 일어난 기묘한 일들도 출하기준을 악용하여 분식을 꾀하는 게 아닐까?'

다츠야는 그렇게 추리했다.

출하기준이 애매모호한 이유가 한 가지 더 있는데 이는 마감이란 일본 특유의 상거래 관습과 밀접한 관련이 있다. 제이피와 월드와이드전기의 거래계약에서는 월드와이드전기가 매월 1일부터 월말까지 검수한 매입대금을 다음 달 말일에 제이피의 은행계좌에 지급하기로 되어 있다. 제품을 출하해도 거래처가 월말까지 검수하지 않는다면 매출대금은 2개월 후에나 회수된다는 말이다.

'그렇군.'

다츠야는 왜 이렇게 이른 아침에 제품을 트럭에 싣는지 이해가 갔다. 제이피는 월드와이드전기에 오늘 중에 즉, 3월 중에 검수를 받으려는 것이었다. 그러면 다음 달인 4월 말에 대금이 회수되므로 자금운용이 한결 수월해진다.

그때 기우치가 다츠야의 주의를 환기시켰다.

"부공장장님, 지금 제조현장에서는 기막힌 일이 일어나고 있습니다."

기우치는 다츠야를 로봇이 늘어선 제조현장으로 안내했다. 거기에는 작업자들이 어젯밤부터 오늘아침까지 창고에서 내보낸 걸로 보이는 부품들을 소리내어 세고 있었다.

부품에는 재고조사표가 달려 있고 거기에 품명과 수량이 기입되어 있었다. 재고실사가 이미 시작된 것이다.

"실사는 내일이 아닌가요?"

"회계사가 오기 전에 재고파악을 끝내려는 심산입니다."

"하지만 회계사가 입회하는 목적은 실제 재고조사가 제대로 정확하게 이루어지는지 확인하기 위해서잖아요?"

다츠야는 예전에 공부한 감사론을 떠올리며 말했다.

재고실사는 실제로 있는 재고수량을 결산 수치에 반영하기 위한 중요한 절차다. 재고수량을 부풀릴수록 이익도 늘기 때문이다.

하지만 단순히 재고수량을 세기만 하면 되는 것은 아니다. 올바른 재고조사를 하려면 준비 작업이 필요하다.

예를 들면 재료와 재공품과 제품, 그리고 재고조사 대상이 아닌 미검수 부품이나 예탁품 재고를 미리 종류별로 분류해두어야 한다. 생산 중인 재고를 셀 순 없는 노릇이니 공장라인을 멈추고 입출고 작업도 중단한다.

재고조사는 보통 두 사람이 한 조가 되어 여러 팀이 한꺼번에 실시한다. 한 명이 재고수량을 세면 다른 한 명이 재고조사표(tag)에 품명과 수량을 적어 넣는다. 이때 누락하거나 이중으로 세지 않도록 주의해야 한다.

원재료를 예로 들면, 창고 선반에 있는 부품을 실제로 세어보고 그 품명과 수량을 재고조사표에 적은 다음 그것을 부품에 첨부한다. 재공품은 품명과 수량 이외에 어느 공정단계인 재고인지 기입한다. 작업 초기 단계인 재공품과 거의 완성 단계인 재공품의 가공비는 천지차이기 때문이다.

재고조사표에는 사전에 번호를 인쇄해두며 기재한 품명과 수량은 일절 정정할 수 없다. 재고조사가 끝난 시점에서 미사용된 재고조사표는 선을 그어 사용할 수 없게 한다.

재고조사가 끝나면 공인회계사는 모든 재고에 재고조사표가 붙어 있는지 확인한 다음, 재고조사표를 회수하라고 지시한다. 재고조사표는 두 장이 한 세트로 되어 있어서 한 장을 떼어내어 회수한 다음 '사용한 것', '잘못 인쇄된 것', '미사용한 것'으로 나누어 번호 순으로 정렬한다.

공인회계사는 모든 재고조사표를 회수했는지 부정행위가 없는지 확인하고 그 결과를 감사조서에 기입한다. 미사용한 재고조사표를 내버려두면 나중에 가공의 재고를 적어서 재고 부풀리기에 이용될 우려가 있기 때문이다.

그렇게 해서 정확한 재고수량을 확정하고 부정행위를 방지한다. 이것이 공인회계사가 입회한 재고조사 작업이다. 회사 담당자와 함께 재고수량을 세기만 하는 단순작업이 결코 아니다.

그런데 제이피의 재고조사 방법은 그렇지 않았다.

다츠야는 여기엔 분명히 어떤 의도가 숨어 있다고 느꼈다.

"왜 하루 전에 수량을 세는 거죠?"

"글쎄요. 전 잘 모르겠는데요."

기우치는 난처한 표정으로 대답했다.

"이것도 마다라메 부장님의 지시인가요?"

"아마 그런 것 같아요. 부공장장님, 일주일 동안 일어난 일들은 아마도 어떤 특별한 목적이 있는 거겠죠?"

기우치는 기어들어가는 목소리로 말했다. 다츠야는 팔짱을 낀 채 골똘히 생각했다.

"내일은 회계사가 재고실사에 입회하는 날이지요. 그들은 프로니까 틀림없이 마다라메 부장님의 속셈을 꿰뚫어볼 겁니다."

그러자 기우치는 노골적으로 불쾌함을 드러내며 내뱉었다.

"회계사 나리가 입회하는 건 형식일 뿐이에요. 창고와 공장을 한 바퀴 돌고 재고조사표를 회수하라고 지시한 다음 분류하면 그만입니다."

🔒 사이고 고타

3월 31일. 재고조사 당일. 아침 9시. 이마가와 회계법인의 공인회계사인 사이고 고타가 소형차를 몰고 제이피 아이치 공장에 도착했다. 짙은 회색의 스트라이프 재킷에 푸른색 셔츠, 은색 넥타이 차림

이었다. 셔츠는 그냥 푸른색이 아니라 소매 끝단과 옷깃 부분만 흰
색으로 배색 처리된 이른바 클레릭 셔츠다. 세련된 차림새로 보나
한 눈에도 실력 있어 보이는 인상으로 보나 도저히 지방에서 일하
는 회계사로 보이지 않았다. 나이는 마흔이 좀 안 될 듯한데, 이게
다츠야가 본 사이고의 첫인상이었다.

이시카와 제조부장과 미사와, 다츠야는 임원실로 사이고를 안내
한 다음, 명함을 주고받았다. 여기는 원래 사장을 영접할 목적으로
특별히 마련했지만, 평상시에는 이시카와가 차지하고 있었다.

"전 이번에도 이마가와 선생님께서 오실 줄 알았습니다만……."

이시카와는 당황한 기색을 감추지 못했다.

"아, 죄송합니다. 이마가와 선생님이 독감에 걸리시는 바람에 갑
작스럽게 제가 찾아뵙게 되었습니다."

"그거 큰일이군요. 그러면 대타로 오신 거로군요?"

미사와가 명함을 건네며 말했다.

"네. 오늘은 이마가와 선생님을 대신해서 재고조사를 하러 왔습
니다."

"사이고 씨는 가고시마 출신이신가요?"

그렇게 물은 건 다츠야였다.

"하하, 사이고 다카모리(西鄉隆盛, 일본의 정치가(1827~1877). 가고시마 현에서
출생했다. 도쿠가와 막부 시대를 종결시키고 천황 중심의 왕정복고령을 성공시키는 데 절
대적인 역할을 했다)와 무슨 관계냐는 말을 종종 듣습니다만 아무런 관

계가 없습니다."

사이고는 쓴웃음을 지으며 부정했다.

"여기가 제 고향입니다. 대학을 나와서 15년간 도쿄에 있는 감사 법인에서 근무하다가 반년 전에 고향으로 돌아와서 사무실을 차렸습니다. 그러면서 이마가와 선생님의 감사일을 파트타임으로 도와드리고 있지요."

'그러면 그렇지, 도쿄에서 경험을 쌓은 사람이구나.'

다츠야는 사이고의 세련된 분위기가 그제야 납득이 갔다.

이시카와는 사이고에게 차를 권하며 물었다.

"도쿄에서 활약하시던 분이 왜 고향으로 돌아오신 거죠?"

"여긴 어릴 적 친구들도 있고 부모님도 연로하시니까요."

"하지만 도쿄가 굵직굵직한 일이 더 많지 않습니까?"

다츠야가 물었다.

"네. 확실히 일할 때의 성취감은 그쪽이 컸지요. 하지만 몇 년 전, 회계부정사건인 미국 엔론 사태의 영향으로 기업 회계감사 환경이 확 바뀌면서 제 생각대로 감사를 할 수 없게 되었습니다. 그래서 도쿄 생활을 접었지요. 이제부턴 고향에서 제 소신대로 일할 생각입니다."

사이고는 그렇게 말하며 웃었다.

"그럼, 본론으로 들어가지요."

이시카와는 재고조사 진척상황을 설명하기 시작했다.

"실은 어제 재고조사를 마쳤습니다. 그러니 선생님께서 공장을 둘러보시고 재고조사표를 회수하는 작업만 하면 됩니다."

"네? 끝났다고요?"

사이고는 놀라움에 찬 목소리로 물었다. 오늘은 하루 종일 재고자산 실사에 입회할 생각이었다. 그런데 벌써 끝났다니 사이고는 어처구니가 없었다.

"아, 그리고 직원들은 오늘 휴가입니다. 재고조사를 하느라 어제 밤새 일했거든요."

"공장으로 안내하지요. 재고조사는 완벽할 겁니다."

이시카와와 미사와는 사이고와 나란히 임원실을 나와 공장으로 향했다.

임원실에 홀로 남은 다츠야는 작은 의자에 엉덩이를 붙인 채 지난 일주일 동안 일어난 일을 하나씩 머릿속에 떠올렸다.

왜, 재료창고에 있던 부품을 제조현장으로 이동시켰는가?

왜, 오랫동안 멈추어 있던 로봇을 가동해서 재공품을 미리 만들었는가?

왜, 월드와이드전기에 두 번이나 대량으로 제품을 출하했는가?

그리고 왜, 공인회계사가 오기 전에 재고조사를 해치운 것인가?

다츠야는 이런 일을 하는 목적은 틀림없이 분식회계일 것이라고 확신했다.

'그렇다면 어떤 수법을 써서 가공의 이익을 부풀린 걸까? 누가 무슨 수작을 부리는 걸까?'

의문만 생각나지 해답은 떠오르지 않자 다츠야는 짜증이 밀려왔다. 여기엔 어떤 트릭이 있는 게 틀림없었다. 그런데 원리가 보이지 않았다.

아군인 기우치도 속 시원하게 설명하지 못했다.

'만약 우사미 스승님이 여기 계신다면……'

보나 마나 자신에게 벼락이 떨어졌을 것이라고 다츠야는 생각했다.

> 하찮은 일에 끙끙대지 말거라! 모든 답은 현장에 있어.

그렇다. 회계사의 입회는 이미 시작되었다.

그때 미사와 공장장이 돌아와 다츠야에게 말을 걸었다.

"다츠야 과장, 슬슬 자네가 등장할 때야."

다츠야는 작업모를 움켜쥐고 공장으로 향했다.

제조현장에 빼곡히 들어찬 부품을 보고 사이고는 충격을 받았다. 공장 안은 완전히 재공품 정글이었다. 이렇게 많은 재공품을 전부 세어보려면 엄청난 시간이 걸렸을 것이다.

사이고는 재료창고와 제품창고, 그리고 공장 내부를 물매미가 수면을 맴돌듯 빙글빙글 수차례 돌아다녔다. 그렇게 걸어가면서 재고조사표가 누락된 곳이 없는지 꼼꼼하게 확인했다. 그러고는 제조공정을 순서대로 돌아보며 재고조사표에 기재된 수량에 잘못이 없는지 직접 제품 수를 세어보았다. 테스트 카운트였다. 이상이 있는 재고조사표는 없었다.

딱 하나, 사이고가 마음에 걸리는 점이 있었다. 재고조사표에는 제조공정에 관한 기재가 없었다.

예를 들면 창고에서 막 운반된 재공품과 거의 완성된 단계의 재공품은 재료비는 같아도 가공비가 완전히 다르다.

제품 한 개를 완성하는 데 100엔의 가공비가 든다고 가정하자. 창고에서 방금 나온 재공품에는 가공비가 거의 들지 않은 상태다. 하지만 출하검사를 하기 직전인 재공품의 가공비는 거의 100엔에 근접한다. 다시 말해 작업이 진척될수록 재공품 원가에서 차지하는 가공비는 점점 늘어난다.

그런데 이 재고조사표에는 재공품의 제조 단계에 대한 정보가 없다. 회수된 재고조사표는 도쿄 본사에 있는 경리부에 발송되고 거기서 재고 금액이 계산된다. 재고조사표에 작업공정에 관한 정보가 없으면 그 재공품을 금액으로 환산하려고 해도 할 수가 없다.

사이고는 고개를 갸우뚱했다.

"이시카와 부장님, 재공품의 금액은 어떻게 평가하십니까?"

사이고가 물었다.

"전 경리업무는 잘 몰라서요."라며 이시카와는 휴대전화로 기우치를 불렀다. 얼마 후 기우치가 왔다.

사이고는 기우치에게 같은 질문을 했다.

"가공비는 재공품과 제품에 배분하고 있습니다. 재공품의 가공 진척도는 일률적으로 완성품의 50%로 잡고 있습니다."

기우치는 뭘 그렇게 당연한 걸 묻느냐는 표정으로 설명했다. 제조현장에는 재공품이 여기저기 흩어져 있다. 즉, 맨 처음 공정에서 맨 마지막 공정에 이르기까지 여러 단계의 재공품이 분산되어 있다. 이것들의 진척도를 일일이 조사해서 계산하나 재공품 재고 전체를 진척률 50%로 잡고 계산하나 금액상으론 별 차이가 없다고 설명했다.

"그런 사고방식도 있군요."

사이고는 실소가 나왔다. 하지만 기우치의 설명 중 어느 부분이 잘못되었는지 사이고도 당장은 콕 집어서 말할 수 없었다.

재공품이 공장 여기저기에 굴러다니고 있으니 개개의 진척상황을 적용해서 계산해도, 모든 재공품의 진척률을 일괄적으로 50%라고 간주하고 계산해도 큰 차이가 없어 보이기도 했다.

하지만 사이고는 뭔가 개운치 않았다.

"가공비를 완성품과 재공품으로 배부하는 기준은 작업 시간이 아닌가요?"

사이고의 뒤편에서 기우치의 설명에 귀를 기울이고 있던 다츠야가 그렇게 물었다. 그러자 기우치가 대답했다.

"아뇨, 시간이 아니라 재료비가 기준입니다."

즉 이런 이야기다.

이번 달 발생한 가공비가 전부 100만 엔이라고 하자.

이번 달 완성품의 재료비가 전부 90만 엔, 재공품의 재료비가 전부 20만 엔이라고 가정한다. 완성품 1개와 재공품 1개의 재료비는 원래 동일한 금액이다. 그러므로 만일 재료비의 비율에 따라 가공비를 배분하면 완성품 1개와 재공품 1개의 가공비도 동일한 금액이 된다.

그러면 앞뒤가 맞지 않으므로 재공품의 진척률을 50%로 간주하고 완성품으로 환산해, 가공비를 배분한다는 말이다.

이번 달 완성품은 재료비가 모두 90만 엔. 한편, 이번 달 재공품의 재료비 합계 20만 엔에 진척률 50%를 곱하면 10만 엔이 나온다.

다시 말해 '90 : 10'의 비율로 가공비를 분배하는 것이다. 이렇게 계산한 재공품의 가공비는 '이번 달 가공비 100만 엔÷(90+10)× 10'이라는 계산 등식을 거쳐 10만 엔이 된다.

"간편하고 이론적으로 전혀 문제없는 방법이라고 마다라메 부장님이 그러셨습니다."

그렇게 기우치는 덧붙였다.

"그 계산 방법은 잘못된 겁니다."

사이고가 딱 잘라 말했다.

"그런 식으로 계산한다면 비싼 재료를 쓴 제품에 높은 가공비가 배분됩니다. 예를 들면 금과 나무로 각각 장식품을 만들 경우를 생각해봅시다. 금은 비싼 재료지만 장식품을 만들 땐 틀 속에 흘려 넣기만 하면 간단히 완성됩니다. 하지만 목재 장식품은 숙련된 기술자가 많은 시간을 들여 깎아야 하겠지요. 그런 계산 방식이면 재료비가 비싼 금으로 만든 장식품이 가공비를 더 많이 부담하게 됩니다. 모든 제품이 같은 재료인 경우라면 아무 문제가 없겠죠. 하지만 실제로는 그렇지 않을 겁니다. 가공비 배부기준은 시간이어야 합니다. 재료비를 배부기준으로 잡는 회사도 적지 않지만 그건 어디까지나 틀린 방법입니다."

사이고는 자신만만한 목소리로 설명했다.

"아, 그렇군요."

이렇게 대답하며 기우치는 고개를 끄덕였다.

"사이고 씨, 꼭 그렇지만은 않습니다."

뜻밖에도 미사와가 반론을 펼쳤다.

"커넥터와 가변저항기, 스위치의 재료비 자체는 사실 별반 차이가 없습니다. 또, 유감스럽게도 이 공장엔 스위치 이외의 제품을 만들 때는 표준작업시간이란 기준이 없습니다. 그러니 시간으로 배분하는 건 현실적으로 어렵지요."

미사와는 걱정스러운 표정으로 이야기를 듣고 있는 이시카와 쪽을 보면서 말했다.

사이고는 재고조사표가 빠짐없이 첨부되어 있는지 확인한 다음, 재고조사표를 회수하라고 지시했다.

"회수한 표는 번호 순으로 배열해주십시오. 잘못 인쇄된 표와 미사용한 표의 번호도 알아볼 수 있도록 부탁합니다."

사이고는 재고조사표 회수 작업 외에 또 다른 절차를 이시카와에게 요청했다.

"그리고 이번 회계연도에 마지막으로 출고된 제품의 출하전표를 보여주십시오."

다츠야는 그 요청이 무엇을 의미하는지 곧바로 알아차렸다.

'기간귀속 (Cut-off) 이군.'

사이고는 이번 회계연도 중에 공장에서 출고된 제품이 이번 연도의 매출로 정확하게 잡혀 있는가, 또, 아직 출고되지 않은 제품이 이번 연도의 매출로 잡혀 있진 않은가를 확인하려는 것이었다.

"출하전표 말입니까? 이마가와 선생님은 그런 걸 요구하신 적이 없는데요."

이시카와는 난감한 표정으로 반문했다.

"이건 회계감사에서 생략할 수 없는 절차입니다."

그렇게 말하며 사이고는 출하전표를 갖고 오도록 재차 요구했다. 이시카와는 불쾌한 표정으로 기우치에게 어제와 오늘 출고한 전표를 전부 가지고 오라고 지시했다. 한참 뒤 기우치가 돌아와 클립으로 집힌 출하전표를 사이고에게 내밀었다. 사이고는 그 중 월드와이드전기에게 발송한 출하전표를 빼내더니 복사해달라고 부탁했다.

그로부터 몇 시간이 흘렀다.

"이제 끝났습니다. 그럼 실례하겠습니다."

사이고가 회수한 재고조사표를 확인하는 작업을 마치고 돌아갈 채비를 할 때였다.

"사이고 선생님, 잠깐 시간을 내주시겠습니까?"

미사와가 사이고를 자기 방으로 안내했다.

미사와의 사무실에는 작은 사무용 책상과 오래된 싸구려 응접세트가 놓여 있었다. 소파에는 한걸음 먼저 온 다츠야가 앉아 있었다. 다츠야는 사이고에게 소파를 권하고 그가 자리에 앉자 본론을 꺼냈다.

"이번 재고조사에 뭔가 문제점이 있나요?"

"글쎄요."

사이고는 팔짱을 끼고 골똘히 생각에 잠겼다.

얼마 후, 사이고는 자신은 감사 책임자가 아니니까 어디까지나 참고의견으로 들어달라는 전제를 하더니 두 가지 문제점을 지적했다. 우선 재고자산실사에 입회하지 못했다는 점을 들었다. 공인회계사는 재고 상황을 면밀히 관찰할 목적으로 실사에 입회해야 하는 것이 원칙이라고 사이고는 말했다.

또 사이고는 재공품 평가 방법 문제를 지적했다. 재료비를 기준으로 가공비를 완성품과 재공품으로 나누는 것은 이론적으로 올바르지 않다고 했다. 원칙적으로 가공시간을 기준으로 해야 한다고 사이고는 강조했다.

"첫 번째 문제점은 잘 알겠습니다. 하지만 두 번째 문제점은 이해가 안 가는군요. 선생님이 이론적으로 틀렸다고 지적하시는 의미는 소재가 금과 나무일 경우, 부담하는 가공비가 달라지기 때문인가요?"

미사와가 물었다.

"그렇습니다. 재료비 기준으로 가공비를 배분하면 제품원가가 왜곡되기 때문에 제품별로 정확한 금액이 나오지 않습니다."

그때 옆에서 가만히 듣고 있던 다츠야가 더 이상 못 참겠다는 듯이 사이고를 향해 외쳤다.

"그렇게 표면적인 문제는 회계 초짜라도 지적하겠습니다. 선생님은 회계의 프로가 아닙니까. 그렇다면, 문제의 본질을 꿰뚫어볼 수 있어야죠!"

순간, 공장장실에 긴장감이 감돌았다.

"본질을 꿰뚫어보라고요? 무슨 말씀이 하고 싶은 겁니까?"

사이고는 다츠야를 노려보았다.

"선생님처럼 교과서에 있는 이론을 늘어놓아 봤자 아무도 납득하지 못한다는 말입니다."

"다츠야 씨, 회계감사는 취조가 아닙니다. 하나하나의 사실을 기반으로 본질에 접근하는 일입니다."

'그건 나도 잘 알아, 안다고, 사이고 선생. 하지만 지금 한시가 급하단 말이야. 얼핏 보기엔 아무 문제없는 이 공장에 무시무시한 괴물이 숨죽여 숨어 있다는 걸 빨리 알아내란 말이다.'

다츠야는 북받쳐 오르는 감정을 수습하느라 안간힘을 썼다. 그러자 머릿속에 오만 가지 생각들이 맴돌았다.

　이 회사에 입사한 이후, 다츠야는 줄곧 부정거래를 추적해왔다. 지난 일주일 동안 아이치 공장에서 일어난 일들도 부정거래의 일부라고 다츠야는 확신했다.

　다츠야가 처음에는 그냥 벽창호 경리로만 치부했던 마다라메가 실은 숫자의 마술사라는 소문이 자자했다. 하지만 다츠야는 총지휘자가 마다라메가 아니하고 생각했다. 그에게 그런 배짱이나 권한이 있을 리 없었다. 그렇다면 배후 인물은 마나카 전무? 아니면 다카라베 마스오 사장인데 다츠야는 감을 잡을 수 없었다.

　'도대체 난 지금 왜 이 회사에서 일하고 있는가.'

　그 계기가 된 건 은사인 우사미의 권유였다. 다츠야가 섶을 지고 불 속에 뛰어드는 격인 권유를 일부러 받아들인 것은 대학을 졸업하고 나서 취직한 컨설팅 회사에서의 '실패 경험' 때문이었다.

　경영 컨설턴트는 한마디로 폼 나는 직업이다. 또, 대학 시절 동기들과 비교해도 눈이 휘둥그레질 정도로 고소득이다. 다츠야는 자신의 학력에 강한 자부심이 있었다. 학교 성적도 항상 상위그룹에 들어서 성적이 나쁜 학생들을 볼 때마다 바보라고 생각했다.

　하지만 실제로 컨설팅을 해보니 클라이언트가 끌어안은 문제는 하나같이 어디부터 손을 대야 할지 모를 정도로 뒤죽박죽이었다. 대학 시절의 교재를 아무리 뒤져봐도 실무에 적용할 수 있는 해결책은 나오지 않았다. 그러다가 '엄청난 실패'를 맛보았다. 아니, 개인적인 실패에 그치지 않고 끝끝내 돌이킬 수 없는 사태까지 초래하고 말았다.

다츠야에겐 과연 무엇이 문제였을까? 지식은 어느 정도 쌓은 상태였다. 하지만 결정적으로 경험이 부족했다. 속이 꽉 찬 컨설팅은 지식과 경험, 이 두 요소를 갖추지 않으면 불가능했다.

결국, 평소에 우사미 교수가 하던 말이 하나도 틀리지 않았다. 그래서 다츠야는 심기일전해 싱가포르 대학에서 지식을 축적했다. 그리고 경험을 쌓을 장소로 이 회사를 선택했다.

이대로 수수방관한다면 조만간 제이피는 다츠야의 잘못된 컨설팅 때문에 도산한 그 회사와 같은 운명을 맞이하게 될 것이다. 다츠야는 두 번 다시 그런 일을 되풀이하고 싶지 않았다.

제이피에서 다츠야가 기댈 곳은 미사와 공장장과 마리밖에 없다. 하지만 이 두 사람만으론 부족했다. 기우치가 있지만 그는 좀 미덥지 못했다. 다츠야가 한 명만 더 강력한 아군이 있다면 하고 아쉬워할 때 외부 공인회계사 사이고가 등장했다.

'그래, 이 사람을 끌어들여야 해.'

다츠야는 사이고에게 같은 편이 되어 달라고 부탁하려는 건 아니었다. 단지, 이 회사에서 은밀히 진행되고 있는 검은 책략을 간파하기를 바랐다. 그러려면 다츠야는 사이고에게 모욕적인 말을 퍼부어 '제이피'라는 회사를 그의 머릿속에 꽉 박아두고 24시간 내내 이 회사에 대한 생각이 떠나지 않게끔 만들어야 한다고 생각했다.

'일단 내가 죽일 놈이 되자. 악역을 맡는 거다.'

다츠야가 사이고에게 '회계의 프로로서 본질을 꿰뚫어봐야 한다'고 한 것에는 그런 의도가 깔려 있었다. 더 이상 꾸물거릴 시간이 없었다. 만약 사이고가 불법 행위를 간파하지 못한다면 제이피는 파멸의 길을 걸어갈 게 불 보듯 뻔했다.

"사이고 선생님, 댁의 말처럼 제품원가가 왜곡되면 회계감사에 무슨 문제라도 있나요?"

다츠야가 다시 도발했다.

사이고는 노골적으로 기분 나쁜 표정으로 대답했다.

"그건, 경우에 따라 다르겠죠. 하지만 경영상으론 분명히 문제가 있습니다."

"잠깐만요, 경영상이란 게 무슨 뜻이죠?"

"경영자가 잘못된 경영판단을 내린다는 의미입니다. 예를 들면 사실은 적자인 제품을 흑자인줄 알고 그 제품을 판매하는 데 주력한다면 회사 적자는 더욱 부풀어 오르겠죠."

"누가 그런 걸 물었습니까? 회계감사에 문제가 있냐고 묻고 있잖아요."

다츠야는 사이고에게 계속 시비를 걸었다.

"가공비를 재료비 기준으로 재공비와 제품에 분배하는 것 자체는 관리회계적인 측면에서 보면 문제가 됩니다. 하지만 회계감사 상으로는, 즉 재무회계적인 측면에서 보면 그전 회계연도도 이번 회계

연도도 일관되게 적용했다면 별문제는 없습니다. 이마가와 선생님은 아마 그렇게 판단하셨던 것 같습니다."

"제가 언제 이마가와 선생님 의견을 물었습니까? 사이고 선생님, 자신의 생각은 어떠냐고요."

다츠야는 단단한 가슴팍을 들이대며 사이고를 몰아세웠다.

"부공장장님, 말이 좀 지나치십니다."

두 사람이 옥신각신하는 모습을 걱정스러운 얼굴로 지켜보던 기우치가 다츠야의 팔을 잡아당겼다.

"2주 후에 재고조사 평가에 대해 말씀드리러 오겠습니다."

사이고는 굳은 표정으로 이렇게 말하고는 주차장으로 발걸음을 재촉했다.

당황한 기우치가 부랴부랴 사이고의 뒤를 쫓았다.

다츠야가 아이치 공장에서 재고조사에 열을 올리고 있을 무렵, 제이피 본사에서는 마리가 평소와 같이 일하고 있었다.

"마리 씨, 좀 있으면 결산 작업 때문에 무지 바빠질 텐데 내일은 하루 쉬지 그래?"

다츠야와 함께 이노우에와 이시다의 부정행위를 폭로한 그 사건 이후, 마다라메는 마리를 여러모로 챙겨주기 시작했다. 마다라메만 챙겨주는 게 아니라 마나카 전무도 마리에게 종종 말을 걸었다.

"두 사람 덕분에 우리 회사의 치부를 바로잡을 수 있었네. 정말

고맙네."

이렇게 마리에 대한 칭찬으로 입에 침이 마를 날이 없었다.

하지만 실상은 아무것도 변하지 않았다.

매입처와 결탁해서 대금을 착복한 이노우에는 마나카에게 일단 해고 통지를 받았지만, 그 후 기가 막히게도 자회사에서 구매 업무를 담당하고 있었다. 순환거래를 획책한 이시다는 여전히 영업과장이었다.

결국, 두 사람 다 사실상 해고되지 않았던 것이다.

이 두 사람의 부정행위를 간파하지 못한 마다라메 경리부장도 아무런 처분을 받지 않았다. 최근에 그는 하루에도 몇 번씩 마나카 전무와 통화를 했다. 목소리가 커서 전무와의 대화내용이 듣기 싫어도 마리에게 훤히 들렸다.

하지만 그 사건을 해명하는 데 결정적인 역할을 한 다츠야는 실질적으로 좌천당했다. 마리는 여전히 입금업무 담당일 뿐이었다.

즉, 꽝을 뽑은 건 다츠야와 마리였다. 아이치 공장이 악마의 소굴이라 하지만 제이피 자체가 악마의 소굴이었다.

마리는 '실컷 비행기 태워보셔. 내가 넘어가나!'라며 어금니를 깨물었다. 그리고 다츠야의 연락을 참을성 있게 기다렸다.

얼마 후, 공장에서 생긴 일이 본사까지 파장이 미쳤다. 재고조사를 한 다음 날인 4월 1일이었다. 새로운 회계 연도가 시작되었다. 언제나처럼 마나카와 통화를 하던 마다라메가 갑자기 버럭 소리를 질렀다.

"또, 그놈이 사고를 쳤다고요?"

매입전표 입력 작업을 하던 마리는 손을 멈추고 마다라메의 말에 귀를 쫑긋 세웠다.

"아니, 뭐라고요? 입회하러 온 공인회계사한테 프로답게 본질을 꿰뚫어봐야 한다고 설교를 해요? 분수도 모르는 놈!"

마다라메는 갑자기 목소리를 낮췄다.

"이번 결산 말입니까? 아, 예, 괜찮습니다. 걱정하실 것 하나도 없습니다. 금년도에도 흑자가 분명합니다."

마다라메는 비굴하게 웃었다. 하지만 수화기를 놓고 나서는 어찌할 바 모르는 표정으로 바뀌었다.

'왜 저렇게 동요하는 거지?'

마리는 금년도에도 흑자가 분명하다고 말한 뒤에 동요하던 마다라메의 모습에 신경이 쓰였다. 지금은 결산 결과가 나오기 전이었다. 보통, 결산을 마무리하기까진 회계 연도가 끝나고 나서 어림잡아 2주는 걸린다. 금년도의 실적을 지금부터 계산해야 하는 시기에 마다라메가 어떻게 흑자라고 단언하는지 또, 그래놓고는 왜 저렇게 동요하는지 마리는 생각하면 할수록 이상했다. 마리는 마다라메를 물끄러미 바라보며 생각에 잠겼다.

그때였다.

"뭘 그렇게 멍 때리고 있어! 빨리 일이나 해!"

마다라메가 벌떡 일어나 마리에게 소리쳤다. 간만의 마리가 들어

보는 말 폭탄이었다.

'뭔지 모르지만 앞으로 벌어질 일이 기대되는데?'

마리는 애써 무표정으로 마다라메를 무시하고는 다시 키보드를 두드렸다.

🔓 재고 조작

다츠야는 제이피의 앞날을 생각할 때마다 불안해졌다. 본사도 그렇고 공장도 그렇고 부정행위를 서슴지 않았다. 전에 발견한 순환거래도, 이번의 괴상망측한 재고조사도 영업과장과 제조부장이 독단으로 저질렀을 리가 없다고 다츠야는 생각했다.

다츠야는 배후에 마나카와 마다라메가 있을 것이라 어렴풋이 짐작했다. 하지만 그들의 목적을 알 수 없었다.

딱 하나 분명한 점이 있었다. 그들의 꿍꿍이대로 일이 진행되면 제이피는 결국 파멸할 것이다. 다츠야는 무슨 짓을 해서라도 막아야 한다고 결심했다.

'난 어떻게 해야 하지?'

다츠야는 팔짱을 낀 채 골똘히 생각했다.

곳곳에서 부정부패가 판을 치고 있다. 더구나 부정행위를 폭로해도 아무도 불이익을 당하지 않는다. 다시 말해 이 회사에는 내부통제 기능이 없었다.

회사 경영이 곪을 대로 곪은 이 상태에선 다츠야가 할 수 있는 방법은 하나뿐이었다. 외부 감시를 강화하는 것이다. 경우에 따라서는 경영자를 교체해야 할지도 모른다. 그러려면 다츠야는 지금 일어나고 있는 사실을 회장인 다카라베 후미와 금융기관에 알려야 한다고 생각했다.

'가장 효과적으로 전달하려면……'

다츠야에게 생각이 있었다. 주주총회에서 부정행위 사실을 터뜨리는 것이다.

다츠야는 상법 내용을 찬찬히 읽으며 앞으로의 결산 일정을 정리해 보았다. 주주총회가 6월 25일이고 결산절차는 다음과 같다.

① 결산일(3월 31일)

② 공인회계사에게 결산서류 제출 = 기한 없음(4월 20일경)

③ 회계감사 개시(4월 20일경)

④ 회계감사인의 감사보고서 제출 = ②에서 4주 경과한 날(5월 15일경)

⑤ 감사법인의 감사보고서 제출 = ④에서 1주일 경과한 날(5월 21일경)

⑥ 이사회 승인 = (5월 23일경)

⑦ 정기 주주총회 소집 통지서 발송 = 주주총회일 2주 전까지 발송(6월 5일)

⑧ 정기 주주총회 = 결산일로부터 3개월 이내(6월 25일)

다시 말해, 다츠야가 숫자의 마술사, 마다라메의 탈을 벗기는 데 남은 시간은 회계감사자가 감사보고서를 제출하는 날, 즉 한 달밖에 안 남았다.

우선은 재고를 이용한 부정행위를 파헤쳐야 했다.

다츠야는 회계이론을 훤히 꿰고 있었다. 하지만 재고실사 결과가 어떤 흐름으로 결산 재무제표에 반영되는지 구체적인 내용은 잘 몰랐다.

"기우치 씨, 물어볼 게 좀 있는데요."

다츠야는 업무과 기우치에게 전화를 걸었다.

잠시 후 기우치가 파일 몇 권을 들고 와서 다츠야의 책상 위에 '퉁' 하고 놓았다.

"재고조사표와 재고자산 목록입니다."

"계속 야근했겠네요."

"네, 하지만 어제부로 중요한 작업은 거의 마무리했습니다."

기우치는 충혈된 눈을 비볐다.

기우치는 재고조사 결과를 집계하는 데 1주일이나 걸렸다고 말했다. 그것도 매일 야근을 했기에 가능했다고 했다.

재고조사표에 적힌 수량을 입력하는 단순 작업에 왜 1주일이나 걸리는지 기우치에게 그 이유를 물었더니 그는 파일 한 권을 들추어 다츠야에게 보였다.

"컴퓨터의 출고기록과 재고조사표에 적힌 수량, 즉 실제로 센 수량이 일치하지 않거든요."

"일치하지 않아요?"

"네. 하긴 뭐, 원래부터 일치할 턱이 없죠."

기우치는 지긋지긋하다는 얼굴로 말했다.

기우치는 컴퓨터상의 재고수량과 재고실사의 수량이 일치하지 않는 이유를 설명하기 시작했다.

재료와 제품을 입출고할 때마다 그 품명과 수량을 컴퓨터에 입력한다. 그렇게 함으로써 컴퓨터로 재료와 제품의 입출고이력과 잔고를 관리할 수 있다.

컴퓨터상의 재고는 이른바 '마땅히 있어야 할(to be) 수량'이고, 재고조사 결과는 '실제로 있는(as is) 수량'이다. 이론적으로는 당연히 일치해야 한다.

하지만 현실은 그렇지 않다. 일치하지 않는 원인은 여러 가지가 있지만 제일 먼저 생각할 수 있는 것이 입력 누락이다.

예를 들면 나중에 한꺼번에 입력하려고 마음먹었다가 까맣게 잊어버린다. 제조부문의 작업자가 귀찮아서 출고처리를 하지 않고 재료창고에서 그냥 부품을 꺼내기도 한다. 또, 제품을 운반하는 작업 중에 재고가 파손되거나 분실되는 일도 있다.

그뿐만이 아니다. 아이치 공장에서 출고기록과 재고조사 수량이 어긋나는 건 또 다른 이유가 있었다.

컴퓨터로 출고기록을 관리하는 재료(부품)가 재료창고와 제조현장의 여기저기에 놓여 있기 때문이다.

재고조사표는 현물에 부착하기 때문에 같은 종류의 부품이 여기저기 흩어져 있는 경우에는 여러 장의 재고조사표를 합산해서 컴퓨터 재고와 대조하며 맞춰야 한다. 그때 재고조사표의 합계수량과 컴퓨터의 재고수량이 일치하지 않다는 것이다.

"그래서 재고수량을 확정하는 게 정말 힘듭니다."

기진맥진한 기우치는 한숨을 푹 쉬었다.

다츠야는 기우치의 설명이 머리에 쏙 들어오지 않았다. 왜 부품이 재료창고 선반이 아니라 제조현장에 분산되어 있는지 그리고 분산된 부품을 전부 더하면 컴퓨터 재고와 일치해야 할 텐데 그렇지 않는 이유도 궁금했다.

"재고수량을 확정하는 게 왜 그렇게 힘들지요?"

"그 이유는 간단합니다. 재공품의 금액을 계산할 때는 그 재공품을 구성하는 부품 단위로 돌려놓고 계산하니까요."

커넥터도 그렇고 스위치도 그렇지만 제품은 여러 가지 부품들을 조합해서 만든다.

예를 들면 커넥터 A를 1개 만드는데 부품 a를 1개, 부품 b를 1개 사용한다고 하자. 10개의 재공품(제조 도중인 재고) 금액은 부품 a 10개와 부품 b 10개분의 재료비와 제조하는 과정에서 든 가공비를 더한 금액이 된다.

부품 a와 부품 b는 다른 종류의 제품에 공통으로 쓰이기도 한다. 그래서 제조현장에서 같은 부품이 여기저기에 흩어져 있게 된다.

제이피는 재공품의 금액을 계산할 때에 먼저 그 재공품을 구성하는 재료(부품)로 분리해서 재료비를 계산한 다음 가공비를 더했다.

"거의 완성된 재공품이 겉보기에 아무리 제품과 다를 바 없어도, 재고계산을 할 때는 그 재공품을 여러 부품의 합체와 가공비로 이루어져 있다고 간주합니다. 부품은 재료창고뿐 아니라 제조현장 여기저기에 분산되어 있지요. 그러니까 실사를 해도 재공품 수를 세어보는 거지 부품 수를 일일이 세어보는 건 아닙니다. 부품 단위로 관리하는 컴퓨터상의 재고와 실제 재고가 맞지 않는 건 어찌 보면 당연한 일이죠."

다츠야가 생각지도 못한 방법으로 제이피는 재공품을 계산하고 있었다.

"이 방법은 마다라메 부장님이 생각해낸 건가요?"

"아니요. 다른 회사에서도 재공품을 부품 단위로 분리해서 계산을 많이들 합니다. 생산관리 프로그램 자체가 그렇게 되어 있어서 어쩔 수 없다고 컴퓨터회사 직원이 말하더군요."

이런 방법이 실무에서 아무 문제없이 통용되고 있다니……. 다츠야는 아연실색했다.

다츠야는 제이피의 재공품 금액 산출방법을 정리해보았다.

'과연. 이러면 마다라메 혼자서도 가능하겠구나!'

제이피는 다음과 같은 흐름으로 재공품을 계산하고 있었다.

① 재료비를 계산한다. 재료는 최초의 작업공정에서 투입되기 때문에 재공

❖ 가공비와 이익의 상관관계

제이피에서는 재공품의 재료비에 일률적으로 50%를 적용해서 계산한다.

> 총가공비=완성품의 재료비×100%+재공품의 재료비×50%

전혀 가공하지 않은(가공진척률=0%) 재공품에도 가공비(=재료비×50%)가
더해지므로 완성품의 가공비는 더욱 줄어든다.

가공비 감소

↓

매출원가 감소

↓

이익 증가

그러므로 손도 안 댄 재료를 제조현장으로 운반하여
'재공품'으로 취급하면 이익을 부풀릴 수 있다.

품의 재료비와 완성품의 재료비는 최종적으로는 동일한 금액이 된다.

② 가공비를 계산한다. 재공품의 가공비는 당월 가공비 총액을 재공품과 완성품에 배분하여 계산한다. 배분기준은 재공품과 완성품의 재료비를 배분기준으로 삼는다.

재공품은 아직 완성되지 않은 상태의 재고이므로 재공품 1개의 가공비와 완성품 1개의 가공비는 같아선 안 된다. 원래 가공비는 제조 작업에 소요된 작업량, 즉 시간을 기준으로 잡아 재공품과 완성품에 배분해야 한다. 하지만 제이피는 시간 대신 재료비를 기준으로 삼았다. 즉 당월 가공비를 재고조사로 파악한 재공품의 재료비에 50%를 적용한 금액과 당월 완성한 제품의 재료비의 합계금액의 비율로 배분하고 있다. 단, 당월에 완성한 제품은 아주 미미한 수량이었다.

③ 재료비와 가공비를 더해서 재공품의 금액을 확정한다.

'그랬구나…….'

재고조사를 했을 때 재료창고가 텅 비고 공장에 재고가 왜 넘쳐 났는지, 다츠야는 비로소 그 이유를 알 수 있었다.

🔒 심리작전

4월 14일. 3월 말에 재고조사를 실시한 지 2주가 지났다. 재고실사의 내용을 확인할 목적으로 사이고가 다시 아이치 공장을 방문했다.

"안녕하십니까."

다츠야와 사이고가 인사를 나누었다. 사이고는 가벼운 목례를 하고는 사무실로 향했다.

'저번 일로 아직도 꽁해 있나? 그게 좋은 방향으로 굴러가면 좋으련만……'

사이고는 묵묵히 재고수량을 확인하는 작업을 시작했다. 맞은편에는 다츠야와 기우치가 앉아 있었다.

먼저 재고실사 때 자신이 세어본 재고(즉 재고조사표에 적힌 수량)가 컴퓨터상의 재고자산 리스트에 반영되어 있는지 확인했다. 실제로 존재하는 재고수량이 재고조사표에 기록되어 있는가, 그리고 그것이 재고자산 리스트에 반영되어 있는가를 확인하는 중요한 작업이었다.

또, 이번에는 반대로 재고자산 리스트의 수량이 재고조사표에 반영되어 있는지 확인했다. 재고자산 리스트에는 재료창고분과 재공품분, 이렇게 두 개의 칸이 있으며 창고재고는 0이고 재공품분의 칸에만 숫자가 적혀 있었다.

그런데 재고자산 리스트를 봐도 재고조사표를 봐도, 재고조사표와 재고리스트의 내용이 들어맞지 않았다.

당연했다. 재고조사표에는 재공품단위(모품목)로 숫자가 적혀 있는 반면, 재고자산 리스트는 그것을 구성부품(자품목) 단위로 분해한 숫자가 적혀 있기 때문이었다. 더구나 기말에는 재공품재고만 존재하고 재료창고에는 재고가 전혀 없었다.

이 공장에서 제조하는 제품은 50여 종이다. 하지만 같은 제품이라도 사양에 따라 10개 이상으로 세분화되기 때문에 실질적으로는 500여 종으로 봐야 한다. 각 제품에 10종류의 부품이 들어간다고 하면, 공장 제품의 부품은 5천 종이란 결론이 나온다.

'이렇게 종류가 많은데 부품수가 정확한지 어떻게 검증할까?'

다츠야는 짐작할 수도 없는 일이었다.

사이고가 처음으로 입을 뗐다.

"기우치 씨, 제품설명서와 부품구성표를 보여주십시오."

기우치가 자료를 가지러 방을 나가자 사이고는 다츠야에게 종류(모품목)별 재공품 수량을 알고 싶다고 말했다. 다시 말해 부품으로 분해한 뒤의 재고자산 리스트가 아니라 분해하기 전의 모품목 단위의 재고자산 리스트를 요구한 것이다.

제품 한 개를 만드는 데 사용하는 부품은 한 가지만이 아니다. 그러므로 사이고는 모품목의 재공품으로부터 부품구성표를 이용하여 자품목인 구성부품별 수량을 계산하려는 것이다.

재고조사를 했을 때 사이고가 적어놓은 재공품이 그 리스트에도 나와 있다고 확인할 수 있다면 부품수량도 자동으로 계산된다.

"다츠야 과장님, 재공품의 재고수를 구성부품으로 해체한 표는 있나요?"

❖ 재고실사 직전에 일어난 이상한 일들

	재료창고	제조현장	제조창고
1주일 전까지	대량의 부품	멈추어져 있던 로봇	대량의 완성품

① 부품을 이동시켜 재공품으로 취급

② 완성품을 2번에 나누어 출하하여 매출을 계상

재고조사 당일	텅 비었다	대량의 재공품	텅 비었다

사이고는 다른 쪽을 쳐다보면서 말을 걸었다.

"그런 자료가 있는지 정보시스템부에게 물어보겠습니다."

다츠야는 다른 방으로 가서 전화를 걸었다.

그러자 뜻밖의 대답이 돌아왔다. 그런 표를 작성하긴 하지만 입력확인 작업을 한 뒤에는 분쇄기로 폐기한다는 것이다.

"아니 뭐라고? 누가 맘대로 폐기하랬어!"

다츠야는 언성을 높였다. 그러자 전화기 저편에서는 "항상 그렇게 해왔는데요. 그렇게 말씀하시는 건 부공장장님이 처음입니다." 라며 태연하게 대답했다. 새삼스럽게 왜 그러냐는 식이었다.

다츠야는 사이고에게 그대로 전하는 수밖에 없었다. 다츠야가 돌아와 사이고에게 자료가 폐기되었다고 말했다.

"아니 뭐라고요?"

이번에는 사이고가 언성을 높였다.

"재고조사표의 입력 리스트를 버리다니, 이래서는 감사를 진행할 수 없습니다!"

그때 기우치가 서류 뭉치를 들고 돌아왔다.

사이고는 제품설명서와 부품구성표를 한 차례 훑어본 후 팔짱을 끼고 골똘히 생각에 잠겼다.

"재고 감사가 안 되면 감사의견은 어떻게 되지요?"

기우치가 걱정스러운 얼굴로 물었다.

"적정의견이 나오는 건 불가능하겠죠."

굳은 표정으로 사이고가 대답했다.

"그, 그럼 대체 어떻게 하면 될까요?"

"제가 조서에 메모한 재공품 수량이 재고 리스트에 제대로 기입되어 있다는 점을 확인할 수 있으면 좋겠습니다만……."

그러자 다츠야가 물었다.

"당일 카운트했던 재공품에는 커넥터도 포함되어 있었습니까?"

사이고는 "물론이죠."라며 그 조서를 보였다.

"이건 제조공정에 부품 상태로 산더미처럼 쌓여 있던 거였죠?"

"네, 엄청난 양의 재공품이었죠."

"원하시는 대로 검증할 수 있을 것 같군요."

이렇게 말하며 다츠야는 방을 나갔다.

얼마 후 다츠야는 A4 용지 뭉치를 가지고 돌아왔다.

"기우치 씨, 그때 제조 도중이었던 커넥터는 월말에 한 번만 생산한 것이었죠? 이게 제조지시서 복사본입니다. 그리고 이게 제조에 쓰인 부품 출하지시서 복사본입니다."

다츠야는 A4 시트를 책상 위에 놓았다.

"이 제품에 쓰인 부품은 15종류입니다. 한 개의 제품에 두 개 이상 같은 부품이 들어가는 것도 있고, 다른 제품과 같이 쓰이는 것도 있습니다. 하지만 하우징만은 제품 한 개에 하나씩만 쓰이죠. 게다가 제품 종류별로 하우징 종류도 하나뿐입니다. 즉, 재공품의 수량과 하우징 수량은 1대 1 관계란 이야깁니다."

사이고의 표정이 밝아졌다. 시험 삼아 확인해보니 조서에 적힌 커넥터의 수량과 재고 리스트에 나와 있는 커넥터 종류별 하우징 수량이 맞아떨어졌다.

다음으로, 컷오프를 재확인하는 작업이 시작되었다. 사이고는 재고조사 당일에 복사한 최종 출하전표, 최종 제품창고반입전표, 재료 검수보고서를 꺼내서 관련 장부와 대조했다.

출하전표와 매출기록을 대조하는 작업은 공장 출하와 매출계상이 일치하는가를 확인하는 절차다. 또 제품창고반입전표를 체크하는 것은 재공품과 제품이 적절하게 구분되어 있는지 확인하는 절차다. 검수보고서가 발행된 구입부품은 회사의 재고이므로 재고조사 대상이다. 하지만 미검수 부품은 재고조사 대상이 아니다.

그중에서도 출하전표와 매출기록을 대조하는 일이 가장 중요하다. 회사의 이익에 직접적으로 영향을 미치기 때문이다. 만약 출하되지 않은 제품을 매출로 계상한다면 회사의 이익은 매출총이익에 상당하는 금액만큼 과대계상되게 된다.

사이고는 익숙한 손놀림으로 10분도 되지 않아 확인 작업을 마쳤다. 그러고는 기우치에게 말했다.

"지금부터 현금실사를 실시하겠습니다."

현금실사는 금고에 있는 현금을 세어서 현금출납장과 일치하는지 확인하는 작업이다. 이 작업도 금방 끝났다.

"오늘은 특별한 문제가 없군요."

사이고는 필기도구를 재킷 안주머니에 집어넣었다.

'이거야 뭐, 어린애 장난도 아니고.'

다츠야는 실소를 참았다. 사이고가 도착하기 전에 기우치가 몇 번이고 현금잔고를 확인했기 때문이었다. 따라서 현금과 장부가 일치하지 않을 리가 없었다. 실사는 예고 없이 하지 않으면 의미가 없다. 이런 식으로 무슨 문제가 발견되겠는가.

사이고는 가방을 들고 일어났다. 그러다가 갑자기 무슨 생각이 났는지 다시 의자에 앉더니 기우치에게 질문을 던졌다.

"재료와 재공품은 어떤 기준으로 구분하고 있습니까?"

"그 재고가 재료창고에 있는지, 제조공정에 있는지로 구분합니다."

기우치는 당연하다는 표정으로 대답했다. 그러자 사이고가 고개를 갸우뚱거리며 다시 질문했다.

"…음, 그래도 되는 건가요?"

"저희 회사는 예전부터 줄곧 그렇게 해왔습니다. 회계감사에서도 이마가와 선생님은 아무런 지적도 하지 않으셨습니다."

기우치는 그렇게 말하며 자신의 처리가 잘못되지 않았음을 강조했다.

'앗, 사이고 선생은 나와 같은 생각을 하고 있구나!'

다츠야는 직감했다.

사실, 사이고의 질문은 중요한 의미를 지닌다.

왜냐하면 재료와 재공품을 구별하는 방법에 따라 이익이 달라지기 때문이다.

재료재고는 가공비가 일체 들지 않는다. 한편, 재공품은 어떤 가공작업이 부가되었기 때문에 그만큼의 가공비가 원가에 부가된다. 가공비는 통상적으로 매월 고정적으로 발생하므로 생산량이 늘면 제품 한 개당 가공비가 적어진다. 재료를 재공품으로 취급하는 것은 회계상으로 봤을 때 제품 한 개당 원가를 낮추는 행위다. 즉 제품원가가 내려가면 매출총이익이 늘어난다. 그러면 전체적으로 재공품에 배분한 액수만큼 부풀려진다.

지금까지는 재료로 간주하던 물품을 재공품으로 처리하면 어떻게 될까? 전체 가공비 중 일부가 재공품에 배분되게 된다. 그러면서 그 금액만큼 제품에 배분되는 가공비는 줄어든다. 다시 말해 제품원가는 줄어들면서 매출원가도 줄어드는 것이다. 매출원가가 줄면 당연히 매출총이익이 늘어난다.

다츠야는 이렇게 생각했다. 재고조사 1주일 전부터 공장에서 일어난 온갖 괴상망측한 일들은 재료를 줄이고 재공품을 늘리기 위한 것이었다. 재공품을 늘리면 매출원가로 돌아가는 가공비가 적어진다. 그렇게 되면 숫자상 이익을 늘릴 수 있기 때문이다.

기우치의 말대로 재료창고에 있는 부품재고를 재료로 판단하고, 제조현장에 있는 부품재고는 재공품으로 판단한다면, 부품을 창고에서 제조현장으로 운반하는 단순 작업만으로도 이익을 조작할 수 있다.

'그래서 재고조사를 하기 전에 부품을 창고에서 제조현장으로 옮

긴 거였어!'

반대로 이익을 줄이고 싶다면 부품을 현장에서 창고로 갖다놓으면 된다. 이런 방법으로 마다라메가 결산수치를 조작했던 것이다.

'하지만······.'

"기우치 과장님의 말처럼 재료와 재공품을 보관 장소에 따라 구분하는 건 아무 문제가 없습니까?"

다츠야가 사이고에게 물었다.

"없는 것도 같고 있는 것도 같네요. 재료와 재공품을 어떻게 구분하느냐에 관해선 책에 나오지 않으니까요."

사이고는 답변을 피했다.

"사이고 선생님, 얼렁뚱땅 넘기지 말고 똑바로 대답하셔야죠."

다츠야는 이제 더 이상 참을 수 없다는 표정으로 말했다.

"다츠야 과장님, 제발 재촉하지 마십시오. 감사는 이제부터입니다."

사이고도 짜증이 솟구치는 것을 가까스로 억누르며 말했다.

"본사 감사는 이마가와 선생님이 맡으셨나요?"

여태까지 꿀 먹은 벙어리였던 이시카와 제조부장이 웬일로 질문을 던졌다.

오늘 아침, 마다라메로부터 누가 감사를 하는지 반드시 확인하라는 연락이 있었던 것이다.

"실은, 이마가와 선생님 대신 제가 계속하기로 했습니다."

"네? 그, 그렇습니까······."

당황하는 이시카와 옆에서 다츠야는 가볍게 주먹을 쥐었다.

'점입가경이야. 사이고를 내 편으로 끌어들일 수 있을지도 몰라!'

🔒 이즈고원

사이고가 재고조사 확인 작업에 한창일 무렵인 4월 14일, 아이치 공장장인 미사와 아쓰시는 유급휴가를 내서 도요하시에서 신칸센을 타고 아타미를 향하고 있었다. 신칸센 아타미 역의 개찰구에 내리자, 미사와는 도쿄에서 신칸센을 타고 온 다카라베 사유리를 한눈에 알아보았다.

"사유리, 오랜만이구나. 어머님은 잘 계시냐?"

미사와가 말을 건넸다.

"어머니는 거의 거동을 못하세요. 그래도 정신은 멀쩡하셔서 오늘도 제가 나간다고 하니까 미사와 아저씨와 우사미 선생님께 안부를 전해달라고 하셨답니다."

사유리는 힘없이 말했다.

"어머니가 꼭 우사미 선생님과 미사와 아저씨한테 전할 말씀이 있다고 하세요……. 번거롭게 해서 죄송해요."

사유리의 표정에 굳은 각오가 배어났다.

오늘은 미사와가 요양 중인 우사미의 별장을 찾기로 한 날이다. 사유리와 함께 우사미 별장으로 가기로 한 미사와는 다츠야에게만 우사미를 만난다고 살짝 귀띔해 두었다. 미사와는 벽에도 귀가 있다고 섣불리 다른 사람에게 말했다간 어떤 통로로 마나카나 마스오, 마다라메의 귀에 들어갈것이라고 생각했다. 그래서 미사와는 출장이 아니라 휴가를 내서 여기까지 온 것이다.

사유리와 미사와는 아타미에서 이즈급행을 타고 이토 역에서 내렸다. 거기서 택시를 타고 우사미의 별장으로 향했다. 사유리는 지금은 작고한 아버지와 함께 몇 번쯤 그곳에 가본 적이 있었다. 차창 너머로 봄을 알리는 연두색 어린잎들이 가득한 정경이 펼쳐졌다.

우사미의 별장은 이즈의 눈동자라고 불리는 잇페키 호수를 조금 못 간 곳에 있었다. 오무로 산까지 걸어서 한 시간 남짓 소요되는 곳이다. 인터폰을 누르자 "잠시만 기다리세요."라는 부인의 목소리가 들리며 문이 열렸다. 두 사람은 자그마한 저택으로 들어갔다.

"요양 중이라 힘드실 텐데 어머니의 청을 들어주셔서 정말 감사합니다."

사유리는 우사미 부부에게 공손하게 허리 굽혀 인사했다.

"다른 사람도 아니고 후미 씨 부탁인데 당연히 만나야지."

우사미는 마비된 오른팔을 문지르면서 대답했다.

"몸은 좀 어떠십니까?"

걱정스러운 얼굴의 미사와가 물었다.

"보다시피 이런 상태일세. 그런데 다츠야는 잘하고 있는가?"

"예, 열심히 하고 있습니다. 지금은 제 밑에 있습니다."

"열심히 해? 그 녀석은 너무 열심히 해서 탈이야. 그러다가 사고를 친다니까."

그렇게 말하면서도 우사미는 흐뭇하게 웃었다.

"그런데 사유리, 오늘은 무슨 일로 왔지?"

"예, 어머니의 편지를 갖고 왔어요. 저도 아직 읽어보진 않았어요."

사유리는 핸드백에서 편지 봉투를 꺼내어 우사미에게 건넸다.

"네가 읽어주지 않겠니?"

우사미가 그렇게 말하자 사유리는 붓으로 쓴 편지를 펼쳐서 소리 내어 읽기 시작했다.

우사미 선생님, 그간 적조했습니다. 몸은 좀 어떠신가요.

뇌경색으로 쓰러지셨다고 들어서 무척 걱정이 됩니다. 줄곧 입원 중인 저도 요즘 들어 하루가 다르게 체력이 떨어지고 있습니다. 앞으로 반년이나 살 수 있을까요. 내일 당장이라도 저승사자가 찾아올지도 모르겠습니다.

그래서 제 마지막 청을 들어주셨으면 하는 마음에 이 편지를 씁니다.

선생님도 잘 아시겠지만 은행에 근무하던 조카 마나카 류조를 저희 회사 전무로 들인 것은 심약한 마스오를 받쳐줄 사람이 필요하다고 생각했기 때문이었습니다.

하지만 요즘 회사 상황이 이상하게 돌아가는 것 같습니다. 엄청난 돈을 지출해 본사를 도쿄 마루노우치로 이전하고 새로운 공장을 증축한 것도 모자라 이제는 미사와 씨를 이사직에서 해임하고 아이치 공장으로 내몰기까지 하다니, 여태까진 상상도 하지 못한 일들이 벌어지고 있습니다.

이 모든 일은 아무래도 마나카의 계획된 의도인 모양입니다. 한심하게도 회사의 실질적인 사장은 마나카이고 제 아들은 허수아비에 불과하다는 소문이 파다합니다.

제 입으로 말씀드리기 부끄러운 일이지만, 일전에 마나카의 등 뒤에 숨기만 하고 회사를 제대로 경영하지 않는다며 마스오를 따끔하게 혼을 낸 적이 있습니다. 그 후 저를 보러 오지 않는답니다. 사실상 인연을 끊은 상태이지요. 이제 마스오는 마나카의 꼭두각시 인형이 다 되었습니다.

그런데 갑자기 지난달 마스오로부터 비서를 통해 연락이 왔습니다. 집을 은행차입금 담보로 설정하고 싶다는 겁니다. 회사가 망할까봐 어쩔 수 없이 도장을 찍었습니다. 저는 회사와 마스오의 앞날이 걱정되어서 밤마다 잠을 이루지 못하고 있습니다.

만약의 일을 대비해 주식 소유비율을 선생님께 알려드립니다. 제가 60%, 마스오가 10%, 마나카가 25%, 나머지는 주주들의 소유입니다. 제 주식 전부를 마스오가 상속하면 회사가 마나카에게 빼앗기는 일은 없겠지요. 그렇지만, 저는 불안해서 견딜 수가 없습니다. 마스오에겐 도움의 손길이 필요합니다. 하지만 마스오는 제 말을 들으려고 하지 않습니다.

선생님, 부탁입니다.

제발 제 아들을 도와주세요.

다카라베 후미 드림

"이런 일이 벌어진 줄 전혀 몰랐어요. 마스오 오빠하고 한바탕했다고 듣기만 했지……."

사유리는 편지를 다시 봉투에 집어넣으며 중얼거렸다.

후미는 병석에서도 마나카의 독단과 횡포를 경계하고, 아들과 회사의 앞날을 걱정하고 있었다.

"어머니는 입원 중이시지? 그런데 어떻게 회사 내부 사정을 아셨을까?"

우사미가 물었다.

"오빠는 회사 일에 대해선 저한테도 말을 하지 않아요. 혹시, 문병 오신 분들이 말씀하신 게 아닐까요?"

사유리는 한 가족처럼 교류하고 지내는 몇몇 직원들을 생각하며 말했다.

"미사와 아저씨, 어머니가 우려하시는 일이 정말 사실일까요?"

사유리가 걱정스럽게 물었다.

"안타깝지만 사실이란다. 내가 면목이 없다. 다 내 불찰이야……."

미사와는 고개를 푹 숙였다.

"그래도……."

"그래도 뭔가요?"

사유리가 되물었다.

"사장이 주식의 70%를 보유한다면 마나카 전무는 옴짝달싹 못할 게다."

미사와가 딱 잘라 말했다.

"그렇군요."

사유리는 한시름 놓았다는 표정이었다.

그러자 마비된 오른팔을 계속 문지르며 눈을 감은 채 이야기를 듣고 있던 우사미가 입을 열었다.

"마나카 군을 얕잡아보면 안 돼."

"네?"

미사와의 입에서 자기도 모르게 물음표가 나왔다.

"어떤 문제가 생기면 언제라도 마나카 오빠를 해임할 수 있지 않나요?"

사유리는 우사미에게 물었다.

"마나카 군이 그런 걸 모르겠나?"

우사미의 말을 들으며 사유리와 미사와는 등줄기가 서늘해졌다.

"그, 그럼 선생님, 어떻게 하면 좋을까요?"

사유리는 지푸라기라도 잡는 심정으로 물었다.

"안타깝게도 난 아무것도 해줄 수 없단다."

"……."

"어머니의 청을 들어줄 수 있는 건…, 다츠야 밖에 없어."

"다츠야요?"

미사와가 되물었다.

"그 녀석은 이미 한번 바닥까지 떨어진 적이 있어."

우사미에게서 뜻밖의 말이 튀어나왔다.

"하지만 다츠야 군은 여태까지 승승장구하며 엘리트의 길을 밟아왔을 텐데요?"

"알고 있는 바와 달리 다츠야는 일찍이 엄청난 실수를 저질렀다네. 그게 녀석의 새로운 출발점이 되었지."

"엄청난 실수라…."

"다츠야는 첫 직장이었던 컨설팅 회사에서 기울어져 가는 회사를 담당하게 되었지. 언제 망할지 모르는 회사였어. 젊은 혈기 때문인지 다츠야는 자기 능력을 과신하고 있었네. 그중에서도 가장 큰 잘못은 교과서의 내용을 맹신했던 점이야. 자기 머릿속에 있는 지식만으로 모든 일을 해결할 수 있다고 믿었던 게야. 하지만 세상이 어디 그리 만만하던가? 망해가는 회사에는 부정과 악운이 몰려드는 법이지. 하지만 그 녀석은 그런 것도 몰랐다네.

다츠야는 자신만만하게 해결책을 제시했네. 사장은 다츠야의 제안을 받아들였지. 지푸라기라도 잡는 심정이었는지, 아니면 실패했을 경우 그 책임을 다츠야에게 떠넘기려고 했는지 그 속내까진 알 수 없지만, 아무튼 결과는 불 보듯 뻔했어. 그 회사는 도산했고 사장은 자살했네. 평생 갚아도 못 갚을 부채를 짊어지게 된 가족들도 그 뒤를 좇았어.

그때 다츠야는 자신의 경험부족을 통감했네. 경험이 뒷받침되지 않은 조언은 흉기가 될 수도 있다는 사실을 뼈저리게 느낀 게야. 그리고 경험을 이기는 지식은 없다는 사실도 말일세. 똑같은 실수를 범하지 않으려면 벽돌 쌓듯이 차곡차곡 경험을 쌓는 수밖에 없다는 것도 깨달았지. 그 녀석은 자책감에 빠져 괴로워했네. 그래서…….'

말을 하다 말고 우사미는 입을 다물었다.

"그래서요?"

"평생 동안 일을 통해 그 죄 갚음을 하겠다고 생각했을 거야."

"다츠야 씨는 선생님의…?"

사유리가 물었다.

"내 제자란다."

"선생님과 다츠야 씨를 믿으면 되겠군요?"

"오해하지 말거라. 난 다츠야에게 직접 뭔가를 가르쳐줄 생각은 없단다. 그리고 그 녀석은 제이피의 고위층 지시에 순순히 따르는 성격이 아니야. 오직 자신의 신념에 따라 행동하는 녀석이지. 난 그렇게 믿는단다."

"다츠야 군 말입니다만."

그때 미사와가 입을 열었다.

"지금 아이치 공장의 부공장장이긴 한데, 본사 경리과장이라는 직함도 남아 있는, 말하자면 겸무 상태라고 합니다."

우사미가 미사와 쪽을 향해 말했다.

"그런가? 그거 재미있군. 회계감사 기간 중에만 다츠야를 본사에 보내겠다고 마다라메 부장에게 요청하게나."

"마다라메가 순순히 그러라고 할까요?"

미사와는 고개를 갸우뚱했다. 마다라메 경리부장이 이번 회계감사를 다른 사람, 특히 다츠야에게 트집 잡히지 않고 조용히 마무리 짓고 싶어 한다는 사실을 알기 때문이다.

"아, 잠깐만요. 마다라메가 흔쾌히 받아들일지도 모르겠습니다."

미사와의 얼굴이 갑자기 밝아졌다.

"실은, 지금까지 담당해온 이마카와 선생님 대신에 사이고라는 사람이 새로 왔습니다. 그런데 다츠야 군은 그 사람과 벌써 한판 붙었어요. 그렇게 표면적인 문제는 회계 초짜라도 지적하겠다고 하지 뭡니까. 보통 그런 말들은 잘 안 하는데 정말 실례되는 발언을 퍼부었습니다."

"그래? 다츠야답구만."

우사미는 웃었다.

"그러니까 그 얘기가 전해지면 마다라메는 다츠야와 사이고의 사이가 안 좋다고 생각하겠군."

"그렇습니다. 두 사람이 사사건건 맞서면 감사가 제대로 진행되지 않겠지요. 그러면 마다라메는 자기 생각대로 일이 돌아갈 거라고 생각할 겁니다."

미사와도 웃었다.

우사미는 사유리의 눈을 보며 말했다.

"다시 한번 어머니를 볼 수 있을까?"

"힘들지도 모르겠어요. 주치의 선생님 말로는 절대 밖으로 나갈 수 없는 상태라고 하시네요."

"그런가……. 아무튼 마음을 굳게 먹고 주주총회까지 버티시라고 전해주렴."

사유리는 우사미의 진의를 알 수 없었지만 그래도 고개를 끄덕였다.

🔒 네즈의 초밥집 3

호소야 마리는 출근하는 사람들로 북새통을 이루는 JR닛포리 역에서 전철을 기다리고 있었다. 그때 휴대전화의 진동이 느껴졌다. 다츠야였다.

"마리?"

"과장님? 웬일이세요."

마리는 쌀쌀맞게 대답했다.

마리의 냉랭한 반응에도 다츠야는 전혀 개의치 않고 용건을 말하기 시작했다.

"다음 주부터 1주일간 본사에 있게 되었어."

"회계감사에 입회하는 건가요?"

"맞아, 그렇게 됐어. 그래서 말인데, 오늘 도쿄에 갈 건데 그 초밥집에서 만나지 않겠어?"

"저라고 만날 한가한 줄 아세요? 잠깐만요."

마리는 휴대전화를 귓가에서 떼었다가 잠시 후에 대답했다.

"오늘은 괜찮아요. 그럼 저녁 7시에 가게에서 만나죠. 약속시간 꼭 지키세요."

8시 50분. 마리는 평소처럼 회사에 도착했다. 해가 서쪽에서 떴는지 지각을 밥 먹듯이 하는 마다라메가 이미 와 있다. 그는 부서 사람들을 자기 자리로 모아놓고 일장연설 중이었다.

"다음 주 4월 20일부터 회계감사가 시작된다. 감사인은 사이고라는 젊은 양반이라는군. 우리 회사 감사는 처음이니까 이것저것 물어대겠지만 귀찮다는 생각 말고 잘들 대답해. 하지만 그쪽에서 요청한 서류 외에는 절대 보여주지 않도록 해. 괜히 긁어 부스럼 만들 필요는 없으니까."

다츠야가 말한 회계감사를 준비하는 모양이라고 생각한 마리는 자기 자리로 가서 컴퓨터 전원을 켰다.

"마리, 잠깐만."

출렁거리는 살찐 몸을 이끌고 마다라메가 다가왔다.

"자넨, 자료 만드는 걸 좋아하는 모양인데 내가 허가한 자료 외에는 회계사 선생한테 절대 보여선 안 돼. 그리고 회계감사에 다츠야를 입회시키기로 했어. 아직은 명색이 경리과장이니까 말이야."

"알겠습니다."

마리는 무표정한 얼굴로 말했다.

"아니, 기쁘지 않아? 다츠야를 만날 수 있다니까."

마다라메는 천박한 미소를 띠었다.

그날 저녁.

"어서 오십시오!"

마리가 단골 초밥집에 들어가자 우렁찬 목소리가 들렸다.

"마리, 다츠야 씨가 벌써 와 계셔."

마리는 아무렇지도 않은 체했지만, 심장이 빨라지는 건 어쩔 수 없었다.

"이거, 소라네요. 나도 하나 시킬까."

마리가 다츠야 옆에 앉았다.

"초밥은 역시 도쿄야."

다츠야는 소라 초밥을 입에 넣었다.

"저도 한 잔 주실래요?"

마리가 큼지막한 술잔을 다츠야 앞에 내밀었다.

다츠야가 따라준 술을 마리는 단숨에 들이켰다.

"아, 맛있다!"

이렇게 한숨 돌리고 나서야 마리는 정답게 말을 걸었다.

"과장님, 이렇게 갑자기 불러내고 대체 어떻게 된 거예요. 뭐, 재미있는 일이라도 있나요?"

"좀, 부탁할 일이 있어서 말이야."

"뭐든지 말만 하세요. 전 과장님 편이잖아요."

다츠야는 쑥스러운 미소를 지었다.

"실은 미사와 공장장님한테 들었는데 말이지."

"뭘 들으셨는데요?"

"전에 다카라베 후미 회장님 얘기를 해줬었지? 그분은 1년 전쯤에 심근경색으로 쓰러지셨는데 지금은 입원 중이시래. 그런데 얼마전에 회장님의 따님인 사유리 씨가 오랜만에 공장장님에게 연락을 했어. 우사미 스승님을 같이 만나러 가자고 했나 봐."

"회장님은 우사미 선생님에게 연락을 안 하고 계셨나요?"

"스승님도 뇌경색으로 쓰러져서 별장에서 요양 중이신 데다 스승님을 싫어하는 마나카 전무의 견제를 받을까봐 그러셨겠지."

"그런데 갑자기 연락이 온 거로군요."

다츠야는 술잔을 비우고 끄덕였다. 그리고 마리에게 우사미가 이즈고원의 별장에서 요양하고 있으며 사유리와 미사와가 우사미를 찾아가서 후미가 제이피를 도와달라는 편지를 우사미에게 전달했다는 내용을 털어놓았다.

"회장님은 알고 계셨던 거야."

다츠야는 확고한 어조로 말했다.

"뭘요?"

"마나카 전무가 제이피를 가로채려 한다는 걸."

"제이피를 가로채요?"

"그래, 회장님은 알고 있었어."

"진짜로 마나카 전무님이? 회장님은 언제 아셨을까요?"

"사장님이 회장님의 집을 은행차입금 담보로 설정해달라고 부탁했을 때인 것 같아. 주주총회를 개최할 예정이니 위임장을 써달라고 하기도 하고 사장님이 이것저것 요구하기 시작했지. 회장님 말씀에 따르면 사장님이 그렇게 행동하는 건 전부 마나카 전무의 지시 때문이라고 해."

"마나카 전무님의 지시인 줄 어떻게 알 수 있죠?"

마리는 아직 긴가민가한 표정이었다.

"회장님은 선대 사장님과 함께 제이피를 세운 분이야. 한 식구처럼 지낸 직원들이 지금도 많아. 마나카는 학벌 좋고 친인척이란 이유로 처음부터 이사 직급을 달고 들어와서는 회사를 자기 것인 양 쥐고 흔들고 있어. 그러니 당연히 사내에도 마나카를 싫어하는 무리가 생겼을 거고, 마나카의 일거수일투족을 주시하는 직원들이 한두 명이 아닐걸?"

다츠야는 두 사람의 술잔에 술을 따르며 이야기를 계속했다.

"그런 직원들이 제공하는 정보가 회장님 귀에 들어갔을 거야. 그러니까 자기 아들이 마나카의 꼭두각시 인형이 되었다는 사실을 깨달은 거지."

다츠야는 미사와에게 들은 이야기를 차근차근 설명했다.

"하지만 만약 회장님한테 무슨 일이 생겨도 사장님이 제이피의 주식을 상속받잖아요. 마나카 전무님은 사장님을 조종할 순 있어도 제이피를 가로채는 건 못하지 않을까요?"

"나도 그렇게 생각했지. 하지만 마나카는 틀림없이 뭔가 속셈이 있을 거야. 우사미 스승님은 별장에 찾아간 사유리 씨와 공장장님한테 '마나카 군을 얕잡아보면 안 돼.' 라고 하셨다는군."

"그게 무슨 뜻일까요?"

"나도 잘 모르겠어……."

다츠야는 술잔을 입가에 가져갔다.

마리는 소라회를 젓가락으로 집어 들며 곰곰이 생각했다.

"저기, 과장님, 좀 생뚱맞은 질문인데요, 우리 회사는 적자잖아요. 그런데 왜 그렇게 흑자로 보이려고 난리일까요?"

"굳이 분식을 할 필요가 있나, 이거지?"

"네. 우리 회사는 주식을 공개한 것도 아니고 특허권도 꽤 많이 보유하고 있는데 왜 그렇게 회계수치에 연연하는 걸까요?"

마리가 술잔을 비웠다.

"과연 그럴까?"

다츠야가 이야기를 이었다.

"사장 입장에서 본다면 마리의 생각이 옳아. 분식 따윈 할 필요가 없지. 분식을 하면 불필요한 세금을 더 물어야 하고 분식결산을 수정한다 해도 이미 낸 세금을 간단히 환급받을 순 없어. 정말 쓸데없는 짓이지."

다츠야는 고등어 초밥을 입 안에 넣었다.

"하지만 말이야, 마나카 전무 입장에서 본다면 얘기가 달라져. 본사 이전도 그렇고 가변저항기와 커넥터 사업도 그렇고 전부 전무가 결정한 일이지. 즉 그가 사업 책임자인 거야. 자기 때문에 회사가 적자났다는 말을 듣고 싶겠어? 게다가 은행 출신이니까 결산 수치에도 예민하게 반응할거고."

"그도 그러네요."

마리는 다츠야와 함께 폭로한 부정거래가 생각났다.

"그렇다면 아이치부품과 홋카이도공업이 연루된 순환거래는 마나카 전무님의 지시일까요?"

"그렇게 생각하는 게 타당하겠지. 그리고 '오카와포장'의 부정지급 건도 수상해."

"맞아요. 전무님이 이노우에 부장님을 몰아세웠을 때, 부장님은 '왜 하필 나야!'란 얼굴로 전무님을 노려보고 있었어요. 그렇다면 마나카 전무님이 이노우에 부장님을 이용했다는 이야기?"

"아마도 그럴 거야. 이노우에뿐 아니라 사와구치 모에도 한패일 거야."

"모에가요? 설마……."

마리도 모에가 의심스럽긴 했다. 하지만 아직 확신이 서지 않았다.

"두 개의 부정거래는 전부 지급업무가 연관되어 있어. 담당자인 모에가 모를 리가 없어. 그리고 그 사람은 매일 아침 7시에는 출근해서 컴퓨터로 뭔가 다른 사람들이 보면 안 되는 작업을 하고 있어. 내가 첫 출근을 한 날에도 모에의 컴퓨터를 보려고 했더니 갑자기 강제 종료해버렸다니까."

마리도 예전에 마다라메에게 컴퓨터 화면을 보여주지 않으려고 코드를 밟아서 억지로 전원을 끈 일이 있었다.

"그러니까 그때 마나카 전무가 사와구치 모에를 감싼 건 자기가 주모자라는 게 밝혀질까 봐 두려워서 그런 걸 거야."

'그렇구나.' 마리도 이제는 이해가 되었다.

다츠야가 부정행위를 폭로했을 때 마나카는 훌쩍거리는 모에를 더 이상 추궁하지 않았다. 그 이유를 지금은 똑똑히 알 수 있었다.

그뿐만이 아니다. 모에의 눈물은 그녀 자신은 물론이고 마나카에 대한 의혹도 덮고 넘어가는 효과를 낳았다.

'아마 그 두 사람은 평범한 상사와 부하직원 사이가 아닐 거야……'

다츠야는 그렇게 확신했다.

"순환거래도 지급대금 착복 사건도 마나카 전무의 지시였다는 거군요."

"아직 가설에 지나지 않지만 그렇게 생각하면 전부 아귀가 맞아떨어지지."

"정말이지 용서가 안 되네요."

"나도 절대로 용서가 안 돼."

"하지만 우리가 뭘 할 수 있을까요? 사장님마저도 전무님한테 좌지우지 당하는 판국인데요."

"희망이 아주 없진 않아. 적어도 방법이 하나는 있어."

마리는 몸을 불쑥 내밀며 "어떤 방법이요?" 하고 물었다.

"사이고 씨."

"사이고 씨? 누구예요?"

"공인회계사 사이고 선생. 그 사람이 여기저기 들쑤시고 다녀줘야 해. 그때 내가 그놈들의 덜미를 잡는 거지."

다츠야는 술을 단숨에 마셨다.

🔒 빛좋은 개살구

4월 20일 아침. 사이고는 제이피 본사가 있는 도쿄 역 앞의 최신식 고층빌딩을 올려다보았다.

'이렇게 호화로운 빌딩에 본사를 두다니…….'

사이고는 고개를 갸웃거렸다. 회사 사무실을 두기에 좋은 장소는 회사마다 다르다는 게 사이고의 생각이었다.

제이피가 상사나 해외 거래처가 많은 회사라면 이런 곳이 안성맞춤이다. 사람은 겉모습을 보고 가치를 판단하는 성향이 있기 때문이다. 업종에 따라서는 사무실 위치나 직원들의 복장 같은 외적인 면이 일에서 중요한 부분을 차지하는 경우도 있다. 해외 바이어가 이 호화로운 건물을 보고 좋은 의미에서 착각할 수도 있다. 그럴 때 비싼 임대료는 이른바 광고비 역할을 한다.

하지만 제이피는 연간 매출이 100억 엔에 불과한 비상장 중견기업이며 더구나 화려한 업종과는 거리가 먼 부품 제조사다. 거래처는 모두 일본 기업이고 납품처인 공장도 지방에 위치하고 있다. 이처럼 호화로운 빌딩에 굳이 본사를 둘 필요가 없다.

'경영자의 과시욕으로 마루노우치의 고층빌딩에 사무실을 둔 거라면 결산수치도 좋게 포장하고 있을 수도 있겠군.'

사이고가 접수대에 도착하자 뚱뚱한 몸을 아래위로 출렁거리며 마다라메가 다가왔다. 두 사람은 가볍게 인사를 나눈 후 경리부 회의실로 들어갔다.

테이블에는 결산 재무제표와 총계정원장과 전표가 놓여 있었다. 사이고가 의자에 앉자 마다라메는 이 빌딩은 전망이 좋다는 둥 맛있는 레스토랑이 많이 입주해 있다는 둥 감사와 상관없는 이야기를 줄줄 늘어놓았다. 끝없이 이어지는 이야기가 지겨워진 사이고는 "저도 반년 전까진 도쿄에 있어서 일 때문에 여기 온 적이 몇 번 있습니다."라며 반강제적으로 잡담을 끊고 일을 시작했다.

"그럼, 12시 조금 안 돼서 다시 오겠습니다. 식사라도 함께 하시지요."

"아, 신경 쓰시지 않아도 됩니다. 제가 알아서 하겠습니다."

사이고는 부드럽지만 분명하게 마다라메의 제의를 거절했다. 오랜만에 도쿄에 왔는데 점심시간 정도는 마음 편하게 즐겨야 한다고 생각했다.

"아, 그리고 회사정관과 이사회 의사록과 기안서를 갖다주십시오. 오늘은 서류를 검토하고 질문은 한꺼번에 내일 이후에 하는 걸로 하겠습니다."

"알겠습니다."

마다라메가 회의실을 나갔다.

사이고는 자신의 노트북을 가방에서 꺼내어 엑셀 프로그램을 이용해 과거 3기분의 결산수치를 입력한 다음 숫자 추이를 꼼꼼하게 살펴보았다. 손익계산서상에는 이익이 났다. 그런데 현금흐름표의 영업활동에 의한 현금흐름은 적자다. 다시 말해 사업을 한 결과 현금이 부족해졌다는 말이다.

'이익과 현금흐름이 따로 놀고 있군……'

사이고는 재무상태표에 눈길을 주었다.

'이거다!'

그 원인을 바로 알 수 있었다.

재고자산과 매출채권이 극단적으로 증가하고 있었다. 물론 이익이 늘어나는데 영업활동 현금흐름이 줄어드는 건 그렇게 놀랄 일은 아니다. 회계 원리상 흔히 일어나는 현상이다.

예를 들면 반도체장치를 제조·판매하는 회사처럼 판매가격은 높지만, 제조기간이 길어서 매출대금을 회수하는데 1년 가까이 걸릴 경우, 이익을 계상한 연도에는 아직 매출대금이 회수되지 않아서 영업활동 현금흐름이 마이너스가 되기도 한다.

반대로 이번 연도에는 매출액을 거의 올리지 못했지만, 전년도 판매대금이 회수되었기 때문에 영업활동 현금흐름은 플러스가 되기도 한다.

하지만 커넥터나 스위치를 제조·판매하는 제이피는 제조기간도 짧고 판매대금 회수기간도 길어야 2개월을 넘기지 않을 것이다. 그런데 법인세차감전순이익은 흑자로 나타났는데 영업활동 현금흐름이 크게 적자로 나타났다.

또 한 가지 사이고 마음에 걸리는 점은 재고자산이 급증한 것이었다. 이상한 점은 재공품의 재고자산 금액만 증가했고 재료와 제품재고자산은 제로라는 사실이다.

재고실사를 할 때 아이치 공장의 재료창고는 텅 빈 상태였고 제품창고에 있었던 것은 최종 검사대기 상태인 재공품뿐이긴 했다.

이것도 자세히 조사해봐야겠다고 사이고는 생각했다.

"오랜만입니다."

서류 뭉치를 끌어안고 회의실에 들어온 사람은 다츠야였다. 다츠야는 서류를 책상 위에 놓더니 "저도 이 자료는 처음 보네요."라며 의자에 앉았다.

사이고는 고개만 까딱하고는 다츠야를 피하듯이 묵묵히 일을 했다.

'아이치 공장에서 한 말을 마음에 두고 있나?'

다츠야는 마음속으로 쓴웃음을 지었다.

다츠야는 두꺼운 기안서 파일에 시선을 주었다. 거기에는 매일 일어난 결재사항이 빠짐없이 적혀 있으며 모든 서류에는 마나카 전무의 사인이 기재되어 있었다.

다음으로 이사회 의사록을 들춰보았다. 알맹이 없는 형식적인 서류였다. 마지막으로 최신 회사정관을 집어 들었다. 아무래도 최근에 변경한 모양이다. 다츠야의 눈에 제10조 내용이 들어왔다.

제10조

당사는 상속 및 기타 일반적 승계에 의해 당사 주식을 취득한 자에 대하여 해당 주식을 당사에 매도할 것을 청구할 수 있다.

다츠야는 이 조문의 의미를 생각했다. 가족경영체제에서는 주식 분산을 되도록 피하려는 속성이 있다. 제이피는 경영자 이외의 직원이 발행주식의 5%를 갖고 있다. 그들에게 상속이 발생하면(즉 사망하면) 주식은 상속인에게 건너간다.

이 조항을 정관으로 정하면 회사 경영상 바람직하지 않은 상속인이 주식을 보유하는 리스크를 회피할 수 있다.

'회사를 지키는데 효과적인 조항이군.'

다츠야가 이렇게 생각할 때, 갑자기 회의실에 전화가 울렸다. 마다라메였다.

"볼 일 다 봤으면 꾸물대지 말고 자리로 돌아와!"

다츠야는 잠자코 방을 나왔다.

4월 21일, 감사 이틀째. 오전 11시에 사이고는 마다라메를 회의실로 불렀다. 마다라메는 다츠야에게 함께 가자고 했다.

"이번 연도는 결산하느라 힘드셨겠습니다."

사이고가 이렇게 입을 열자 마다라메는 눈 하나 깜짝하지 않고 부정했다.

"전혀 그렇지 않습니다. 물론 모든 게 순조롭진 않았지만, 사장님과 전무님의 탁월한 경영 수완 덕분에 요즘 같은 불경기에서도 이익을 낼 수 있었다는 거 아닙니까."

"그런가요? 그럼 두세 가지 질문을 하겠습니다."

"뭐든지 하시죠."

마다라메는 자신만만 그 자체였다.

"전년도와 비교하면 매출채권이 6억 엔이나 늘었는데, 특별한 이유가 있습니까?"

"이유는 여러 가지가 있습니다만, 제일 큰 게 기말에 월드와이드전기에 납품했기 때문이지요."

사이고는 3월 30일의 기간귀속(Cut – off) 정보를 떠올렸다.

'그때 그걸 말하는 거다. 주문서도 있고 제품도 틀림없이 출하되었다.'

"다른 이유는 없습니까?"

"매출채권이 증가한 원인 말이죠? 다른 이유는 없습니다. 감사가 시작된 지 얼마 안 되었으니 천천히 알아보시면 되겠습니다."

마다라메는 이젠 여유가 넘쳐흐르기까지 했다.

"그럼 재고자산 말인데요, 이것도 전부 2억 엔이나 증가했는데 이유가 뭐지요?"

"우리 회사의 매출은 연 100억 엔이나 됩니다. 2억 엔쯤이야 미미한 오차 같은 겁니다."

"그 오차가 신경쓰이는 겁니다."

사이고가 반론했다.

"글쎄요, 전 잘 모르겠는데요. 이것도 천천히 알아보시지요."

마다라메는 그렇게 말하며 얼버무렸다.

"저희 회사는 재료와 제품이 전부 제로지요?"

그 자리에 동석한 다츠야가 사이고에게 들리도록 마다라메에게 물었다.

"사실은 재공품도 제로로 만들고 싶지만 그게 참 마음대로 안 되네."

마다라메는 자못 진지하게 대답했다.

'분식회계의 도구인 재공품 재고를 제로로 만들고 싶다고? 말이나 못하면…….'

다츠야는 부아가 치밀었다.

그러나 한편으로는 사이고가 마다라메의 분식을 어떻게 간파할 것인지도 기대되었다.

"그리고 또 한 가지, 영업활동 현금흐름이 적자이던데요. 그렇다는 건 운전자금이 바닥나서 차입금으로 메웠다는 말이군요. 맞습니까?"

사이고는 마다라메에게 물었다.

"아하, 조금 전에 사이고 선생님께서 저한테 결산이 힘들었겠다고 하신 이유가 이거였군요. 그야 힘들었죠. 힘들었고말고요. 어제도 말씀드렸지만, 영업활동 현금흐름이 적자라는 걸 알면서도 판매활동과 생산활동에 힘을 쏟고 있으니까요. 하지만 경영상으론 전혀 문제가 없습니다."

"그렇군요, 오늘 질문은 이상입니다. 확인서가 돌아왔으니까 내일까지 차이점을 조사해주시기 바랍니다."

사이고는 확인서 다발을 다츠야에게 내밀었다. 그러자 마다라메는 "이건 내가 조사하지."라며 다츠야의 손에서 확인서를 가로채더니 종종걸음으로 경리부로 돌아갔다.

마다라메의 뒷모습이 보이지 않는 것을 확인한 뒤 다츠야는 사이고에게 말했다.

"사이고 선생님, 이런 수박 겉핥기식 감사로는 아무것도 발견할 수 없을 겁니다."

사이고의 눈이 화가 나서 커졌다.

"또 그러시는군요. 대체 하고 싶은 말이 뭡니까?"

다츠야는 사이고가 화를 내건 말건 아랑곳하지 않고 다시 말했다.

"이런 식으론 회계숫자 뒤에 숨어 있는 진실을 발견할 수 없습니다."

"진짜 이상한 사람이군요."

사이고의 목소리가 커졌다.

"보통 클라이언트는 진실을 감추려고 하죠. 하지만 댁은 그걸 발견하라고 하는군요. 아니, 발견하지 못하는 건 제가 무능해서라는 말로 들립니다."

다츠야는 사이고의 눈을 똑바로 쳐다보며 말했다.

"무능한지 유능하지는 두고 보면 알겠죠."

"이거 너무 무례한 거 아닙니까!"

사이고의 목소리가 더욱 커졌다.

"회계감사인은 자신의 책임과 능력을 다해 진실을 추구하는 직업입니다. 다츠야 과장님, 지금 날 시험하겠다는 겁니까?"

이번에는 사이고가 다츠야의 눈을 똑바로 바라보았다. 다츠야는 사이고에게서 시선을 거두더니 아까와는 달리 온화한 어조로 조용히 말했다.

"이대로 가면 선생님은 제이피의 마술사가 만든 재무제표에 속아 넘어갈지도 모릅니다. 전 그걸 걱정하는 겁니다."

그런 말을 남기고 다츠야는 회의실을 나왔다.

'제이피의 마술사?'

사이고의 뇌리에 그 말이 뚜렷이 새겨졌다.

🔒 제이피의 마술사?

4월 22일. 다음 날인 23일….

사이고는 묵묵히 감사를 계속했다. 다츠야도 매일 감사에 입회했다.

"무슨 질문이든 네 맘대로 지껄이지 마라. 대답은 전부 내가 한다. 네가 할 일은 회계감사를 방해하는 거야."

감사 기간 내내 마다라메는 다츠야에게 입단속을 요구했다.

사이고가 다츠야와 거의 말을 섞지 않은 상태에서 시간만 흘렀다. 다츠야는 사이고가 일하는 모습을 보면서 예전에 우사미가 이런 말을 한 것을 떠올렸다.

> 감사를 영어로 'audit'이라고 하지. 비슷한 단어를 나열해보자면 음향을 뜻하는 'audio', 청중을 뜻하는 'audience' 등이 있지. 다시 말해 감사란 '경청하는 것'이란다.

그런데 다츠야 눈앞에 있는 회계사는 왠지 모르지만 아무 말도 하지 않고 아무것도 묻지 않았다.

'무슨 생각을 하는 걸까……'

다츠야는 회의실에 감도는 묘한 분위기가 신경 쓰였다.

'그리고 보면 스승님은 이런 말씀도 했었지.'

> 감사라는 일에는 시간 제약이 따른다. 그러니 모든 부정행위를 발견할 순 없지. 하지만 결정적으로 중대한 부정행위를 발견하지 못하는 감사인은 감사인으로서 낙제라네.

회계감사는 2~3주라는 짧은 기간에 1년 치 분의 방대한 자료를 체크하여 문제점을 발견하는 일이다. 당연히 못 보고 지나치는 부분이 발생한다. 회사 측이 일부러 '착각'을 유도하는 부분도 있다.

하지만 대부분의 착각은 감사의견에 영향을 미치는 수위는 아니다. 정말로 숨기고 싶은 부정행위는 은밀한 곳에 조심스럽게 감추어져 있다.

'감추어진 부정행위를 발견한다.' 그것이 공인회계사의 능력을 판가름하는 척도가 된다. 적어도 우사미는 그렇게 생각했다.

순환거래, 지급대금 횡령, 재고자산을 이용한 이익 조작.

사이고는 이 부정행위들을 발견할 수 있을 것인가?

그리고 4월의 마지막 날이 되었다.

"다츠야 과장님, 외상매출금에 대해서 좀 묻고 싶은데요."

사이고가 갑자기 입을 열었다.

"전기와 비교해서 월드와이드전기에 대한 잔고가 큰 폭으로 증가했는데 왜 그런 거지요?"

사이고는 형식적인 질문을 다츠야에게 던졌다.

"영업부서에 확인해야 알 수 있습니다. 나중에 알아보겠습니다."

다츠야도 형식적으로 대답했다.

사이고는 추가 질문을 던졌다.

"그리고 월드와이드전기에서 받은 외상매출금 잔고확인서를 보면 그쪽의 외상매입금은 제이피가 말한 금액보다 훨씬 적습니다. 이건 왜 그렇죠?"

"우리 회사의 매출 인식 기준이 출하기준이어서 그럴 겁니다. 별로 이상하진 않죠."

그에 대해서도 다츠야는 짤막하게 설명했다.

"그렇다면… 월드와이드전기의 외상매입금과 제이피의 외상매출금의 차액은 월말쯤에 출하한 매출액의 합계와 일치해야겠군요."

사이고는 외상매출금 보조장의 숫자를 보면서 계산기를 두드렸다.

"딱 맞는군요."

사이고는 환하게 웃었다.

"그래서, 이 외상매출금은 언제 회수될 예정입니까?"

사이고는 회수일을 물었다. 이는 가공거래를 간파하는 초보적인 절차였다.

만약 가공의 매출이라면 외상매출금은 장부에 남은 채 회수되지 않는다.

'감사 기간에 회수될 금액이 있다면 그걸 체크할 생각이로군.'

다츠야는 이렇게 생각했다.

"결제조건은 매월 5일에 마감한 합계 금액을 다음 달 말일에 회수합니다. 하지만 월드와이드전기 같은 대기업은 자기네 사정에 따라서 제품을 검수하니까 이 대금이 언제 입금될지는 분명하지 않습니다."

"월드와이드전기 같이 세계적으로 유명한 회사가 설마 외상매출금을 떼먹진 않겠죠."

사이고의 말이 맞다고 생각하면서도 다츠야는 확신이 서지 않았다. 결산 일주일 전에 공장에서 일어난 일들이 아직까지 마음에 걸리기 때문이었다.

'왜 번거롭게 두 번에 나누어서 아이치 공장에서 월드와이드전기로 물건이 출하되었을까? 처음 출하할 당시에도 제품재고는 충분히 있었으니 한꺼번에 출하해도 아무런 문제가 없을 터였다. 더구나 처음 출하할 때는 제이피의 트럭으로, 두 번째 출하는 외부 운송회사의 트럭으로 배송되었다. 두 번 다 제이피의 트럭으로 배송하면 비용절감 효과도 있을 텐데…….'

다츠야는 아무리 생각해도 속 시원한 답이 떠오르지 않았다.

"홋카이도공업에서 받은 확인서에 대해 좀 물어보고 싶은데요."

사이고는 확인서를 다츠야에게 보였다.

"그쪽의 인감이 확실하게 찍혀 있긴 합니다. 별다른 코멘트도 없고요. 아마 제대로 보지도 않고 도장만 찍고 반송했을 겁니다. 그건 그렇다 치고 잘 모르는 점이 있는데요."

사이고는 두툼한 외상매출금 보조장을 펼쳤다.

"여길 보십시오. 매출액과 회수금액입니다. 3개월에 한 번씩 매출이 계상되어 있군요. 이 매출금액은 거의 똑같고요. 뭐 이것만으로 이상하다는 건 아니고, 회수금액이 이해가 안 되는군요. 외상매출금은 1엔도 틀리지 않고 정확한 금액이 입금되는 게 보통이죠. 그런데 홋카이도공업에서 지급된 금액은 제이피가 청구한 금액이 아니라 백만 엔 미만을 잘라버린 금액입니다. 그래서 나머지 금액이 미수금으로서 점점 커지고 있습니다. 이건 왜 그런 걸까요?"

외상매출금이든 외상매입금이든 끝을 쳐낸 금액으로 결제될 경우는 요주의다. 사이고는 다츠야게 예의바르긴 하지만 확실하게 그 점을 꼬집고 있었다.

'우왓, 사이고 선생, 바로 그거야!'

다츠야는 기뻐서 덩실덩실 춤이라도 추고 싶었다. 하지만 시치미를 뚝 떼고 "아, 그래요? 잠깐 장부를 보여주시죠."라며 외상매출금의 추이를 보는 척했다.

"확실히 그렇군요. 혹시 홋카이도공업은 자금 회전에 문제가 있을지도 모르겠네요. 하지만 매출대금의 80%는 회수되고 있으니 별문제는 없을 것 같기도 한데……."

다츠야는 이렇게 얼버무리며 미끼를 던졌다.

사이고는 그 미끼를 덥석 물었다.

"전 회수금액에 대해 묻는 게 아닙니다. 입금된 금액이 왜 끝자리를 쳐낸 금액인지 알고 싶은 겁니다. 그리고 이렇게 되면 제이피 측에선 각각의 청구서별로 외상매출금 소거 작업을 못했다는 말이 아닌가요?"

청구서에는 한 달 동안 거래한 주문 내역, 다시 말해 제품 품명, 출하일, 수량, 금액이 기재된다. 이런 식이면 어느 주문의 판매대금이 회수되지 않았는지 정확하게 파악하지 못하고 있는 게 아니냐고 사이고가 다츠야에게 묻는 것이다.

'지당하신 말씀이야, 사이고 선생.'

다츠야의 마음속에서 웃음이 삐져나왔다.

"그리고 이걸 좀 봐주십시오."

사이고는 외상매입금 보조장을 다츠야의 눈앞에 펼쳤다. 거기에는 아이치부품에 대한 외상매입금의 증감이 나와 있었다.

"아이치부품이 3개월마다 커넥터를 구입하고 있군요. 이 외상매입금도 끝을 쳐낸 금액으로 결제되고 있어요. 이건 또 왜 그렇지요?"

"글쎄요. 뭐 그래도 별문제는 없으니까……."

다츠야는 또 모르는 척했다.

"아까 다츠야 과장님은 홋카이도공업이 끝을 쳐낸 금액으로 대금을 지급하는 건 자금 회전에 문제가 있는 게 아니냐고 하셨지요. 그 논리대로라면 매입대금을 둥글려서 지급하고 있는 제이피도 자금

회전에 문제가 있다는 말이 되지 않습니까?"

사이고의 눈빛이 날카롭게 번뜩였다.

'이제 보니 제법인데? 하지만 이 정도는 조금만 생각하면 알 수 있는 문제지.'

다츠야는 아직 사이고의 능력을 완벽하게 믿지 않았다. 이 정도는 보통 수준의 회계사라면 누구나 파악할 수 있는 문제였다.

"3개월마다 같은 금액을 거래하고 결제금액이 끝을 쳐낸 금액이라는 점에 집착하시는 겁니까? 하지만 그건 어쩌다 보니 그렇게 된 게 아닐까요?"

다츠야는 속내와는 달리 심술궂은 질문을 했다.

"처음엔 저도 그렇게 생각했죠. 하지만 그렇지 않습니다. 이걸 보십시오."

사이고는 두 장의 종이를 책상 위에 나란히 놓았다.

"거래 내용도 같습니다. 이건 홋카이도공업에 보낸 청구서 사본이고 이건 아이치부품이 보낸 청구서입니다. 잘 보십시오. 단가만 다르고 제품명과 수량이 완전히 똑같습니다."

"저희 회사는 홋카이도공업에서 주문받은 상품을 아이치부품이 만들어서 홋카이도공업에 직송하고 있습니다. 그러니까 매입 제품과 수량이 매출 제품이나 수량과 당연히 일치하겠지요. 그게 문제가 되나요?"

다츠야는 심술궂은 대답을 반복했다. 하지만 사이고는 개의치 않고 다츠야의 대답을 받아쳤다.

"아이치부품과 제이피와 홋카이도공업 사이에선 완전히 똑같은 상품이 4년간이나 반복적으로 사고팔고 있습니다. 다츠야 과장님, 이런 일은 누군가 일부러 조작하지 않는 한 일어나지 않습니다."

"……."

"그리고 이 거래의 이익률은 고작 2%로군요. 왜 이렇게 이익이 낮은 거래를 계속하는 걸까요? 전 그것도 이상합니다."

"……."

"다츠야 과장님, 제 가설이 맞는다면……."

사이고는 말했다.

"이건 순환거래입니다."

드디어 사이고가 핵심을 찔렀다. 완벽한 논리를 갖추고서 문제의 본질을 정확히 찌른 것이다. 그래도 다츠야는 만족하지 않았다. 다음으로 사이고가 무엇을 지적할지 알고 싶어서 미칠 지경이었다.

사이고는 담담하게 질문을 계속 던졌다.

"이런 식으로 재공품 재고금액을 계산하는 회사는 처음 봤습니다."

그렇게 말하며 살짝 빈정거림을 머금은 미소를 띠었다.

"통상적으로 재공품을 평가하는 일은 계산이 복잡하고 처리 건수도 많기 때문에 컴퓨터를 이용합니다. 하지만 댁의 회사는 계산기로 아주 쉽게 계산할 수 있지요. 정말 획기적인 방법이로군요."

'획기적이라. 사이고 선생, 아주 세련되게 비꼬시는군.'

사이고는 재공품 평가가 왜 중요한지 설명하기 시작했다.

"말할 것도 없이 재공품의 금액은 그 재공품이 전체 공정 중 어느 단계에 있느냐에 따라 완전히 달라집니다. 창고에서 막 반출된 재공품과 완성 직전 단계인 재공품은 가공비가 전혀 다르니까요."

"알고 있습니다."

다츠야가 짧게 대답했다.

"아이치 공장에선 거의 모든 공정에 수많은 재공품 재고가 흩어져 있었지요. 사실, 이 물건들을 다 어떻게 평가하나 걱정스러웠습니다. 그런데 재공품 계산표를 봤더니 너무 간단히 계산되었더군요. 솔직히 말해서 깜짝 놀랐습니다."

"아, 예. 마다라메 부장님이 생각하신 계산방법이라고 합니다."

"그렇습니까? 참 유능하신 분이군요."

사이고는 감사조서를 펼쳤다.

"원가계산 매뉴얼과 이번 연도의 재공품 계산표를 보았습니다만, 간단히 말해서 재공품 계산방식은 이렇게 생각하면 되겠군요."

사이고는 소리내어 계산 순서를 확인했다.

"우선 결산기말의 재공품 재고수량을 센다. 구체적으론 제품 한 개에 한 개만 사용하는 메인 부품 수를 세어서 재공품 수를 확인하고, 부품표를 이용하여 구성부품으로 분해한다. 다음으로 각각의 부품 수량에 단가를 곱해서 재료비를 환산한다. 이 금액의 합계가 재공품의 재료비가 된다. 여기까진 문제없습니까?"

사이고는 자신이 이해한 내용이 올바른지 확인했다.

"맞습니다. 재고 실사에서 재공품 수량을 확정한 뒤 아이치 공장의 기우치 과장이 수량을 컴퓨터에 입력합니다. 컴퓨터는 부품표를 참조하여 제품을 구성하는 자부품(子部品) 단위로 분해합니다. 그 부품 수량에 단가를 곱해서 재료비를 자동으로 계산합니다."

다음으로, 사이고는 가공비를 계산하는 방법을 소리내어 확인했다.

"재료비는 제품별로 계산하고 있습니다. 하지만 가공비는 가변저항기, 커넥터, 마이크로스위치별로 재공품의 가공비를 한꺼번에 계산합니다. 맞습니까?"

사이고가 확인하자 다츠야는 잠자코 고개를 끄덕였다.

"가공비는 회계 프로그램에서 작성하는 부문비 집계표(실적치)를 사용합니다. 이 가공비를 재공품의 재고와 제품의 재고, 매출원가에 일괄적으로 배분합니다. 맞습니까?"

"예, 맞습니다."

"본래 가공비를 배분할 때는 작업량을 표시하기 때문에 일반적으로 작업시간을 기준으로 삼습니다. 그런데 제이피에선 재료비를 이용합니다. 즉, 재공품과 제품의 재료비가 100%라고 하면 가공비는 재공품의 재료비에 50%를 곱해서 계산한 금액과 완성품의 재료비에 100%를 곱한 금액의 비율로 배분합니다. 이렇게 계산한 가공비와 재료비를 더해서 재공품 금액을 계산합니다. 제가 이해한 내용이 맞습니까?"

"마다라메 부장님이 만든 원가계산 매뉴얼의 내용 그대로군요."

사이고는 어쩐 일인지 크게 심호흡을 했다. 그리고 지금까지와는 전혀 다른 어조로 다츠야에게 말했다.

"예전에 아이치 공장에서 제가 '재료비를 가공비 배분기준으로 하면 재료비가 높은 제품이 더 많은 가공비를 부담하게 되므로 그 계산방식은 합리적이지 않다'고 했을 때, 미사와 공장장님은 '제품별 재료비는 별 차이가 없으니까 틀리진 않을 거라고' 하셨지요. 물론 그 말도 맞습니다. 그리고 회계감사에서 문제시하는 건 개별적인 제품원가가 아니라 1년간의 매출원가와 재공품원가이지요. 또 지속적으로 이 방법을 이용해 재공품을 계산해왔으니까 이익 조작과는 연관이 없을 거라고 생각했습니다. 하지만 전 대단히 중요한 점을 간과했습니다."

"무얼 간과하셨다는 거죠?"

다츠야가 되물었다.

사이고는 다츠야의 눈을 보며 미소 지었다. 한 번도 보지 못한 따스함이 전해지는 표정이었다. 그리고 부드러운 어조로 말했다.

"다츠야 과장님, 과장님의 말 한마디로 깨달았습니다. 전 그야말로 표면만 보고 있었습니다."

다츠야는 사이고의 눈을 보았다. 그리고 물었다.

"지금 하신 말씀의 의미를 들을 수 있을까요?"

사이고는 고개를 끄덕이더니 천천히 설명하기 시작했다.

"한마디로 말하자면 작업량과 재료비의 금액은 전혀 상관관계가 없다는 겁니다. 시간은 작업량이지만 재료비는 그렇지 않습니다. 당연한 거죠. 하지만 재료비에 가공진척률을 곱해서 완성품에 환산하는 걸 보고 보기 좋게 속아넘어간 겁니다. 그 방법을 인정하면 쉽사리 결산을 분식할 수 있게 되지요. 제 실수였습니다."

사이고는 다츠야의 표정을 살폈다. 표정의 변화가 없는 다츠야는 이렇게 되물었다.

"사이고 선생님, 저는 선생님이 무슨 말씀을 하는지 아직도 잘 모르겠습니다. 좀 더 구체적으로 설명해주십시오."

"그전에 저부터 질문을 하겠습니다."

사이고의 공격이 시작되었다.

"재고 실사를 하던 날, 미개봉된 부품이 제조공정에 산더미처럼 쌓여 있었습니다. 그건 일부러 그런 겁니다. 그렇지 않습니까?"

다츠야가 되받았다.

"그 건에 대해서는 조만간 마다라메 부장님의 설명이 있을 것 같으니 여기서는 대답하지 않겠습니다. 하지만 저는 개인적으로 선생님의 생각을 듣고 싶군요."

그렇게 말하면서 다츠야는 처음으로 사이고에게 호감을 느꼈다. 이 사람은 주어진 일만 처리하는 수동적인 회계사는 아니다.

"목적은 분명합니다."

"목적이 뭐죠?"

다츠야가 몸을 앞으로 내밀었다.

"이익 조작입니다. 이익을 부풀리고 싶으면 재료를 창고에서 제조공정으로 옮기면 되니까요."

사이고가 미소를 지었다.

'사이고 선생, 드디어 마술의 트릭을 알아냈구나.'

하지만 이 정도 일을 간파하는 건 노련한 회계사라면 그렇게 어려운 일이 아니었다. 다츠야는 허들을 한 단계 더 높여서 미리 준비해둔 시험용 질문을 던졌다.

"사이고 선생님, 무슨 말을 하고 싶은지는 알겠습니다. 하지만 그 가설이 성립하려면 재료와 재공품의 차이를 설득력 있는 말로 정의해야 하지 않을까요?"

다츠야는 속사포처럼 재빠르게 질문을 쏟아냈다.

"우선, 재료와 재공품을 구별하는 기준이란 게 뭡니까? 설마 제품이 놓인 장소는 아니겠지요?"

그러자 사이고는 "좀 이상한 질문이군요."라고 말하며 철해놓은 재고조사 실사 매뉴얼을 펼쳐서 다츠야에게 보이며 손가락으로 한 구절을 가리켰다.

"그렇다면, 다츠야 과장님. 과장님은 여기에 적힌 말을 어떻게 해석하고 있습니까?"

거기에는 '결산 재고실사 시, 미사용된 부품은 재료창고에 놓아서 재료와 재공품을 명확하게 구분한다'고 쓰여 있었다.

"즉, 이 매뉴얼을 말 그대로만 읽으면 제조공정에 있는 재고는 전부 재공품이란 말이 됩니다. 이상이 없는 규정이지요. 하지만 잘 생각해보면 정말 두루뭉술한 규정입니다."

사이고는 종이에 재료창고, 제조공정이라고 크게 쓰고 다츠야에게 보였다.

"처음에 전 부품이 재료창고에 있는지 제조공정에 있는지에 따라 재료와 재공품으로 구분해야 한다고 생각했습니다. 그게 맹점이었지요. 방금 말한 것처럼 그걸 허용한다면 쉽게 이익을 조작할 수 있으니까요. 즉 그 방법은 잘못된 겁니다. 그럼 올바른 방법은 뭘까요? 어떤 기준으로 재료와 재공품을 구분해야 하는지 사실은 감사를 하는 내내 생각해왔습니다."

사이고는 미지근하게 식은 차를 한 모금 마셨다.

"그래서 결론이 나왔나요?"

다츠야는 '서두르지 말자'고 자신을 타이르며 물었다.

"보통, 우리 회계사들은 재료와 재공품을 어떻게 구분해야 하는지에 대해서는 깊이 생각하지 않습니다. 이미 재료와 재공품이 구분되어 있다는 전제하에서 그것들을 어떻게 평가할지 생각하지요. 이 규정은 그런 회계사의 허를 찔렀습니다. 그래서 문제의 본질이 흐려진 겁니다. 하지만 지금은 분명히 알았습니다."

"어떤 식으로 구분하는 게 올바른 거지요?"

"한마디로 말하자면 결혼 여부입니다."

사이고는 얼굴 가득 웃음을 띠었다.

"네? 결혼?"

너무 생뚱맞은 표현에 다츠야는 깜짝 놀랐다. 사이고는 설명을 계속했다.

"재료는 독신자, 재공품은 기혼자입니다."

결혼 상대가 정해지지 않은 독신자처럼 재료란 아직 어느 제품을 만들기 위해 쓰이는지 정해지지 않은 부품을 가리킨다.

하지만 그 재료의 사용처가 결정된 순간, 그것은 재료에서 재공품으로 변한다. 왜냐하면, 특정한 제조 지시가 부착된 부품은 다른 제품제조에 유용할 수 없기 때문이다. 그것을 결혼이라는 말로 표현한 것이다.

다츠야는 미리 생각한 또 다른 질문을 입 밖에 냈다.

"그렇다면, 아이치 공장의 제조 로봇 주변에 굴러다니던 미개봉된 부품은 재공품이 아니라 사실은 재료라는 겁니까?"

"아니요. 재공품입니다."

"어떻게 그렇게 단언하시는 거죠?"

다츠야는 되물었다.

"제조 지시 때문이죠. 그때 아이치 공장에 있던 미개봉된 부품은 전부 제조지시서에 따라서 출하된 것들입니다. 그건 재고 실사 확인 작업을 할 때 확인해두었습니다. 아이치 공장에서는 제품을 놓는 장소가 재료창고이든 제조공정이든, 결혼 상대가 정해진 부품은 전부 재공품으로 취급하고 있었습니다. 즉, 이론적으론 전혀 문제가 없었지요."

다츠야는 사이고가 재고조사표와 제조지시서, 그리고 부품구성표를 체크했던 것을 떠올렸다. 그 감사절차의 의미를 이제야 깨달은 것이다.

"재고 실사를 하던 날, 제조공정에 있던 미개봉된 부품은 전부 재공품이니까 문제의 본질이 되는 점은……."

"뭐가 문제인가요?"

다츠야가 파고들었다.

"결국, 가공비 배분기준이 문제입니다. 미개봉된 부품은 전혀 가공하지 않은 상태입니다. 그런데 제이피의 규정에 따르면 제조공정에 놓여 있는 부품은 재공품이니까 그게 미개봉된 부품이라도 완성품의 50%에 상당하는 가공비가 재공품 금액으로 배분됩니다. 그만큼 제품 1개당 가공비는 적어지지요. 그러면 당기 매출원가도 덩달아 적어집니다. 즉 회계상의 매출총이익이 증가한다는 이야깁니다."

'대단하군!'

순간, 다츠야는 이렇게 외치고 싶은 충동에 휩싸였다. 하지만 아직 만족하지 못했다. 사이고에겐 할 일이 남아 있었다.

"선생님의 지적대로 재공품의 계산 방법이 감사상 문제가 될지도 모르겠군요. 하지만 지금까지의 회계감사에선 한 번도 이 점을 지적당한 적이 없습니다. 이건 어떻게 된 일인가요?"

이성을 가장하고 다츠야가 질문했다.

"좀 전문적인 부분인데 그 문제에는 두 가지 요소가 얽혀 있습니다. 하나는 생산량이 증가하면 그만큼 이익이 증가한다는 회계이론 자체의 결함입니다. 제품원가에 포함된 가공비를 적게 잡을 수 있기 때문이지요. 그건 어떻게 할 수 없는 회계의 한계입니다. 또 하나는 조금 전에도 말했지만, 가공비의 배분기준으로서 재료비를 채택한 점입니다. 이 점은 재무회계상으로도 크게 문제가 된다고 생각됩니다. 이마가와 선생님이 어떻게 판단하셨는지 전 잘 모르겠습니다. 단지……"

"단지?"

"단지, 만약 제가 제이피의 감사보고서에 서명하는 입장이었다면 이 회계처리만으로 부적정의견을 표명하진 않을 겁니다."

'뭐라고! 이런 사기 재무제표가 부적정의견이 아니라고? 말도 안 되는 소리야.'

속이 부글부글 끓기 시작한 다츠야는 자기도 모르게 사이고를 공격했다.

"사이고 선생님, 전 도저히 이해가 안 갑니다. 왜 선생님은 시종일관 그렇게 애매한 태도를 취하는 겁니까?"

"애매한 태도? 절대 그렇지 않습니다. 감사의견은 감사결과를 종합적으로 판단해서 결정하는 겁니다."

"잠깐만요. 선생님은 도망치고 있어요. 이마가와 선생님을 감싸

주려고, 그리고 자신의 책임을 회피하려고 그러는 겁니다. 제 말이 틀립니까?"

다츠야의 폭발을 슬쩍 피하듯 사이고는 연필을 조용히 책상 위에 놓더니 고개를 좌우로 흔들었다.

"다츠야 과장님, 이 회계처리는 이익 조작을 목적으로 의도된 거라는 생각은 합니다. 하지만 그 결과 부풀린 이익이 얼마인 줄 아십니까? 제 계산으론 기껏해야 800만 엔입니다."

'800만 엔이든 80만 엔이든 부정은 부정이잖아!'

드디어 인내의 끈이 툭 끊어진 다츠야는 언성을 높였다.

"그럼 순환거래는 어떻게 되는 겁니까!"

그러자 사이고는 "그 거래는 말이죠." 하며 침착하게 이야기했다.

"순환거래는 매출과 매출원가가 부풀려져 있긴 하지만 그 거래로 인해 과대계상된 매출총이익은 800만 엔 정도밖에 안 됩니다."

그제야 다츠야도 사이고의 말뜻이 조금씩 이해되기 시작했다. 사이고는 이익 조작을 의심하고 있지만 두 거래 다 과대계상된 금액은 그렇게 크지 않다는 점을 말하고 있었다.

"그럼 아무리 해도 적정의견란 소리군요."

다츠야가 낙담하며 말하자 사이고는 웃으면서 대답했다.

"부적정의견을 원하는 경리과장은 다츠야 과장님이 처음입니다."

'아직 히든카드가 남아 있어.'

다츠야는 포기하지 않고 질문을 계속했다.

"다마가와포장에서 확인서가 돌아왔습니까?"

그러자 사이고는 감사조서 파일에서 다마가와포장의 회사인이 찍힌 확인서를 꺼내어 다츠야에게 보여주었다.

거기에는 빨간색 연필로 큼직하게 C라고 쓰여 있었다. '확인 (confirm)'이란 의미다.

"확인서만 보면 문제가 없어 보이는군요. 제이피의 외상매입금과 다마가와포장의 외상매출금이 일치하고 있고, 외상매출금의 거래명세서에도 적혀 있습니다. 청구서와 대조해 봤는데 이것도 이상 없습니다."

'그런가, 내가 부정행위를 폭로한 뒤부턴 다마가와포장에 직접 지불하고 있구나.'

그래서 확인서에는 아무런 이상이 나타나지 않는 것이다.

"아무런 문제가 없다는 거군요……."

다츠야는 어깨를 축 늘어뜨렸다. 그러자 사이고가 생각지도 못한 질문을 던졌다.

🔒 '다마가와'와 '오카와'

"다츠야 과장님, 혹시 오카와포장에 대해서 뭐 좀 아십니까?"

"오카와요?"

다츠야가 시치미를 떼고 되묻자 사이고는 연필로 크게 '오카와포 장(王川梱包)'이라고 썼다.

"제이피와 거래가 있는 건 다마가와포장. 다마가와(玉川)와 오카와 (王川)는 한자가 비슷하지요."

"예, 그렇군요. 하지만 그게 뭐가 어때서요?"

"감사 절차에는 두 가지 접근법이 있습니다. 상대방에게 확인서 를 보내 외상매출금이나 외상매입금을 묻는 건 가장 전형적인 잔고 확인 방법이죠. 거기선 특별히 문제가 없었습니다. 그런데 또 하나 인 거래를 체크하는 방법을 쓰고 있는데 오카와포장이 등장했습니 다."

사이고의 설명은 이랬다.

3월의 매입금액이 2월 이전보다 10% 정도 감소했다. 그래서 2월 과 3월의 매입기록과 이를 뒷받침해주는 매입발주서, 납품서, 재료 반입 장부, 청구서, 지불대금의 출금기록 등 여러 가지 증빙서류와 대조해보았다. 그러자 몇 가지 미심쩍은 점이 보였다는 것이다.

"하나는 2월과 3월의 다마가와포장의 청구서 형식이 좀 다르다는 점입니다."

사이고는 두 장의 청구서를 다츠야에게 보였다.

"어디가 다른가요?"

다츠야에겐 똑같아 보인다.

"여깁니다."

사이고는 청구서 한쪽에 있는 회사 홈페이지의 URL을 가리켰다.

"잘 보십시오. 3월의 청구서에는 '⋯tamakawa.co.jp'인데 2월까진 '⋯tamagawa.co.jp'로 되어 있지요. 그래서 사무소에 돌아가서 컴퓨터로 URL을 확인해보았습니다. 정확한 사명은 tamakawa이었습니다. 그런데 3월 이외의 청구서는 전부 tamagawa입니다. 그리고 또 하나. 2월 이전은 다마카와포장에 지불해야 할 대금이 오카와포장이란 회사로 지불했더군요."

다츠야는 망치로 머리를 한 대 맞은 것 같았다. '玉川'의 발음이 '다마카와(tamakawa)'일거라고는 생각지도 못했다. 당연히 '다마가와(tamagawa)'라고만 생각하고 있었다.

사이고의 추리가 정곡을 찔렀다.

"아마도 이런 거겠죠. 제이피와 다마카와포장 사이에 오카와포장이 존재한다. 제이피의 경리부 중 누군가가 다마카와포장으로부터 청구서를 받으면 금액을 부풀린 똑같은 형식의 청구서를 위조한다. 그리고 부풀린 매입대금을 오카와포장의 계좌로 송금한다. 오카와포장에선 대금의 일부를 빼고 올바른 대금을 다마카와포장으로 송금한다. 이건 명백한 횡령이군요."

'대단한 실력이야⋯⋯.'

다츠야는 진심으로 감탄했다. 사이고는 자칫 간과하기 쉬운 사소한 차이점을 날카롭게 집어내어 이노우에 무리의 부정을 송두리째 파헤친 것이다.

"맞습니다. 이 부정행위는 최근에 사내에서 발각된 겁니다."

"역시 그랬군요."

"실은 이 사건은 제가 발견했지만, 그것 때문에 도요시로 쫓겨났습니다. 그 후 주모자 격인 구매부장이 자회사로 좌천되는 걸로 막을 내렸지요."

"그래요? 하지만 이런 부정행위는 혼자선 불가능하지요."

"사이고 선생님은 누가 공범이라고 생각하십니까?"

다츠야는 사이고의 말이 끝나기가 무섭게 질문을 던졌다.

"그야 지급 담당자인 사와구치 모에 씨겠지요. 다마카와포장의 청구대금을 오카와포장에 송금하고 있었으니 눈치채지 못했을 리가 없습니다. 게다가 청구서를 맨 처음 받는 건 경리부니까요."

사이고는 그렇게 말했다.

"네? 사와구치 모에 씨가 수상하다고요?"

다츠야는 과장되게 놀란 표정을 지었다.

"지급 담당은 모에 씨밖에 없으니까 틀림없다고 봅니다."

사이고는 다츠야의 눈을 쳐다보며 계속해서 말했다.

"그뿐만이 아닙니다. 지급 담당자가 관여하고 있다고 추정되는 불투명한 돈의 흐름이 또 있습니다."

'뭐라고…?'

다츠야는 예상 밖의 말에 말문이 막혔다.

"경리부에선 매월 우표와 인지를 50만 엔 정도 구입하더군요. 매월 말입니다. 너무 많다고 생각하지 않습니까? 우표와 인지는 모에 씨가 관리하고 있습니다. 하지만 이걸 살 때 통신비나 제세공과비용으로 처리하고 있으니까 현물을 얼마나 사용했고 지금 얼마나 남아 있는지 확인할 길이 없습니다. 경리부의 다나카 씨한테 물었더니 우편물은 우체국에서 발송한다고 하더군요. 우표와 인지는 상품권을 파는 곳에 가져가면 현금으로 바꿔주죠. 예를 들면 모에 씨가 10만 엔의 인지를 책갈피에 끼워서 갖고 나가도 아무도 모르겠지요."

우표나 인지를 일괄적으로 구입했을 때는 통신료 계정과목으로 계상하고 그것을 실제로 사용했을 때 비용으로 처리해야 한다고 사이고는 말했다. 그런데도 비싼 인지나 구입할 필요가 없는 우표를 샀을 때 바로 비용 처리하는 것은 뒷돈을 챙기기 위해서일 가능성이 있다고 덧붙였다.

"또 하나 확인하고 싶은 게 있습니다. 여비교통비 정산도 모에 씨가 담당인가요?"

사이고가 물었다.

"아, 예. 모에 씨입니다만……."

"그렇군요. 미정산 출장여비 신청서를 좀 보여주시겠습니까? 그리고 모에 씨가 손으로 쓴 메모가 있으면 그것도 보여주십시오."

'모에는 내가 아는 것 말고도 부정행위를 하고 있었던 것인가…….'

다츠야는 대답을 한 후 곧바로 회의실을 나갔다.

얼마 후 다츠야는 서류 더미를 끌어안고 돌아왔다.

"이게 미정산 출장여비 신청서이고 이게 모에 씨가 저한테 남긴 메모입니다."

"아, 이 가게는 모토아자부의 유명한 프렌치 레스토랑이군요. 도쿄에서 일할 때 한 번 간 적이 있습니다. 꽤 맛있는 곳이죠."

사이고는 모에가 쓴 메모를 보며 말했다. 입사한 지 얼마 지나지 않았을 때 다츠야가 모에에게 괜찮은 레스토랑이 없냐고 물은 적이 있다. 그때 모에가 가게 이름을 메모지에 적어준 것을 떠올린 것이다. 다행히 그 메모는 아직 다츠야의 수첩에 끼워져 있었다.

사이고는 그 메모를 테이블에 놓고 미정산 출장여비 신청서 파일을 한 장 한 장 비교했다. 10분도 안 되어서 다섯 장의 신청서에 접착식 메모지가 붙었다.

"생각대로군요. 3월 말에 미정산 출장여비가 200만 엔이나 되는데 아직까지 정산이 안 되었네요."

그렇게 말하며 접착식 메모지가 붙은 신청서를 다츠야에게 보였다.

"필적이 똑같군요."

'어떻게 이럴 수가……'

다츠야는 너무 충격을 받은 나머지 말이 나오지 않았다. 사와구치 모에는 여비신청서를 위조해서 회사의 현금을 유용하고 있었던 것이다.

모에는 다마카와포장의 매입대금만이 아니라 우표와 인지의 부외

처리, 그리고 여비 가불을 이용해 회사 현금을 착복했다는 말이다.

'이 얼마나 대담무쌍한 여자인가!'

치밀어 오르는 분노를 주체하지 못한 다츠야는 주먹으로 테이블을 내리쳤다.

그때 노크 소리가 들렸다.

은은한 커피 향과 함께 사와구치 모에가 등장했다. 그녀는 두 사람 앞에 커피를 놓고 주위를 한번 둘러보더니 말없이 목례를 하고는 방을 나갔다.

모에가 나가자마자 마다라메가 시퍼런 낯빛으로 회의실로 뛰어들어오더니 냅다 고함을 질렀다.

"다츠야! 자리로 돌아가! 감사 입회는 내가 하겠다."

왠지 모르지만 마다라메의 목소리가 떨리고 있었다. 그런 마다라메에게 다츠야가 말했다.

"부장님, 사이고 선생님은 이미 다 알고 계십니다."

"뭐, 뭘 다 알고 있다는 거야?"

마다라메의 얼굴에 갑자기 불안함이 비친다.

"모든 것을요. 그리고 모에 씨에 대해서도……."

"뭐라고! 너, 모에를 의심하는 거야?"

마다라메는 무서운 눈빛으로 다츠야를 노려보았다. 그러자 다츠야는 태연자약하게 되물었다.

"부장님이 모에 씨를 이용해서 회사 돈을 착복하신 건가요?"

"내가 횡령을 해? 이게 말이면 다인 줄 알아?"

마다라메의 얼굴이 당장이라도 폭발할 듯이 시뻘게졌다.

'이 사람은 정말 아무것도 모르는 건지도 몰라.'

마다라메의 격앙된 모습을 보며 다츠야는 그런 생각을 했다.

"아, 선생님. 선생님 앞에서 언성을 높이다니 이거 송구스럽습니다."

정신을 차린 마다라메는 사이고에게 꾸벅 고개를 숙였다.

"그런데 감사보고서는 언제 받을 수 있겠습니까?"

마다라메는 부자연스러울 정도로 겸손한 태도로 사이고에게 물었다.

"작업은 4월 말로 끝납니다. 그다음엔 회계법인에서 조서를 정리하고 다음 주 이마가와 선생님께 내용을 보고드릴 겁니다. 그 후 다른 회계사의 심사를 받고 감사의견이 확정됩니다. 그러니 감사보고서를 드릴 수 있는 건 5월 15일경이겠군요."

마다라메는 수첩을 꺼내서 주주총회까지의 일정을 확인했다.

"이사회가 5월 23일이니까 감사기간이 일주일 정도 걸려도 시간이 충분하네요."

말을 마친 마다라메는 비굴한 미소를 띠며 사이고에게 물었다.

"적정의견이 나오겠지요?"

"그건 말씀드릴 수 없습니다."

사이고는 단호하게 대답했다.

"그렇다면, 부적정의견이란 뜻입니까?"

"감사의견이 어떻게 될지는 말씀드릴 수 없습니다. 이것은 이마가와 선생님의 판단에 달렸으니까요."

사이고가 그렇게 말해도 마다라메는 물귀신처럼 물고 늘어졌다.

"저희 회사는 3년 내에 주식공개를 할 예정입니다. 만약 적정의견이 아니면 일정에 차질을 빚게 됩니다."

'실컷 부정행위를 한 주제에 웃기는 사람일세.'

마다라메를 곁눈질하는 동안 다츠야는 점점 불쾌해졌다.

사이고는 가방에 조서를 넣고 A4용지에 쓴 메모를 마다라메에게 주었다.

"다츠야 과장님한텐 이미 말씀드렸는데 이번 감사에서 발견한 항목입니다."

마다라메는 굳은 얼굴로 그 메모를 읽었다.

"아까 네가 선생님은 다 알고 계신다고 한 게 이거냐?"

마다라메는 다츠야에게 말했다.

다츠야는 잠자코 고개를 끄덕였다. 그러자 마다라메는 히죽 웃으며 사이고를 향해 말했다.

"지적하신 사항을 빠른 시일 내에 검토하겠습니다. 하지만 이 내용이라면 감사의견은 저희들이 바라는 대로 될 것 같군요."

그러자 사이고는 부정도 긍정도 하지 않고 쓴웃음을 지으며 대답했다.

"글쎄요, 어떨지 모르겠군요……."

'적정의견? 이게 무슨 일이지……'

두 사람의 대화를 들으며 다츠야는 불안에 휩싸였다.

사이고가 돌아가자 다츠야는 커피 생각이 간절해져서 자동판매기가 있는 휴게실로 향했다.

"과장님."

뒤에서 마리의 목소리가 들려온다.

"오늘 저녁에 시간 있으세요?"

마리의 심상치 않은 표정을 보고 다츠야는 뭔가 할 말이 있구나 하고 직감했다.

"알았어. 그럼 7시에 네즈에서 보지."

다츠야는 캔커피를 꺼내들고 아무 일도 없었다는 듯이 휴게실을 나갔다.

🔒 네즈의 초밥집 4

"어서오십쇼! 마리, 다츠야 씨 오셨어."

가게에 들어온 다츠야를 보고 초밥집 주인이 마리에게 말했다.

"우선 맥주 한 잔 주세요."

다츠야는 카운터의 마리 옆자리에 앉았다. 마리는 다츠야의 잔에 맥주를 따랐다.

"감사, 힘드셨죠?"

"마다라메, 대체 무슨 속셈인지 도통 모르겠단 말이야."

"그게 무슨 말이에요?"

"적정의견이 나온다며 좋아하는데 못 봐주겠어."

"그래서 회계사는 뭐라고 해요?"

"불과 일주일 만에 모든 부정행위를 간파했어. 우리가 몰랐던 것까지 말이야. 대단한 사람이야. 하지만 뭔가 좀 미심쩍어……."

다츠야는 차가운 맥주를 들이켰다.

"뭐가요?"

마리는 다츠야가 왜 이렇게 시무룩한지 알 수 없었다.

"사이고 선생은 감사의견에 대해선 꿀 먹은 벙어리야."

"그건 그렇죠. 아직 감사가 끝난 것도 아니고 감사보고서에 서명하는 건 이마가와 선생님이잖아요."

마리의 말이 맞다.

"적정의견 따윈 있을 수 없어."

알고는 있어도 속이 뒤집어진다는 표정으로 다츠야는 맥주를 벌컥벌컥 들이켰다. 그런 다츠야를 향해 마리는 방긋 웃으며 말했다.

"오늘은 말이죠, 재미있는 정보를 두 개 갖고 왔어요."

여태까지 한 번도 본 적이 없는 장난기 어린 웃음이었다.

"실은 말이죠, 아이치 공장의 기우치 과장님이 마다라메 부장님한테 보낸 메일을 봤지 뭐예요."

"뭐? 마다라메한테 기우치가 메일을 보냈어?"

'아닌 밤중에 홍두깨다. 왜 그 두 사람이 메일을 주고받는단 말인가?'

"마다라메 부장님이 말이죠, 예전에 기우치 과장님과 나한테 동시에 보낸 메일을 '답장'을 눌러서 기우치 과장님한테 보낸 적이 있나 봐요. 내 이메일 주소가 함께 들어 있는 채로 이번엔 기우치 과장님이 부장님한테 답장을 보낸 거죠. 그래서 자동으로 나한테 메일이 왔다는 거 아니겠어요."

"무슨 내용이지? 뜸들이지 말고 가르쳐줘."

그러자 마리는 장난을 치듯이 "그럼~ 가르쳐줄까나."라며 메일을 인쇄한 종이를 다츠야에게 보였다. 다츠야는 종이가 찢어지지 않을까 싶을 만큼 읽고 또 읽었다. 다츠야의 신경이 팽팽하게 곤두서면서 얼굴이 벌겋게 달아올랐다.

"기우치, 이 자식, 마다라메와 한패였어."

"그게 틀림없어요."

마리는 다츠야의 빈 잔에 맥주를 따랐다. 기우치는 마다라메에게 날마다 미사와 공장장의 동향을 보고하고 있었던 것이다.

다츠야는 그 메일의 한 구절에서 몸이 얼어붙었다.

'…… 공장장님은 오늘도 사유리 씨와 통화를 했습니다.……'

미사와 공장장은 사유리와 연락을 주고받고 있었다. 그걸 무늬만 심복인 기우치가 남몰래 마다라메에게 보고한 것이다.

"나쁜 사람으로 보이진 않았는데……."

다츠야의 입에서 한숨이 새어나왔다.

"기우치 씨는 나쁜 사람은 아닐 거예요. 하지만 악마의 소굴에서 살아남으려면 어쩔 수 없었겠죠."

마리는 전에 없이 어른스러운 어조로 말하며 기우치에게 약간의 동정심마저 느꼈다. 마리는 기우치가 강자에게 납작 엎드리는 비겁한 인간이지만 가족을 먹여 살려야 하는 월급쟁이인 그를 책망할 수만은 없다고 말했다.

'마리는 나보다 훨씬 어른스럽구나.'

다츠야는 마리의 말을 듣고 처음으로 기우치의 입장을 생각해보았다. 이렇게 마리가 조곤조곤 달래지 않았더라면 다츠야는 당장 도요하시에 가서 기우치를 두들겨 팼을 것이다.

그렇다고 해서 다츠야가 기우치의 배신행위를 용납한 건 아니었다.

'난 기우치와는 달라.'

다츠야는 그렇게 생각함으로써 마음을 달랬다.

"마리, 그건 언제 메일이지?"

"오늘이요."

"4월 중순이 아니고?"

다츠야는 처음엔, 4월 14일에 미사와 공장장이 사유리와 함께 이즈고원에 있는 우사미의 별장에 간 일로 고맙다는 뜻을 전하려고 연락한 거라고 생각했다. 그런데 감사 인사를 지금 할 리가 없었다.

다츠야는 기우치가 마다라메에게 보고한 미사와 공장장과 사유리의 통화 시각이 궁금했던 것이다.

"메일이 온 건 오늘 오후 1시쯤인걸요."

"바로 얼마 전이잖아. 그렇다면 어떤 특별한 일 때문에 공장장님이나 사유리 씨 둘 중 한 명이 전화를 했다는 이야긴데……."

"저도 그렇게 생각해요."

만약 그렇다면……. 후미의 건강에 관한 일인가?

"회장님이 병석에 누우셨다면서요. 갑자기 상태가 악화되셨나?"

다츠야는 팔짱을 끼고 골똘히 생각에 잠겼다. 그러자 마리가 "여길 좀 보세요."라며 메일의 마지막 줄을 가리켰다.

'반품은 6월 1일로 결정 났습니다.'

그건 마다라메와 기우치만이 알고 있는 암호 같은 내용이었다.

"반품? 뭐가 반품된다는 거지?"

두 사람은 잠시 생각에 잠겼다.

"맞다!"

다츠야는 중요한 사항을 깨달았다. 그건 월드와이드전기에 대한 두 번의 출하였다. 왜 두 번에 걸쳐서 제품을 출하했는지 줄곧 미심쩍게 생각했다. 재고실사 전날에 이루어진 두 번째 출하는 분명 아무 문제가 없었다.

하지만 첫 번째 출하는 제이피의 운전기사가 제이피의 트럭으로 제품을 날랐다. 두 번째는 운송회사의 트럭을 이용했다. 사이고는 기간귀속 절차를 밟을 때 두 번째 출하기록에 문제가 없다는 점을 확인했다.

'바로 그거였군.'

다츠야의 의문이 눈 녹듯 사라지는 순간이었다.

월드와이드전기의 출하를 두 번으로 나눈 것은 교묘한 속임수였다. 결산일 직전에 아슬아슬하게 두 번째 출하를 함으로써 그 건이 기간귀속 절차의 대상이 되도록 마다라메와 이시카와가 조장한 게 분명해졌다. 이로써 사이고는 월드와이드전기에 대한 출하는 전부 문제가 없다고 판단했고, 첫 번째 출하는 별다른 확인 없이 넘어갔다. 즉 첫 번째 출하가 수상쩍다는 말이 된다. 그때 제품은 제이피의 직원이 운전하는 제이피의 트럭으로 운반되었다. 목적지를 얼버무리기 위해 그랬던 것이다. 더구나 월드와이드전기와의 계약으로는 매출대금이 입금되는 건 검수 후 2개월 뒤다. 두 번의 매출대금은 감사 기간 중에는 입금되지 않는다는 말이다. 마다라메는 그 허점을 찌른 것이다.

'이건 사이고조차 놓친 치명적인 실수일지도 모른다.'

다츠야는 결산 일정을 떠올려보았다. 감사보고서는 5월 15일에 제출된다. 이사회가 결산 재무제표를 승인하는 날은 5월 23일, 그리고 반품은 6월 1일이다.

'만약 반품이 감사의견에 결정적인 영향을 미칠 정도로 중요하다면……'

"틀림없어. 첫 번째 출하는 위장 매출이었어!"

다츠야는 그렇게 말하고는 주머니에서 휴대전화를 꺼내어 사이고에게 전화를 걸었다.

며칠 뒤인 금요일, 마리는 자금운용예정표 작성이 늦어지고 있다며 마다라메에게 야근 신청을 했다. 회계감사가 일단락되었기 때문인지 마다라메는 "너무 늦게까지 있지 마." 하고 콧노래를 부르며 회사를 나갔다.

한편, 모에는 대놓고 마리를 경계하고 있었다. 보통 때라면 금요일엔 6시 칼퇴근인 그녀가 그날따라 7시까지 눌러앉아 있었다. 하지만 약속이 있는지 내키지 않는 얼굴로 회사를 떠났다. 마리는 경리부 직원들이 한 명도 빠짐없이 퇴근하기를 기다렸다.

8시가 되었다. 회사에는 같은 층 영업부 직원 몇 명만 남아 있었다. 마리는 컴퓨터를 켜고 부문비의 월별 추이표 파일을 열었다. 아직 4월분밖에 입력되어 있지 않았지만 한눈에 보기에도 잡비 금액이 눈에 띄었다.

마리는 잡비 계정을 클릭했다. 그러자 수백 엔, 수천 엔 단위의 비용들과 함께 50만 엔이란 비용이 묻혀 있었다. 적요란을 보니 이시와타 창고라고 적혀 있었다. 마리는 4월분 청구서 파일을 캐비닛에서 꺼내어 그 청구서를 찾았다.

'다츠야 과장님이 말했던 게 이거였지.'

청구금액은 보관료 명목으로 50만 엔, 적요에는 '귀사 제품의 하역 및 보관료'라고 쓰여 있었다.

주식회사 이시와타 창고의 주소는 시즈오카 현 고사이시다. 아이치 현 도요하시에서 그리 멀리 떨어져 있지 않은 곳이다. 마리는 그 청구서를 복사해서 가방에 넣었다.

그런데 잡비 중에 또 한 가지 그냥 지나칠 수 없는 지급액이 섞여 있는 게 보였다.

'이노우에 게이지 지급수수료 10만 엔'

이노우에 게이지는 다마카와포장의 지불대금 착복으로 마나카로부터 해고통지를 받은 이노우에 구매부장이다. 마나카에게 해고되었던 그가 어찌된 일인지 자회사인 제이피상사에서 일하고 있었다. 궁금증이 증폭된 마리는 지난해 잡비도 조사했다. 3월에도 같은 금액의 지불 건이 있었다.

해고통지를 받은 부장이 자회사에서 근무하고 게다가 지급수수료로서 매월 10만 엔이 본인 명의의 계좌로 입금되고 있었다.

이노우에는 잘리기는커녕 매월 보너스까지 받아먹고 있는 셈이었다.

마리는 떨리는 손으로 도요하시로 돌아간 다츠야에게 휴대전화로 연락했다.

🔒 이마가와 회계법인

사이고는 감사조서가 든 묵직한 가죽가방을 옆구리에 끼고 이마가와 회계법인의 소장실로 들어갔다. 지난주에 완료한 감사결과를 보고하기 위해서다. 황금 연휴기간이지만 회계법인들은 감사 때문에 오히려 한창 바쁠 때였다. 사이고는 주말에 정리한 보고서를 이마가와 다케시에게 건넸다.

이마가와는 형광펜으로 줄을 그어가며 찬찬히 보고서를 읽었다.

"이렇게 속속들이 캐내다니 대단하군."

사이고는 잠자코 고개를 끄덕였다.

"이거 해도 너무한데……."

이마가와가 혼잣말을 했다. 사이고는 이마가와가 어떤 판단을 내릴지 슬쩍 기대되었다. 보고서에서 지적한 내용 중 상당 부분은 몇 년 전부터 이마가와의 눈을 피해 반복되어 온 일이었다. 이번 연도의 부정행위로 조작한 가공 이익은 1,600만 엔이다. 재무제표를 수정한다면 당기순이익은 9,200만 엔으로 확 줄어든다. 제이피의 이번 연도 매출액은 100억 엔, 총자산은 110억 엔이다. 사이고는 이마가와가 이 1,600만 엔의 가공 이익을 어떻게 판단할 것인지 궁금했다.

"여기에 나오는 순환거래로 부풀려진 매출액은 얼마지?"

"대략 4억 엔입니다."

"과대 계상된 재공품은?"

"800만 엔입니다."

"겨우 그 정도인가? 가공의 이익은 1,600만 엔이었지. 대단한 금액은 아닌 게군."

"적정의견입니까?"

사이고가 물었다.

"이 정도로 한정의견이나 부적정의견을 표명하는 건 좀 그렇지 않은가?"

이마가와는 반문했다.

그럼에도, 이마가와의 표정이 딱딱하게 굳어지는 것을 사이고는 놓치지 않았다.

"송구스럽지만 제 생각을 말씀드려도 될까요?"

"물론 자네 의견도 참고해야지."

이마가와는 형광펜을 놓았다.

"회사의 매출액이 100억 엔임을 감안하면 1,600만 엔은 미미한 금액입니다. 하지만 이번 일은 어쩌다 한 번 저지른 일이 아닙니다. 명백히 의도적으로 이익을 조작한 부정회계지요. 게다가 회사 돈을 착복하는 것도 서슴지 않습니다. 지금 당장 범인을 특정할 순 없지만, 경영진이 엮여 있을 가능성이 큽니다."

"자네는 그런 이유로 부적정의견을 표명해야 한다고 생각하는 건가?"

"그렇습니다."

사이고는 힘주어 말했다.

"만약 부적정의견을 내면 제이피의 신용은 단숨에 추락하겠지. 이렇게 자금회전이 좋지 않은 상태에선 잘못하면 부도가 날 수도 있어. 그래도 자네는 부적정의견을 내야 한다고 생각하는가?"

"……."

"회사를 생각한다면 적정의견으로 해야 하지 않겠나?"

이마가와의 말에 귀를 기울이던 사이고가 몸을 앞으로 내밀며 반론했다.

"죄송하지만, 선생님은 회사가 아니라 경영자, 그리고 감사계약에 대해서만 생각하고 계신 건 아닙니까? 전 부적정의견, 백번 양보해도 한정의견을 표명해서 문제의 소재를 공론화해야 한다고 생각합니다."

그때 이마가와의 휴대전화가 울렸다. 이마가와는 발신지를 확인하고는 "마다라메 씨로군." 하고 말했다. 이마가와는 마다라메와 한동안 이야기를 나누었다. 전화기를 귀에 대고 고개를 끄덕끄덕하며 중간 중간 메모를 하기도 했다.

그리고 마지막에는 한시름 놓았다는 얼굴로 "그렇게 해주시겠습니까?"라고 말하곤 전화를 끊었다.

"자네가 발견한 부정행위는 전부 수정하겠다고 하는군."

"정말입니까?"

"그 사람들도 아차 싶었겠지."

"……"

사이고는 아무 말도 하지 않았다.

"내일 수정 재무제표를 보낼 테니 확인해달라고 하네. 잘해보게."

자신의 주장이 제이피의 경영진한테 통했다고 믿기엔 의외로 싱거운 결말이라고 사이고는 생각했다.

'뭔가 있어. 온갖 교묘한 수단으로 부정을 저지른 무리가 순순히 백기를 들었다는 게 말이 될까?'

그때 사이고는 어제 다츠야에게 걸려온 전화 내용을 떠올렸다.

다츠야는 사이고에게 되도록 빨리 만나서 할 이야기가 있다고 했다. 그리고 감사보고서의 제출을 조금만 늦춰달라고 부탁했다. 현장 감사는 이미 끝났는데 왜 그렇게 서둘러 만나고 싶어하는지, 또 왜 감사보고서 제출기일을 늦춰달라는 건지 그 이유는 말하지 않았다. 사이고는 마다라메가 재무제표를 수정하겠다고 한 것과 관련이 있지 않을까 하는 생각이 들었다.

"사이고, 듣고 있나?"

이마가와는 큰 소리로 사이고를 불렀다.

"마다라메 씨는 자네가 지적한 사항을 전부 수정하겠다고 했네."

"왜 수정하겠다고 한 걸까요?"

"무슨 말을 하고 싶은 겐가? 제이피는 자네가 지적한 점을 전부 무조건적으로 수용했네. 마다라메 씨는 폐를 끼쳐서 미안하다고 사과도 했어. 자네는 그래도 성에 안 차는 건가?"

273

이마가와는 어이가 없다는 표정으로 말했다.

"6월 2일까지 감사보고서 제출을 기다려주셨으면 하는데요."

"그렇게까지 질질 끌 순 없네. 대체 자네는 무슨 생각인가?"

"그건……."

사이고는 말끝을 흐렸다.

"이제 그만하지. 이번 감사는 적정의견으로 하겠네."

이마가와는 떨떠름한 얼굴로 이게 최종판단임을 사이고에게 통지했다.

🔒 후미의 작전

"사유리?"

후미는 병원 침대에 누워서 딸에게 힘없이 말을 건넸다. 사유리가 이즈고원에서 우사미를 만난 다음 날인 4월 15일, 후미는 병실에서 쓰러졌다. 일단 중환자실로 옮겨졌다가 4월 22일, 일주일 만에 일반병동으로 다시 돌아왔다.

"어머니, 깨셨어요?"

사유리는 후미의 손을 꼭 잡고 있었다.

"푹 자서 그런지 상쾌하구나."

후미는 활짝 웃었다. 하지만 그것도 잠시 뿐, 후미의 얼굴이 다시 생기를 잃었다.

"이제 나도 얼마 안 남았어. 하지만 지금 눈을 감을 순 없어."

후미의 눈에 눈물이 고였다.

"오빠 때문이죠?"

"마스오만 정신 차리면 되는데……."

후미는 길게 한숨을 내쉬었다. 그러자 사유리가 "그건 아니에요."
라며 말을 가로막았다.

"전부 마나카 오빠 탓이에요. 그 사람이 회사에 들어오고 나서 제
대로 된 게 하나도 없어요."

사유리는 마나카 류조가 싫었다. 또 모든 권한을 쥐고 있는 사장
인 마스오가 회사를 들었다 났다 하는 마나카 전무를 왜 멍청히 보
고만 있는지 도무지 이해할 수 없었다.

"우사미 선생님은 건강하시니?"

후미는 눈을 감은 채 우사미의 근황을 물었다.

"아직 오른손으로 찻잔을 못 잡으세요. 그리고 발음도 정확하지
않은 상태예요."

"그래……."

후미는 눈을 뜨고 천정을 보았다.

"그래도 머리는 쌩쌩하시던데요? 선생님다워요."

후미는 미소를 띠며 잠시 동안 즐거웠던 옛 시절을 더듬었다.

"옛날엔 말이다. 모르는 게 있으면 전부 우사미 선생님과 의논했

어. 그럼 바로바로 해결책이 나왔단다. 아버지는 선생님 말씀을 충실히 이행했어. 모든 게 잘 돌아갔지."

후미의 이야기를 들으면서 사유리는 제이피를 어찌해야 할지 생각했다. 마스오는 마나카의 책략에 놀아나고 있다. 후미가 의지하는 우사미는 이미 제이피에 대해 아무런 힘이 없다.

하지만 비록 병중이라도 회사의 오너는 엄연히 어머니인 후미다. 의결권주식의 과반수를 갖고 있으니 마음만 먹으면 마나카를 임원자리에서 끌어내릴 수도 있다. 주식은 오빠에게 상속될 테니 제이피가 남의 손에 넘어가는 일은 없을 것이다. 아무것도 걱정할 필요 없었다.

단지……. 딱 하나 사유리 마음에 걸리는 게 있었다. 별장에서 우사미를 만났을 때, 우사미는 마나카를 얕잡아보지 말라고 했다.

'그게 무슨 뜻일까? 혹시 마나카가 제이피를 가로채기 위해 함정을 파놓고 기다리고 있는 걸까? 우사미는 제이피를 구할 수 있는 건 다츠야밖에 없다고도 했다. 단 다츠야. 그는 어떤 사람일까?'

후미를 바라보며 사유리는 우사미와 했던 약속을 떠올렸다.

우사미의 별장에서 돌아온 다음 날인 4월 15일, 사유리는 병원에서 어머니가 쓰러졌다는 연락을 받았다. 황급히 병원으로 달려간 사유리에게 주치의는 이렇게 말했다.

"생명에 지장은 없습니다. 하지만 이삼일은 안정해야 합니다."

만약 대주주인 후미가 사망하면 제이피는 보나마나 혼란에 빠질 것이라고 사유리는 생각했다. 마나카가 무슨 짓을 할지도 뻔했다.

하지만 최악의 사태는 일단 모면했다.

'앞으로 어떻게 하면 좋을까. 어떻게 하면 제이피를 소생시킬 수 있을까. 어머니의 병세도 결코 낙관할 수 있는 상태가 아니다.'

사유리는 전날 만난 우사미에게 전화를 걸었다. 이럴 때 사유리가 비빌 언덕은 역시 우사미밖에 없었다.

"그렇군. 어머니가 쓰러지셨구나……."

"네, 주치의 선생님 말로는 생명엔 지장이 없다곤 하시지만……."

사유리가 그렇게 전하자 한동안 수화기 저편에서 잠자코 있던 우사미가 어눌한 발음으로 이렇게 말했다.

"마스오와 마나카 전무 그리고 미사와에게 이렇게 전하렴. 어머니가 쓰러져서 요 며칠이 고비라고."

"……."

사유리는 우사미의 말이 무슨 뜻인지 이해하지 못했다. 왜 우사미가 그렇게 지시하는지 영문을 몰라 당황하는 사유리에게 우사미는 이렇게 덧붙였다.

"아, 그리고, 절대 안정이란 구실을 대서 아무도 어머니를 면회할 수 없게 하거라."

"오빠도, 말인가요?"

"그래. 그게 제일 중요한 부분이야."

"미사와 아저씨한테도 위독하다고 전해야 하죠?"

사유리가 재차 확인하자 "신중을 기해야 하니까."라고 우사미가 대답했다.

전화를 끊으려는 차에 무슨 의도인지 우사미는 어머니가 입원하신 병원과 주치의 이름을 가르쳐달라고 말했다. 사유리는 뭐가 뭔지 몰랐지만 시키는 대로 병원과 주치의 이름을 댔다.

"어머니, 어머니가 쓰러지신 후에 우사미 선생님한테 전화를 했더니 어머니가 위독하다고 오빠와 마나카 오빠, 미사와 아저씨한테 전하라고 하시지 뭐예요."

사유리는 이해가 되지 않았지만 일단 후미에게 우사미와의 약속을 전달했다.

그러자 후미는 "우사미 선생님답구나." 하고 미소를 지었다. 또, "마스오한테도 좋은 약이 될 거야."라고 낮게 말했다. 후미는 우사미의 심중을 읽었던 것이다. 사유리는 고개를 갸웃거리며 갑자기 생각났다는 듯이 후미에게 물었다.

"어머니, 단 다츠야 씨라는 사람을 아세요?"

"단 다츠야?"

"우사미 선생님의 애제자이고 지금 우리 회사 경리과장인 사람이에요."

"아니, 모르겠는데. 그 사람이 왜?"

"선생님이 '어머니의 청을 들어줄 수 있는 건 다츠야밖에 없어.'라고 하셨어요."

"……."

"미사와 아저씨도 다츠야 씨를 좋은 청년이라고 입에 침이 마르도록 칭찬하지 뭐예요. 하지만 그 사람, 아직 입사한 지 얼마 되지도 않았는데 마나카 오빠와 마다라메 부장님한테 찍혀서 도쿄 본사에서 아이치 공장으로 쫓겨났대요."

"그러니……."

후미는 다츠야가 회사에서 어떤 처지에 놓였는지 어렵지 않게 이해했다. 마나카와 마다라메 같은 모략가가 영리하고 정의로운 경리과장을 싫어하는 건 당연한 일이다.

후미는 사유리에게 말했다.

"얘야, 다츠야 씨를 만나보고 싶구나."

"선생님이 아무도 만나지 말라고 하셨는데……."

"우사미 선생님의 애제자라면 오히려 그 사람만은 만나는 게 좋을 것 같아. 선생님한테 연락해서 그렇게 말씀드리렴."

"알았어요. 지금 다츠야 씨는 아이치 공장의 미사와 아저씨 밑에서 일하고 있다니까 연락처를 살그머니 물어볼게요."

🔒 샤토 라뚜르

"좋은 뉴스야. 큰어머니가 중환자실로 옮겨졌다는군. 앞으로 2주일도 안 남은 것 같아."

빼빼 마른 남자가 값비싼 샤토 라뚜르의 코르크 마개를 따면서 젊은 여자에게 이야기했다.

"이제 그 회사는 우리 것이군요."

"그래. 얼마 안 있으면 우리 손에 들어올 거야."

가운데가 둥글게 부풀어 오른 와인잔에 샤토 라뚜르가 경쾌한 소리를 내며 채워졌다.

"새로 선임된 회계사가 만만치 않다면서?"

"보통내기가 아니에요. 전에 하던 아저씨하곤 차원이 달라요. 마다라메도 온종일 안절부절못하지 뭐예요."

"그 녀석은 간이 작아서 탈이야. 그런데 다츠야는 요즘 어때?"

"그게 말이죠, 회의실에 종일 틀어박혀서 꼼짝도 안 해요."

"들켰나……."

"내가 커피를 가지고 두 사람을 살피러 갔더니 생각대로였어요."

"그 녀석, 내가 재무제표를 조작한 걸 회계사한테 일러바쳤군."

"아마 그랬을 거예요. 마다라메한테 그렇게 말했더니 파랗게 질려서 회의실로 쳐들어가지 뭐예요. 하지만 들켜도 상관없잖아요?"

"분식회계나 착복이 밝혀져도 실제로 불이익을 당할 우려는 없어. 그 점은 내가 보장하지."

남자는 침착하게 붉은 벨벳 같은 와인을 들이켰다.

"다츠야도 그 회계사도 내가 짜놓은 '속임수'를 발견했다고 자기

도취에 빠져 있을 뿐이야. 그래 봐야 부처님 손바닥인데 불쌍한 놈들."

여자는 남자 쪽으로 몸을 기울이며 교태 어린 목소리를 냈다.

"나도 당신이 하라는 대로 하고 있죠."

"넌 내 소중한 파트너야."

남자는 여자의 어깨를 부드럽게 안았다.

"그 돈. 반은 내 몫이죠?"

"다마카와포장의 뒷돈 말인가? 지금 얼마지?"

"1억 엔 정도."

"그래? 주주총회만 끝나면 빼 써도 상관없어."

남자가 이렇게 말하자 여자는 안심했다는 표정을 지었다.

"마다라메한텐 용돈을 쥐어 주고 있지?"

"매월 10만 엔어치의 인지를 그 사람 책상 서랍에 넣어주고 있어요. 그 사람, 인지를 확인하면 꼭 모에, 오늘도 고마워, 하고 큰 소리로 티를 낸다니까요. 하지만 그게 무슨 뜻인지 아무도 모르고 있으니 웃겨 죽겠어요."

사와구치 모에는 대담무쌍한 미소를 지으며 입 꼬리를 올렸다.

"이노우에는 어떻게 하고 있지?"

마나카가 싸늘한 어조로 물었다.

"제이피상사로 옮긴 뒤부터, 당신이 시키는 대로 그의 계좌에 10만 엔씩 넣고 있어요."

"다츠야가 다마카와포장 얘기를 했을 때, 청천벽력같은 얼굴이었으니까 말이지. 하지만 급여도 올랐겠다, 지금은 오히려 그 녀석도 만족할 거야."

구매부장이었던 이노우에는 사실은 마나카에게 '배우자의 명의를 좀 빌려 달라'는 부탁을 받고 그렇게 했을 뿐이었다. 그런데 모르는 사이에 그 명의가 부정거래에 이용되고 그 죄를 옴팡 뒤집어 쓴 것이다. 마나카는 이노우에를 자회사인 제이피상사의 구매부장으로 발령을 냈고, 입막음조로 매월 10만 엔을 송금하는 것으로 그 일을 마무리했다.

"이거 2000년산이죠? 확실히 좋은 빈티지네요."

모에는 흡족한 표정으로 빈 잔을 테이블에 놓았다. 마나카가 그 잔에 와인을 따르면서 말했다.

"주주총회가 끝나면 니스에서 더 맛있는 와인을 마시자고."

마나카는 모에의 한쪽 어깨를 끌어안은 손에 더욱 힘을 주었다.

🔒 아이치 공장

"다츠야, 고생 많았네."

미사와는 2주 만에 도쿄에서 돌아온 다츠야를 격려하고 나서 곧바로 진지한 표정으로 바뀌었다.

"얼마 전에 후미 회장님이 병원에서 쓰러졌다고 하네. 사유리한 테 전화가 왔어. 지금은 중환자실에 계신 모양이야."

"위독하신 건가요?"

"의식은 있지만 역시 심장이 상당히 약해진 것 같네. 아, 그리고 자네를 만나고 싶어하신다는군."

"저를 말인가요? 그렇게 상태가 나쁜데……. 그 일을 전무님은 알고 있겠지요?"

다츠야는 마나카가 마음에 걸렸다.

"사장님과 전무님한테는 병세를 전했다고 했어. 사유리가 다른 사람들한테는 비밀로 해달라고 하더군. 뭐, 이 회사는 악마의 소굴 이니까 말이야. 눈 깜짝할 새에 얘기가 퍼져 나가니 원."

미사와가 이렇게 비꼬았다.

"그렇다면, 이 회사에서 회장님의 병세를 알고 있는 사람은 저를 포함해서 네 명밖에 없는 거군요?"

다츠야가 확인하자 미사와가 고개를 끄덕였다.

"그런데 사이고 선생이 분식회계를 전부 알게 됐다면서?"

"공장장님도 알고 계셨나요?"

"자네를 감사에 입회시킨 건 정답이었군."

미사와의 얼굴에는 기쁨이 가득했다.

"확실히 사이고 선생은 대단한 수완가입니다. 하지만 이 회사의 숫자 마술사는 사이고 씨 머리 꼭대기에 앉아 있는 것 같습니다."

"무슨 뜻이지?"

미사와의 얼굴에 불안이 드리워졌다.

"사이고 선생이 발견한 부정거래는 트릭일 가능성이 있어요."

🔒 이시와타 창고의 비밀

5월 말 오전 10시, 신칸센이 하마마쓰 역에 정차했다. 2호 차량에서 커다란 가방을 들고 젊은 여자가 내리더니 개찰구로 향했다.

"마리!"

덩치 큰 청년이 개찰구를 나온 여자에게 말을 건넸다.

"과장님하고 같이 회사를 쉬는 게 이걸로 두 번째네요."

마리는 즐거운 듯이 미소 지었다.

두 사람은 주차장으로 가서 다츠야가 빌린 렌터카로 고사이시에 있는 영업창고로 향했다.

"오늘은 사이고 선생도 합류하기로 했어."

"왜 그 사람이 오는데요?"

감사는 이미 끝났지만 사이고가 합류하는 이유가 있었다.

다츠야가 운전하는 차는 1번 국도에 면한 편의점 주차장에서 멈추었다. 그러자 주차 중인 소형차 창문이 열리면서 운전석에 있는 남자가 다츠야에게 말을 걸었다. 사이고였다.

"절 따라오시죠."

두 대의 차는 다시 1번 국도를 타고, 나고야 방면으로 향했다. 차를 몰고 한 시간쯤 지났을 무렵 그 회사가 나타났다. 회사 정문에는 '이시와타 창고 주식회사'라고 적혀 있었다. 다츠야는 수위에게 제이피 아이치 공장의 부공장장이라고 말하고는 명함을 건넸다.

몇 분 지나지 않아 업무부의 스즈키 신이치란 남자가 나타나 세 사람을 창고로 안내했다.

"이게 귀사가 위탁한 물건입니다."

스즈키는 산더미처럼 쌓인 종이박스를 가리켰다. 그 상자에는 제이피의 로고가 박혀 있었다.

다츠야는 가방에서 '25일 월드와이드전기'라고 적힌 출하전표 복사본을 꺼냈다. 거기에 기재된 제품명과 수량이 창고에 쌓여 있는 종이박스에 적힌 제품 품명과 로트 번호와 일치하는지 확인하기 위해서다.

"틀림없군요."

다츠야가 말했다.

이번엔 마리가 어젯밤 복사해둔 50만 엔의 보관료 청구서를 스즈키에게 보였다.

"이 청구서는 여기에 있는 제품의 보관료인가요?"

스즈키는 청구서를 보고 즉각 대답했다.

"이것뿐만이 아닙니다. 저쪽 창고에 있는 제품도 그래요."

스즈키는 세 사람을 다른 창고로 안내했다.

"3월 하순에 이시카와 부장님이 직접 오셔서 회사 창고가 꽉 찼으니 두 달 정도 맡아달라고 하셨지요."

역시 월드와이드전기에 판매한 게 아니었군.

"6월 1일에 우리 회사 아이치 공장으로 다시 보내실 거지요?"

다츠야가 묻자 스즈키는 출하 예정일을 확인하고 나서 말했다.

"아, 아직 모르십니까? 어제도 이시카와 부장님이 오셔서 창고 보수 공사를 하니까 한 달 더 맡아달라고 급하게 부탁하셨는데요?"

스즈키는 윗주머니에 넣었던 다츠야의 명함을 다시 꺼내며 의심스러운 얼굴로 연신 확인했다.

"제이피에서 오신 거 맞죠?"

세 사람은 이시와타 창고를 뒤로 하고 근처에 있는 시오미자카 해안에 차를 세웠다. 태평양의 거센 파도가 들이치는 이곳이라면 다른 사람 귀에 들어갈 염려 없이 이야기를 나눌 수 있다.

"다츠야 씨, 제가 실수했습니다."

사이고는 깔끔하게 실수를 인정했다.

"아까 월드와이드전기의 출하전표 복사본을 좀 보여주시겠습니까?"

사이고는 가방에서 두툼한 감사조서를 꺼내어 출하전표와 대조했다.

"당했군요."

❖ 제이피의 분식회계 내용

제이피의 분식회계 내용

단위 : 백만 엔

	순환거래	재공품 과대평가	WWE의 가공매출	합계
매출액	444	0	300	744
매출원가	436	−8	100	528
매출총이익	8	8	200	216

3건의 분식으로
전부 2억 엔 이상의
이익을 부풀렸다!

"그게 무슨 뜻이죠?"

다츠야와 마리가 되물었다.

"이걸 보십시오."

사이고는 감사조서에 있는 제품 단가표와 청구서를 보여주었다.

"이게 3월 25일에 월드와이드전기에 출하한 제품 청구서 사본 내역입니다. 이 판매단가와 제품 단가표를 비교해 보시지요."

명백히 부정회계였다. 청구서의 판매단가가 제품 단가표의 두 배나 되었다. 다시 말해, 매출총이익이 부풀려진 것이다.

"원가 1억 엔인 제품을 1억 5천만 엔에 팔아야 하는데 3억 엔에 판매한 걸로 되어 있습니다. 그러니까 가공이익은 대충 2억 엔쯤 되는군요."

사이고의 어깨가 축 늘어졌다. 사이고는 조금 전까지만 해도 제이피의 실적은 날조된 1,600만 엔을 수정해도 1억 엔 정도 이익이 남는다고 생각했다. 그러면 감사의견이 적정의견이어도 이해할 수 있는 수준이었다. 은행에 면목이 설뿐더러 주식공개 요건도 충족시키는 결과였다.

그런데 실상은 1억 엔의 적자가 아닌가. 이건 변명의 여지가 없는 분식회계 그 자체였다.

"완벽하게 당했군요. 과연 숫자의 마술사라고 불릴만하군요."

사이고가 불쑥 내뱉었다.

"진짜 마술사는 그가 아닙니다. 마나카 전무죠."

다츠야가 마침내 배후 인물을 댔다.

"네?"

"마나카 전무가 뭔가 꾸미고 있습니다."

"뭘… 말입니까?"

사이고가 물었다.

"회사 가로채기입니다."

무섭게 몰아치는 파도를 보면서 다츠야가 말했다.

"6월 25일 주주총회에서 무슨 일이 일어날 것만 같은 기분이 듭니다."

태평양의 파도 소리가 배경음악으로 깔린 가운데, 사이고는 다츠야의 이야기에 귀를 기울였다. 그 뒤에서 마리가 묵묵히 두 사람의 대화를 듣고 있었다.

🔒 후미의 병실

6월 24일 어스름한 저녁나절. 다츠야는 후미가 입원한 병원으로 갔다. 이제 시간이 없다. 내일은 주주총회가 열리는 날이다.

"안녕하세요? 혹시 단 다츠야 씨인가요?"

사유리가 다츠야를 병원 로비에서 맞이했다.

"네, 맞습니다. 저, 사유리 씨죠?"

"네, 어머니가 기다리고 계세요."

원무과에서 면회 신청을 하고 위층에 있는 병실을 찾은 다츠야는 깜짝 놀랐다.

"처음 뵙겠습니다. 다츠야 씨."

부드러운 미소를 띤 기품 있는 부인이 침대에 몸을 기대어 반쯤 일어나 있었기 때문이었다.

'어라? 중환자실에 있을 정도로 위독한 상태가 아니었나?'

어찌할 바 모르는 다츠야에게 후미는 침대 옆에 있는 의자를 권하며 말했다.

"미안해요. 내가 귀가 좀 안 좋아서 더 가까이 와줘요."

창문 너머로 병원을 둘러싼 수로가 보였다.

"전망이 참 좋군요."

"경치를 감상하는 게 유일한 즐거움이랍니다."

그렇게 말하며 후미가 미소 지었다.

"하지만 다츠야 씨. 내 즐거움을 하나만 더 만들어줬으면 해요."

"하나 더요?"

"우사미 선생님께서 내 청을 들어줄 수 있는 사람은 다츠야 씨밖에 없다고……."

다츠야는 몸 둘 바를 몰라 머리를 꾸벅 숙였다.

"스승님이 그러셨습니까?"

"어머나! 선생님을, 스승님이라고 부르네."

후미가 웃으며 말했다.

"오늘, 처음 만났지만 나도 그렇게 느꼈어요. 다츠야 씨밖에, 없어요."

후미는 침대 옆에 놓인 봉투를 다츠야에게 건넸다.

"이건 우사미 선생님께 쓴 편지의 복사본이에요. 내 마지막 청을 들어줘요. 제이피와 거기서 일하는 사람들을 도와줘요……."

후미의 목소리가 갑자기 가늘게 떨렸다.

다츠야의 몸속에서 정체 모를 뜨거운 감정이 뭉클거렸다.

"알겠습니다. 제가 할 수 있는 모든 것을 하겠습니다."

다츠야는 굳게 약속했다.

"어머니, 이제 안심해도 되겠네요."

사유리가 말하자 후미는 안도의 표정으로 눈을 감았다.

"이제 일어나야 할 시간이에요."

사유리는 다츠야와 병실을 나왔다.

"다츠야 씨, 어머니도 저도 제이피가 저희들의 소유물이라고 생각한 적은 한순간도 없어요. 물론 마나카의 소유물도 아니지요. 제이피는 그곳에서 일하는 사람들의 회사입니다."

얌전하게만 보이는 여자인데 이렇게 강한 신념을 품고 있다니. 다스야는 초면인 사유리의 말에 깊은 감명을 받았다.

"알겠습니다. 내일 주주총회가 기대됩니다."

그렇게 말하고 병원을 나오려는 데 사유리가 말을 이었다.

"잠깐만요. 아직 이야기할 게 하나 더 있어요. 우사미 선생님의 전언이……."

"뭐라고요? 스승님이요?"

'절대로 자신에게 의지하지 말라고 한 우사미 스승님이 왜 하필 지금 전언을?

다츠야는 사유리의 이야기에 귀를 기울였다.

3부

대결!
주주총회

🔒 주주총회

"지금부터 제이피주식회사 제30기 주주총회를 개최하겠습니다."

6월 25일. 오전 10시 정각, 본사 대회의실에서 정기주주총회가 시작되었다.

가족경영체제회사의 주주총회는 형식적이며 일종의 친목회 비슷한 분위기로 끝나는 경우가 많다. 지금까지 제이피의 주주총회도 예외는 아니었다.

하지만 이번엔 달랐다. 주주총회에 참석한 모든 이가 제각기 다른 꿍꿍이속이 있다는 건 대회의실의 분위기만 봐도 어렵지 않게 알 수 있었다.

다카라베 마스오는 마이크를 쥐고 낭랑한 목소리로 개회를 선언했다. 임원석에는 마나카 류조, 마다라메 준지, 이시카와 도모미, 그리고 사외감사인 변호사 오자키 마사루가 나란히 앉아 있었다. 한편 주주석에는 다카라베 사유리, 간토비즈니스은행 마루노우치 지점장 마루가메 미치오, 그리고 직원 주주회의 대표자가 앉아 있었다.

다츠야는 회의장 입구에서 출석한 사람들의 표정을 찬찬히 살펴보았다. 마루가메는 주주는 아니지만 마나카가 특별히 참가해달라고 요청했다.

"먼저, 위임장 제출을 포함하여 의결권 있는 주식 중 과반수의 주주가 출석하였으므로 본 정기 주주총회가 성립했음을 알립니다."

마스오가 개회를 선언하자 회의장은 박수소리로 가득찼다.

'드디어 시작이다.'

다츠야는 마음을 다잡고 벽에 붙은 안건에 시선을 가져갔다.

제30기 정기주주총회

2008년 6월 25일 (수요일)
오전 10시 개최
개최장소 | 도쿄 도 지요다 구 당사 본점 회의실

가. 보고사항

① **제1호 의안** 제30기(2007년 4월 1일~2008년 3월 31일)

사업보고, 재무상태표, 손익계산서 등 보고의 건

② **제2호 의안** 회계감사인 및 감사인의 재무상태표, 손익계산서 등 감사

결과보고의 건

나. 부의사항

① **제1호 의안** 이사 선임의 건

② **제2호 의안** 회계감사인 선임의 건

안건을 읽으며 다츠야는 예전에 밤을 새워가며 공부한 상법을 떠올렸다.

제1호 의안은 재무상태표, 손익계산서, 자본변동표 등의 재무제표 보고를 말한다.

제이피는 회사 정관에서 감사인과 회계감사인, 이사회를 설치하고 있기 때문에 재무제표와 부속명세서는 감사인과 회계감사인의 감사를 받아야 한다. 그 후 이사회가 승인을 한다.

하지만 제이피 같은 외부감사대상법인(공인회계사의 감사를 받는 회사)은 일정 요건만 갖추면 재무제표가 주주총회 승인사항이 아니라 보고사항이 된다.

다시 말해 감사보고서가 적정의견, 즉 재무제표가 회계기준에 준

거하여 작성되었고 그것들이 적정하게 표시되어 있다고 감사인이 판단할 경우, 결산 내용을 주주총회에서 보고하기만 하면 된다.

'그래서 그런 거였군……'

다츠야는 이 주주총회의 의미가 새삼스럽게 이해가 되었다. 제이피의 임원들은 주주총회를 원만하게 마치고 가까운 시일 내에 주식 공개를 실현하기 위해 절대적으로 적정의견이 필요했던 것이다.

대표이사사장인 마스오의 보고가 이어졌다.

"금년도는 법인세차감전순이익이 1억 엔에 그쳤습니다. 이런 실적 부진은 저희 경영진의 노력이 부족했던 탓이라고 깊이 반성하고 있습니다. 그럼에도 불구하고 공인회계사 이마가와로부터 적정의견을 받았음을 보고 드립니다."

마스오는 의기양양하게 가슴을 폈다.

그때 회의장 문이 벌컥 열렸다.

사와구치 모에가 뛰어 들어와 임원석에 앉아 있는 마나카에게 쪽지를 넘기며 귓속말을 했다. 마나카의 표정이 싹 변했다.

그에 개의치 않고 마스오가 말을 이었다.

"그럼 다음은, 부의사항으로 넘어가겠습니다. 이사 전원의 임기 만료에 따라 전원 재선임할 것을 요청합니다. 본 의안에 관한 의견이나 질문사항이 있으시면 말씀해주십시오."

마스오는 그렇게 말하며 회의장을 둘러보았다. 매년 그랬듯이 아무도 이의를 표명하지 않았다.

그런데.

"이의 있습니다."

손을 든 것은 마나카 류조였다. 마나카는 천천히 자리에서 일어나 입을 열었다.

"그전에, 무척 슬픈 소식이 있습니다. 조금 전에 우리 회사의 다카라베 후미 회장님이 별세했습니다. 이 자리를 빌어 삼가 고인의 명복을 빕니다."

회의장이 웅성거렸다. 그중에서도 가장 놀란 사람은 마스오였다.

"뭐라고? 어머니가? 그게 정말인가?"

"방금, 주치의 선생님으로부터 사장님 앞으로 연락이 왔다고 합니다."

마나카가 기계적으로 대답했다.

"벼, 병원에 가봐야지……."

넋이 나갔는지 마스오는 의자에 털썩 주저앉았다. 부모·자식 간의 인연을 끊고 위독하다는 소식에도 한 번 찾아가보지도 않았던 마스오였지만 '별세했다'는 말을 들은 순간, 충격이 이만저만이 아닌 모양이었다.

"그러기 전에… 사장님, 이제 그만 사장직에서 물러나셔야겠습니다."

마나카가 엷은 미소를 띠며 마스오에게 말했다.

회의장이 얼어붙었다.

"지금부터 다카라베 후미 회장님이 소유하고 있던 제이피 보통주식의 전 주식 1,200만 주를 매입하는 결의를 하겠습니다."

마나카는 일방적으로 찬반의사를 물었다.

"승인되었습니다. 다음으로, 이사로 마나카 류조를 재선임하고 새로운 이사로 사와구치 모에 씨와 이시카와 도모미 씨를 선임하는 건에 대해 채결하겠습니다……. 승인되었습니다."

마나카는 만면에 미소를 띠며 혼자서 심의를 진행했다.

"전무, 제 정신입니까! 사장은 바로 나요!"

얼빠진 표정으로 주저앉아 있던 마스오는 여전히 자리에 앉은 채로 외쳤다.

"바로 지금, 당신의 이사 임기가 만료했지 않습니까? 다카라베 후미 회장님의 상속재산인 제이피 주식의 매도 청구에 관한 결의도 성립했습니다."

"결의가 성립했다고? 전무, 당신은 25%밖에 없어. 나와 어머닌 합쳐서 70%를 갖고 있어요."

마스오가 부들부들 떨리는 목소리로 반박했지만 마나카는 태연자약하게 말했다.

"사장님은 상법을 공부하지 않으셨군요."

마나카가 이렇게 주장했다.

제이피가 발행한 주식은 양도제한주식이다. 회사 정관 제10조에는 당사는 상속 및 기타 일반승계에 의해 당사 주식을 취득한 자에 대하여 해당 주식을 당사에 매도할 것을 청구할 권리가 있다고 규정되어 있다.

후미가 사망했다는 소식을 듣자마자 마스오가 상속한 제이피주식의 전부를 매도할 것을 청구하는 결의가 승인되었다. 이 결의에 상속인인 마스오는 의결권을 행사할 수 없다.

"난 발행주식수의 25%를 보유하고 있어. 회장님과 당신의 주식을 제외하면 전체 주식의 83%란 말이지. 그리고 말이야. 모에가 모든 주주의 위임장을 받아왔어. 따라서 출석주주의 의결권 100% 찬성에 따라서 이 결의는 유효하게 성립되었어. 내 말이 틀린가?"

"그런 억지가 통할 리가……."

"억지라고? 당신이 법률에 무지한 것뿐이야. 하지만 걱정하지 않아도 되네. 당신이 상속한 주식은 우리 회사가 성심성의껏 비싼 값으로 쳐줄 테니까."

마나카의 웃음소리가 회의장에 퍼졌다.

마나카는 심의를 계속했다.

"다음 의안으로 넘어가겠습니다. 회계감사인을 공인회계사 이마가와 다케시 씨에서 도요쓰네 감사법인으로 변경하는 건에 대해 이의 있으시면 말씀해주십시오. 없으면 승인된 걸로 하겠습니다."

'드디어 꼬리를 잡았다!'

그때까지 이 아수라장을 잠자코 보고만 있던 다츠야는 웃음을 애써 감추며 자리에서 일어났다.

"그 의결은 무효입니다!"

전체 회의장에 쩌렁쩌렁 울려 퍼지도록 말하며 다츠야는 의장석으로 이동했다.

"사장님, 어머님은 건재하십니다."

"자네, 그게 정말인가?"

마스오는 매달리듯이 다츠야에게 되물었다.

"틀림없습니다."

다츠야의 눈이 날카롭게 빛났다.

"모에, 확실히 주치의한테서 들은 거지?"

마나카가 표정을 확 바꾸며 모에의 팔을 잡고 힐난했다.

"분명히 그렇게 들었어요. 의사 선생님이 꽤 연세가 드신 분인지, 자신의 이름을 밝힌 다음 어눌한 발음으로 '다카라베 후미 씨가 오전 9시에 돌아가셨습니다.' 라고 했어요."

모에는 겁에 질린 표정으로 마나카를 쳐다보고 있었다.

'어눌한 발음? 우사미 스승님이다! 이게 스승님의 속셈이었군.'

다츠야는 터져 나오는 웃음을 가까스로 참으며 이렇게 말했다.

"사장님, 어머님께 직접 전화를 해보시는 게 어떨까요?"

주주석에 앉아 있던 사유리가 휴대전화를 꺼내어 번호를 눌렀다.

"지금 바꿀게요."

이렇게 말하며 사유리는 휴대전화를 마스오에게 내밀었다.

마스오는 어머니의 목소리에 귀를 기울였다.

"이제 안심했어요, 어머니⋯⋯."

이 한마디를 남기고 마스오는 험상궂은 표정으로 휴대전화를 마나카에게 건넸다.

전화기를 귓가에 댄 마나카의 얼굴에 점점 핏기가 가셨다.

"회계감사인의 해임과 선임에 대해서 이마가와 공인회계사의 진술 신청이 있습니다."

다츠야는 모든 사람이 들리게끔 커다란 소리로 이마가와를 소개했다. 얼마 후 이마가와가 회의장에 나타나 의장석 마이크를 쥐었다.

"실은 전 감사의견으로 적정의견을 표명했습니다만, 그 후 부정행위가 발각되어서 급히 감사보고서를 수정했습니다. 여러분은 그 사정을 잘 모르시는 것 같군요."

이마가와는 마지막까지 포기하지 않고 혼신의 힘을 다한 사이고의 노력을 헛되게 하지 않았다.

"그 점에 대해서 보충설명을 드리겠습니다."

다츠야는 등을 쭉 펴고 당당하게 서서 쩌렁쩌렁한 목소리로 이야기하기 시작했다.

"바로 지금, 마나카 전무와 사와구치 모에를 횡령 혐의로 마루노우치 경찰에 통보했습니다."

다츠야는 비록 짧지만, 자신의 샐러리맨 인생을 걸고 결정타를 날렸다.

"이게 무슨 짓이야!"

마나카는 이렇게 외치며 다츠야를 쏘아보았다.

"난 전무님의 마술에 걸리지 않았습니다."

다츠야는 진정한 숫자의 마술사인 마나카에게 말했다.

"다츠야. 자네는 오해하고 있어. 회계는 단순히 회사 성과를 측정하는 도구가 아니야. 회계는 경영의 일부란 말이야. 난 회계전략을 경영전략의 버팀목으로 이용했을 뿐이야."

마나카는 그렇게 말하고 다츠야에게 등을 돌리더니 회의장을 떠나려 했다.

"기다리시오! 그건 기만입니다! 당신은 횡령이란 죄를 범했어. 이제 그만 인정해요!"

다츠야가 그렇게 외치고는 변호사인 오자키를 향해서 큰 소리로 물었다.

"변호사님, 회사의 재산을 횡령한 이사를 해임하는 것은 가능합니까?"

"물론이지요. 횡령한 돈이 남아 있다면 돌려받든가 본인의 재산이 있으면 그 재산을 차압할 수 있습니다. 그래도 피해 회복이 되지 않을 경우엔 횡령죄 또는 절도죄로 형사고소를 할 수 있습니다."

오자키의 대답에 비로소 자신의 처지가 실감이 났는지 마나카는 두 손으로 얼굴을 감싼 채 그 자리에 주저앉아 어린아이처럼 웅크렸다.

마다라메는 자리에서 일어나 불안한 표정으로 "이걸 어쩌나, 어째.” 하며 넋이 나간 사람처럼 연신 중얼거렸다. 그런 두 사람을 본 모에가 이성을 잃고 울음을 터뜨리며 주저앉았다.

드디어 제이피의 부패가 수면으로 떠올랐다. 악의 정체가 만천하에 드러난 것이다.

하지만 다츠야의 마음속에는 만족감이 아니라 메스꺼운 감정만 가득했다.

이렇게 비참한 모습으로 쭈그려 앉은 마나카는 별 능력도 없으면서 학력과 인척관계란 것만으로 전무자리를 차지했을 뿐이었다. 게다가 남이 피땀 흘려 일구어놓은 회사를 가로채려는 음모를 꾸몄다.

‘경영전략은 무슨……. 나쁜 놈들 같으니. 절대 용서 못 해!’

다츠야는 주먹을 꽉 쥐었다.

혼란의 소용돌이 속에서 제이피 주주총회가 막을 내렸다.

“오늘은 재미있는 구경을 했습니다.”

이렇게 말하며 자리에서 일어선 것은 간토비즈니스은행의 마루가메 지점장이었다.

“이런 추태를 보여서 송구스럽습니다…….”

마스오는 허리가 땅에 닿도록 몇 번이나 고개를 숙였다.

“귀사는 탄탄한 기업인 줄 알았는데 유감입니다. 하지만 속사정을 알았으니 시간낭비는 아니었군요. 뭐, 다음에 다시 연락드리겠습니다."

마루가메 지점장은 떨떠름하게 말하며 회의장을 떠났다.

🔒 마스오의 고백

다츠야가 회의장을 나오자 출구에 마스오가 서 있었다. 그는 다
츠야에게 다가와 목소리를 낮춰 말했다.

"다츠야 씨, 나중에 사장실에 좀 와 주었으면 합니다."

묘하게 정중하고 겸손한 말투였다. 그게 어떤 의미인지 몰라 다
츠야는 어리둥절했다.

다츠야가 노크를 하고 사장실에 들어서자 마스오는 몸소 그를 맞
이하더니 깊이 머리를 숙였다. 마스오의 얼굴에는 피로와 안도감이
뒤섞인 복잡한 표정이 드러나 있었다.

소파에 후미의 대리인으로 주주총회에 참석했던 사유리가 앉아
있었다. 사유리는 다츠야와 눈이 마주치자 재빨리 일어나서 고개를
숙였다.

다츠야는 마치 다카라베 집안의 저택에 초대받은 듯한 느낌이 들
어 당혹스러웠다

"사유리와 어머니로부터 그 간의 사정을 들었소. 다츠야 씨와 우
사미 선생님이 우리를 이토록 생각해주시다니……."

마스오는 말을 끝까지 잇지 못했다.

"사장님, 그건 오해입니다. 스승님도 저도, 사장님을 지키려고 한 일이 아닙니다."

"그럼 뭘 지키려고 한 거죠?"

의아한 얼굴로 마스오가 물었다.

"이 회사와, 회사의 고객과, 여기서 성실하게 일하는 직원들의 삶과 꿈입니다."

"직원들의 삶과 꿈……."

마스오는 낮게 중얼거리더니 차창너머로 펼쳐진 황궁의 녹림을 내려다보면서 이야기를 계속했다.

"난… 도망치고 있었소. 다카라베 집안의 장남으로 태어나 제이피의 장래 사장으로서 키워졌지. 자유는 사치였어. 자네는 웃을지도 모르지만 내게도 꿈이 있었소. 프렌치 레스토랑의 오너 셰프가 되고 싶었지. 맛있는 요리에 감동해서 기꺼이 비싼 돈을 지불하는 사람들, 생각만 해도 가슴이 설레었어. 하지만, 꿈은 꿈으로 끝났어. 제이피에 입사하고 나서부터 항상 아버지와 비교당하기 바빴어. 뒤로는 무능한 후계자라고 손가락질당하고 앞에선 출세에 눈이 먼 직원들의 낯 뜨거운 아첨을 들어야 했네. 요리를 하지도 않았는데 요리 솜씨를 칭찬받는 격이지. 난 낙하산 인사로 전무 자리에 올랐네. 전무는 이른바 사장의 대행이야. 그런 중책을 맡아서 내가 뭘 할 수 있었겠나. 그때 마나카가 제이피에 들어오게 되었네. 어릴 적부터 친형처럼 따랐고 머리도 좋은 사람이니 그가 들어왔을 땐 뛸 듯이 기뻤어. '그에게 경영을 맡기고 이제 마음 편하게 일할 수 있겠구나.' 그렇게 생각했네. 그 후, 난 하나부터 열까지 전부 마나카에게 물어보며 일을 결정했네. 어느새 직원들은 마나카의 낯빛을 살피며 일하게 되었지. 어머닌 경영자로서 한심하기 짝이 없는 일이라고 나를 질책하셨고 난 화를 참지 못해 어머니와 연을 끊고 말았어.

그런데 마나카는 점차 내 의견을 무시하기 시작했어. 본사 빌딩 이전도 아이치 공장도 전부 마나카가 독단으로 결정한 거야. 회사를 가로채려한 건 용서할 수 없어. 하지만 사실상 이 회사를 이끌어 온 건 마나카였어. 그러니… 어떻게 보면 사필귀정일지도……."

마스오는 창밖의 경치를 물끄러미 바라보았다. 잠시 후 다츠야 쪽으로 몸을 돌리며 말했다.

"실은 아까 주주총회가 끝나자마자 간토비즈니스은행의 마루가메 지점장으로부터 좋지 않은 연락이 왔다네. 이달 말까지 사업계획서와 정확한 재무제표를 작성해서 차입금 상환계획과 함께 제출하라고 하더군."

"사업계획이라면, 구조조정 말입니까?"

"그런 것 같네. 하지만 난 사실 어떻게 해야 할지 모르겠네. 다츠야 과장, 도와주지 않겠나?"

마스오가 힘없이 불안을 토로했다.

다츠야는 아연실색했다.

'마나카와 당신이 제이피를 찢어발겼어. 제이피가 이 지경이 된 건 당신들 때문이라고. 그런데 이제 와서 회사를 재건하는 데 힘을 빌려달라고? 지금 장난하는 거야? 명색이 사장인데 대체 얼마나 타인을 물고 늘어져야 직성이 풀리는 거지? 아니, 도대체 이렇게 무책임한 인간이 창업자와 같은 DNA를 갖고 태어났다는 이유만으로 매출 100억 엔인 회사의 사장 자리에 앉아도 되는 거야? 진짜 웃고 있네.'

부글부글 끓어오르는 분노가 제멋대로 날뛰며 꿈틀댔다.

"사장님은 제이피의 경영을 계속하실 자신은 있으신 겁니까?"

다츠야는 지금 이 순간밖에 없다고 생각하며 직구를 던졌다.

"자신감 말인가……."

마스오로부터 확실치 않은 대답이 돌아왔다. 다츠야가 날카롭게 쏘아붙였다.

"실례를 무릅쓰고 말씀드리지요. 제이피를 혼란에 빠뜨린 장본인은 마나카 전무가 아니라 사장님 자신입니다. 사장으로서의 경영능력이 있었다면 아무 문제도 없었을 겁니다."

마스오는 눈길을 떨어뜨렸다.

"… 방금 말했듯이 아버지의 회사를 잇는 게 내 책임이었네. 지금까지 내 나름대로 힘써 왔지. 하지만 이제 확실히 알았네. 난 회사 사장을 할 만한 그릇이 아니야. 그에 걸맞은 사람에게 경영자의 자리를 넘겨줘야 해."

사유리와 다츠야는 숨도 쉬지 않고 마스오의 이야기를 듣고 있었다.

"뭔가 생각이 있으십니까?"

다츠야가 묻자 마스오는 애원하는 듯한 눈초리로 이렇게 말했다.

"다츠야 과장. 아니, 다츠야 씨. 어떤가. 자네가 제이피의 이사가 되지 않겠는가?"

'아니, 잠깐만, 이게 아니잖아!'

너무나도 기막힌 요청에 다츠야는 조금 전까지의 맹렬한 분노가 바람 빠진 풍선처럼 쪼그라들고 황당함이 찾아왔다. 생각해보면 정말 염치없는 이야기였다.

'이걸 받아들이면 내가 이 사람 뒷감당을 해야 한다는 말이잖아.'

그런 다츠야의 생각을 투시라도 한 것처럼 한쪽에서 잠자코 있던 사유리가 정중하게 머리를 숙였다.

"저도, 어머니도, 꼭 그렇게 해주시길 부탁드립니다."

그 말에 담겨 있는 강인한 의지가 다츠야의 가슴에 와 닿았다.

하지만 지금 다츠야는 그 제안을 받아들일 생각이 요만큼도 없다. 다만, 어떻게 거절해야 잘 하는 건지 모르겠다.

"너무 갑작스러운 이야기여서 솔직히 당황스럽습니다. 적어도 한 달 정도 생각할 시간을 주십시오."

그 말을 하기가 무섭게 다츠야는 사장실에서 줄행랑쳤다.

🔒 우사미

제이피의 이사가 된다. 소위 말하는 대 발탁? 이렇게 말하면 듣기엔 좋다. 하지만 실상은 마스오의 보모 역할이다. 다츠야는 그렇게 생각하자 다시 화가 치밀었다.

하지만 과장과 이사는 일의 중책, 즉 권한과 책임이 다르다는 것도 다츠야는 충분히 알고 있었다. 세상만사 생각하기 나름이라고 이렇게 산산조각이 나고 휘청거리는 회사를 소생시킨다면 엄청난 내공이 쌓일 것이 분명했다. 그런 의미에서 다츠야에게 두 번 다시 없을 기회란 건 확실했다. 하지만 다츠야는 마음이 내키지 않았다.

'받아들여야 하나, 말아야 하나….'

그는 하루도 빠지지 않고 고민했다. 그 제안을 받아들여야 할 이유도 거절해야 할 이유도 찾을 수 없었기 때문이었다. 마나카가 분식회계뿐 아니라 횡령까지 했다는 사실이 무엇보다 마음에 걸렸다. 게다가 어수룩한 마스오 사장은 그 일을 눈치채지 못했다. 아니, 그러기는커녕 마나카의 꼭두각시 노릇을 하기에 여념이 없었다.

결론이 나지 않은 채 한 달이 흘렀다. 7월하고도 20일이 지났다. 그날도 다츠야는 마다라메의 일을 대신하느라 바삐 움직이다가 밤 11시 넘어서야 집에 도착했다.

'아무래도 우사미 스승님과 의논하는 수밖에 없겠어.'

다츠야는 예전에 사유리에게 받은 메모를 수첩에서 꺼냈다. 우사미의 별장 전화번호가 적혀 있는 메모였다. 전화하기엔 좀 늦은 시간이긴 하지만 기회는 지금밖에 없었다. 그리고 자신이 일 하나를 깔끔하게 일단락 지었기 때문에 지금 전화해도 왜 연락했냐고 화내지 않을 거라는 확신도 있었다.

"예, 우사미입니다."

늦은 밤인데 뜻밖에도 우사미가 직접 전화를 받았다.

"스승님, 저 다츠야입니다. 그동안 연락이 없어서 죄송합니다."

"아, 다츠야냐?"

우사미의 목소리에서 기쁨이 전해졌다.

"스승님의 열연으로 주주총회는 잘 마무리되었습니다."

"그게 무슨 말이야. 난 아무것도 안 했네."

우사미는 발뺌을 했다.

"사유리한테 전해 들었네. 자네, 제이피의 이사직을 받아들일 생각인가?"

알아듣기 힘든 우사미의 목소리가 들려왔다. 우사미는 귀신같이 사건의 전모를 알고 있었다. 다츠야는 솔직하게 속내를 털어놓았다.

"제가 이사가 되면 더 많은 경험을 쌓을 수 있을 거란 생각은 듭니다. 하지만 마나카 전무의 뒤치다꺼리를 할 생각을 하면 별로 마음이 내키지 않습니다."

"그 세 사람은 어떻게 되었나?"

"마나카는 사람들과 접촉을 끊고 두문불출이라고 합니다. 마다라메는 새로운 일자리를 구했다고 하더군요. 회계 능력만 있으면 그런 사람도 오라는 데가 있나 봅니다. 그리고 모에는 행방불명입니다. 밤업소에서 일한다는 소문도 있고……."

음, 음, 하며 맞장구를 치며 듣고 있던 우사미가 입을 열었다.

"모두들 운이 없었군."

"네?"

다츠야는 우사미의 말에 자신의 귀를 의심했다.

"운이 없었다니요? 전 자업자득이라고 생각하는데요."

"마나카에 대한 기사가 경제신문 한쪽 구석에 났네. 가장 손해를 본 건 그 녀석일 거야."

우사미가 왜 범죄자인 마나카를 두둔하는지. 다츠야는 어안이 벙벙했다.

"선생님은 왜 마나카를 감싸주시는 겁니까?"

그러자 우사미는 온화한 어조로 다츠야에게 되물었다.

"자네는 마나카의 어디가 마음에 안 드는 게지?"

"엘리트라고 잘난 척하고 이기적이고 분식회계로 거짓을 말합니다. 또, 남의 눈을 피해 회사의 재산을 아무렇지도 않게 횡령하는 인간 따윈 보기만 해도 소름이 끼쳐요."

다츠야는 마나카에 대한 감정을 속사포처럼 쏟아냈다.

"자네는 여전하군. 컨설팅 회사에서 실패했을 때와 달라진 게 없어."

우사미의 낙담한 목소리가 들렸다.

"네?"

"보게. 마나카가 왜 분식회계를 저지르고 회사 돈을 훔쳤는지 생각해본 적이 있는가?"

"……."

"지금은 대답하지 않아도 괜찮네. 하지만 이거 하나는 알아두게. 아마 마나카도 어떤 꿈을 안고 제이피에 들어왔을 거야. 대규모 은행에서 일하던 화려한 커리어를 내던지고 온 거지. 다카라베 분지나 후미, 그리고 친동생 같은 마스오의 힘이 되고 싶다고 진심으로 생각하지 않았다면 커리어를 내던지고 제이피 같은 회사에 들어왔을까?"

"하지만 회사를 가로채려고 했는데……."

"처음부터 그렇진 않았을 거야. 어쩌다 보니 그렇게 된 거야. 자기 꾀에 자기가 빠진 셈이지. 마나카는 비즈니스가 뭔지 모르는 전략가였어. 예전의 자네와 마찬가지야. 특히나 자존심 강한 그 사람은 제이피의 핵심 역량인 기술적인 부분을 전혀 이해할 수 없었어. 아마 창피했겠지. 그래서 허세를 부리며 신규 사업을 벌리고 거기에 투자했어. 그래도 경영엔 자신이 있었지. 하버드 비즈니스 스쿨에서 우수상을 받은 사람이니까 말이야. 그런데 현실은 그렇게 녹록지 않았네. 자네도 잘 알겠지만, 학교에서 배운 이론은 별 도움이 안 돼. 당연히 회사 실적이 떨어졌고 초초해졌을 거야. 실적을 내지 않으면 마스오와 직원들에게 푸대접을 받을 거라고 생각했겠지. 그때 마다라메와 이시카와가 시야에 들어왔고 그들을 이용해 분식회계를 하게 됐을 거야."

"하지만 마나카는 분식뿐 아니라 회사 돈도 횡령했어요."

"외로워서가 아닐까?"

"외롭다니요?"

"그의 외로움을 달래준 게 모에였어. 마나카는 차츰 그녀에게 빠져들었을 거야. 하지만 실상은 공부와 일밖에 몰랐던 마나카가 모에의 손바닥 위에서 놀아났을 뿐이야. 회사 돈을 정부에게 갖다 바친 거지. 하지만 모에도 마냥 비난할 수만은 없어. 그녀는 그녀대로 그렇게 할 수밖에 없는 사정이 있었을 거야. 마나카는 자존심 하나로 사는 사람이야. 그런 사람이 경영의 벽에 부딪히고 정부에게 정신을 잃었다. 마음속 한구석에선 '난 월급쟁이 전무에 지나지 않아. 이대로라면 언젠가 제이피에서 쫓겨날지도 몰라.' 라는 생각이 있었을 거야. 그 무렵 새로운 상법이 성립되었지. 공부가 특기인 마나카는 상법 조항을 잘만 이용하면 발행주식의 25%만 보유해도 제이피를 가로챌 수 있다는 걸 알았지. 회사가 자신의 것이 된다면 이제 뒤에서 손가락질당할까 봐 전전긍긍하지 않아도 된다고 생각한 마나카는 숨을 죽이며 때를 기다렸어. 그리고 주주총회 날, 회장인 후미의 부보를 들었지."

"하지만 그건 스승님이 사유리를 시켜서 흘린 거짓 정보였죠."

우사미는 마나카의 책략을 이즈고원 별장에서 꿰뚫어본 것이다.

"다츠야, 조금은 성장했구나."

우사미는 웃었다.

"스승님은 모든 걸 알고 계셨군요."

다츠야는 감탄이 절로 나왔다.

'어떻게 하면 이렇게 깊은 통찰력을 지닐 수 있을까?'

"미사와에게 대강의 줄거리는 들었어. 경험이 축적되면 이 정도 일은 시골에 틀어박혀 있어도 대충 짐작할 수 있지."

"아까 스승님은 자기 꾀에 자기가 빠졌다고 하셨지요?"

"그래. 유능한 경영자는 회계를 경영전략의 버팀목으로 생각하지. 하지만 마나카는 회계의 본질을 이해하지 못했어. 마나카가 실패한 또 다른 이유는 미사와라는 유능한 기술자를 멀리하고 모든 것을 자기 혼자서 결정하려고 한 일이야. 돈만 들이면 뭐든지 할 수 있다고 믿었던 거야."

'회계를 경영전략의 버팀목으로 생각한다……'

마나카의 입에서도 같은 말이 나왔었다.

'그런가……'

다츠야는 자신이 마나카의 한쪽 면만 보았음을 그제야 깨달았다. 주변으로부터 기대를 받았지만, 그 기대에 보답하지 못해 궁지에 몰린다면 누구나 같은 잘못을 저지를 가능성이 있다. 우사미는 그렇게 말하고 싶었던 것이다.

미사와 공장장이 그토록 신뢰하던 기우치는 마다라메의 스파이였다. 하지만 마리의 말처럼 그렇게 하지 않았다면 기우치는 일자리를 잃었을 것이다. 사와구치 모에도 처음에는 능력 있고 잘 나가는 여성을 꿈꾸었지만 얼마 안 가 한계에 부딪혔고 마나카를 통해 자신의 인생을 바꾸려 했을 것이다. 그 결과 해서는 안 되는 일이란 걸 알면서도 회사 재산에 손을 댔을지도 모른다.

'어떤 상황에서도 정의를 선택하는 인간은 이 세상에 존재하지 않는다는 이야기인가.'

다츠야는 어쩔 수 없이 그런 생각이 들었다.

"회사경영은 희생자를 최소화하는 데에 중점을 두어야 하네. 자네는 아직 그걸 모르는군."

우사미의 목소리가 다츠야의 머릿속에서 맴돌았다.

'희생자를 최소화한다……. 그거였구나!'

그것은 다츠야가 컨설팅 회사에서 엄청난 실패를 겪은 후 줄곧 찾아 헤맸던 최고 컨설턴트의 참뜻이었다. 최고 컨설턴트가 된다는 것은 최고의 인간이 된다는 의미였다. 아무리 고도의 지식과 풍부한 경험을 쌓았다 하더라도 그것은 필요충분조건이 아니다. 인생의 미묘함, 인간의 복잡한 마음의 변화를 민감하게 포착할 수 없다면 결코 최고 컨설턴트가 될 수 없다. 다츠야는 우사미가 자신에게 싱가포르 대학과 제이피를 권한 이유를 처음으로 이해했다.

자신의 모든 것을 걸고 꿈꾸지 않는 한 절대로 그런 영역에 도달할 수 없다. 되돌아보면 다츠야 자신은 컨설턴트의 외적인 부분에 끌렸던 것뿐이었다. 선악이란 이분법으로 사물을 판단하고 타인에게도 완벽을 요구했다.

'우사미 스승님……. 전 아직 멀었군요.'

다츠야는 결심했다.

'제이피에 자신의 모든 것을 걸고 훌륭한 회사로 만들자. 그것이 나에게 주어진 사명이다. 같은 사명이라도 나의 사명과 마나카의 사명은 알맹이가 전혀 다르다.'

"선생님! 결심했습니다."

다츠야가 힘찬 목소리로 말했다.

"제이피의 이사가 되는 조건을 받아들이겠습니다."

"음, 힘들겠지만 보람 있는 일일 거야."

"네."

전화를 끊자 다츠야의 내면이 뜨겁게 소용돌이치고 있는 것을 느낄 수 있었다. 다츠야는 갑자기 시야가 넓어지는 느낌이 들었다. 문득 정신이 들자, 다츠야는 불끈 쥔 주먹을 힘차게 쳐들고 있는 자신을 발견했다.

다음날, 다츠야는 사장실로 갔다.

"한 달 전에 제안하신 이사 선임 건, 받아들이겠습니다."

마스오는 만면에 웃음이 가득했다.

"잘 결심해주었네. 정말 고맙네."

그렇게 말하며 다츠야의 오른손을 두 손으로 잡았다.

"자네는 오늘부터 이사경리부장일세. 우리 회사의 CFO로서 열심히 일해주게."

"CFO말입니까? 바라던 바입니다. 미력하지만 최선을 다하겠습니다."

다츠야는 진지한 얼굴로 대답했다.

"희망사항이 있으면 말해주게. 할 수 있는 건 전부 다 해주지."

"그럼 세 가지 정도 부탁이 있습니다. 우선, 단순한 이사경리부장이 아니라 CFO에 상응하는 결재권과 인사권을 제게 부여해주십시오. 그리고 미사와 공장장님을 이사제조상무로 복직시켜 주십시오. 그분은 우리 회사의 보물입니다. 마지막으로 호소야 마리를 경리과장으로 지명해주십시오. 마리 씨가 없었다면 그 간의 부정행위를 파헤칠 수 없었을 겁니다."

마스오는 흔쾌히 요청을 받아들였다.

"과장님, 잠깐만요!"

사무실로 돌아오자 경리부 직원이 큰소리로 다츠야를 불렀다.

'아, 왜 그러지?'

수화기를 든 채 당황하는 그의 모습을 보건대 전화 상대가 문제인 것 같다.

"왜 그러나? 클레임인가?"

"아뇨, 그게 아니라……."

다츠야는 가까운 책상의 수화기를 들고 내선번호를 눌렀다. 그러자 친근한 스코틀랜드 억양의 영어가 들려왔다.

"다츠야, 나 제임스야. 잘 지냈어?"

"이야, 오랜만인데! 네 예상과 달리 아주 잘 지내고 있지."

다츠야는 싱가포르를 떠나기 전날에 제임스와 나눈 대화를 떠올리며 말했다.

"그런데 여기 전화번호를 어떻게 알았어?"

다츠야가 의아함을 드러냈다.

"린다가 가르쳐주었지."

"엉, 린다가? 아니 어떻게? 회사 전화번호를 가르쳐준 적이 없는데?"

그러자 제임스는 다츠야가 생각지도 못한 말을 했다.

"니네 회사가 마이크로스위치에 관한 국제특허를 여러 개 갖고 있다며?"

"그것과 무슨 상관이야?"

다츠야는 제임스가 무슨 말을 하려는지 알 수 없었다.

"실은 그 특허를 노리고 미국 투자펀드가 움직이고 있어."

"그게 사실이야?"

"틀림없어."

"어떻게 장담할 수 있어?"

"그 펀드의 일본법인 CEO에게 들었으니까."

"그 CEO가 누군데?"

"린다."

명랑하던 제임스의 어조가 갑자기 심각해졌다.

"린다라니… 설마……."

"그 설마가 맞아. 린다가 네 회사를 노리고 있어."

"그게 무슨 말이야?"

다츠야가 되묻자 제임스는 "좀 있으면 알게 될 거야."라고만 하더니 전화를 끊었다.

다츠야의 얼굴에서 핏기가 가셨다. 아직 과장이 된 것도 모르는 마리가 놀란 토끼 눈으로 그 모습을 바라보고 있었다.

2권 계속

❖ 재무제표의 어느 부분이 분식되었는가?

[현금흐름표]

단위 : 백만 엔

	① 분식	② 수정 후	③ 차액(①-②)
Ⅰ 영업활동으로 인한 현금흐름			
당기순이익	108	−108	216
감가상각비	530	530	0
매출채권의 증감	−600	−156	−444
재고자산의 증감	−200	−292	92
매입채무의 증감	54	−82	36
영업활동으로 인한 현금흐름	−108	−108	0
Ⅱ투자활동으로 인한 현금흐름	0	0	0
Ⅲ재무활동으로 인한 현금흐름			
단기차입금의 증감	98	98	0
재무활동으로 인한 현금흐름	98	98	0
Ⅳ현금의 증가(Ⅰ+Ⅱ+Ⅲ)	−10	−10	0
Ⅴ기말의 현금	170	170	0

이익을 부풀린 금액

현금흐름은 분식이 불가능하다

❖ 재무제표의 어느 부분이 분식되었는가?

[손익계산서]

단위 : 백만 엔

	① 분식	② 수정 후	③ 차액(①-②)
매출액	10,444	9,700	744
매출원가	8,986	8,458	528
매출총이익	1,458	1,242	216
매출총이익률	14%	13%	1%
인건비	570	570	0
광고선전비	120	120	0
운반비	110	110	0
여비교통비	100	100	0
임대료	240	240	0
기타	60	60	0
판매관리비 합계	1,200	1,200	0
영업이익	258	42	216
이자비용	150	150	0
세전이익	108	-108	216
그 중 감가상각비	500	530	-30

이게
분식된 금액

❖ 재무제표의 어느 부분이 분식되었는가?

[재무상태표]

단위 : 백만 엔

	① 분식	② 수정 후	③ 차액(①-②)	
[자산]				
I 유동자산				
현금 및 현금성자산	170	170	0	
외상매출금	1,835	1,391	444	순환거래 수정분
원재료	0	0	0	
재공품	2,020	2,012	8	재공품 가공비 수정분
제품	0	100	-100	
기타 유동자산	100	100	0	
유동자산 합계	4,125	3,773	352	
II 비유동자산			0	
비유동자산 합계	6,110	6,111	-1	월드와이드전기의 가공 매출 수정분을 자산으로 계상
자산합계	10,235	9,884	351	
[부채]				
I 유동부채				
외상매입금	1,705	1,569	136	
미지급금	800	800	0	
단기차입금	825	825	0	
유동부채 합계	3,330	3,194	136	순환거래 수정분
II 비유동부채				
장기차입금	3,510	3,510	0	
부채합계	6,840	6,704	136	
[자본]				
I 자본금				
II 자본잉여금합계	1,200	1,200	0	
III 이익잉여금합계	2,195	1,979	216	
자본합계	3,395	3,179	216	
부채 및 자본합계	10,235	9,883	352	

🍵 후기

이 책을 끝까지 읽어주셔서 감사합니다. 또 이 책을 지금부터 읽으실 분들은 꼭 기대해주세요.

먼저 왜 소설 형식으로 회계학 책을 썼는지 말씀드리겠습니다. 이 책은 시중에 나온 회계 노하우 책과는 상당히 다릅니다. 회계에 대한 노하우나 전문용어해설을 되도록 피했습니다.

저는 이야기 형식을 빌어 회계의 본질이 무엇인지 전달하는 데 중점을 두었습니다. 회계를 실제로 비즈니스에서 이용한다는 게 어떤 것인지 독자 여러분에게 되도록 구체적이고 알기 쉽게 전달하여, 회계란 회사의 어떤 업무와도 불가분의 관계이며 경영의 중요한 잣대임을 입체적으로 표현하고 싶었기 때문입니다.

시중에 나온 많은 회계학 책들은 회계원리를 설명하는 데 중점을 둡니다. 그런데 이론만으로 회계를 경영에 적용하기란 참 어려운 일입니다. 오히려 회계지식이 앞서 자칫 경영판단을 그르칠 우려도 있습니다.

회계는 어디까지나 경영의 도구입니다. 감정을 가진 인간이 이

324

도구를 쓰면 경영을 올바른 방향으로 이끌 수도 있지만, 반대로 부정부패를 조장할 수도 있습니다. 회사에는 경영자와 직원, 고객, 주주 등 여러 사람의 다양한 감정과 이해관계가 얽혀 있기 마련입니다. 그렇게 적나라한 인간관계 속에서 회계가 사용됩니다. 현실은 책에서 나오는 이상적인 환경과는 거리가 멀지요.

이 책은 제이피라는 기울어져 가는 전자부품 제조사를 배경으로 단 다츠야라는 혈기왕성한 청년이 시행착오를 거듭하며 회계를 무기 삼아 회사를 일으키는 이야기입니다. 소설이란 장르를 빌렸지만, 결코 제 마음대로 꾸며낸 이야기가 아닙니다. 여기서 나오는 부정회계 수법은 모두 실제로 있었던 일입니다. 제이피가 가담한 순환거래 같은 부정거래는 제가 회계사로 일할 때 직접 겪은 사례이기도 합니다. 현실에서 일어난 부정회계 중 상당수는 극악무도한 인간의 의도적인 행위가 아니라 평범한 회사원의 별생각 없는 행위가 출발점이 됩니다. 일상 업무의 연장선상에서 하던 일이 어느새 분식회계로 발전하거나 회사의 경영부진을 헤쳐 나가려는 생각에 그만 순환거래에 손을 대기도 합니다. 부정회계는 이 사회에서 일을 하는 사람이라면 누구나 저지를 가능성이 있습니다. 따라서 실전에서 활용할 수 있는 회계지식이 더욱 절실합니다.

제가 이 책을 통해 가장 말씀드리고 싶은 것은 '회계 수치를 그대로 믿지 마라' 는 것입니다. 인간의 여러 가지 의도가 반영되어 있으며 쉽게 조작할 수 있는 것이 회계 수치입니다. 경영자가 의도적으로 속임수를 쓰는 일도 어느 정도 가능합니다.

부정회계라는 잘못된 길을 가는 회사의 최후는 도산입니다. 이 책에서 분식결산이 얼마나 큰 죄인지 철저하게 묘사했습니다. 경영 실적을 숫자로 가시화하여 한층 더 올바른 경영을 할 수 있게 하는 것이 회계의 사명입니다. 하지만 잘못된 방법으로 부정을 저지르면 회계는 회사를 존속시키기는커녕 파멸로 몰아넣는 흉기가 되기도 합니다.

사실, 회계 수치는 경영의 모든 면을 표현하지 못합니다. 경영의 일부를 나타낼 뿐이지요. 경영자는 회계자료를 신뢰하는 동시에 자신의 오감을 최대한 활용하여 다양한 정보를 입수하고 적절하게 판단해야 합니다.

덧붙여서 말씀드리면 '경영에 적용할 수 없는 관리회계는 아무 의미가 없다'는 것입니다.

실제로 도움이 되지 않는 회계자료를 작성하는 경리부서 직원과 회계사로 넘쳐흐르는 작금의 현실을 저는 개탄하지 않을 수 없습니다. 경영을 할 땐 시간과 돈을 효율적으로 운용해야 합니다. 이를 돕는 것이 회계라는 도구이며 이 도구를 유용하게 사용하도록 거들어주는 참모역이 회계사입니다.

하지만 요즘 회계사는 감사업무를 시행할 때 재무제표가 회계기준에 준거하여 작성되었는지 확인하는 데에만 정신이 팔려 있습니다. 공인회계사는 '공인감사사'가 아닙니다. 회계 수치의 합리성을 판단하는 전문가입니다. 회사를 존속시키는 것이 경영자의 미션이라면 이를 돕는 것이 회계사의 미션입니다. 세무서에 갖다낼 신고서를 작성하거나 회계감사를 하는 일은 회계사가 할 일 중 극히 일부에 지나지 않습니다.

경영에 도움이 되는 회계를 실현하는 참모역, 이것이 이상적인 회계사이며 사내 회계 담당의 역할입니다.

제게 있어서 회계란, 바닥을 알 수 없을 만큼 깊고 인생을 걸 가치가 있는 일이자 학문입니다. 또한 이상적인 회계를 실행하려면 지식과 경험을 겸비해야 합니다. 둘 중 어느 한 쪽이 없으면 회계는 바른 기능을 하지 못합니다. 진정한 회계능력은 끊임없는 공부를 통해 지식을 축적하고 현장에서 수많은 경험을 쌓아야 비로소 생깁니다.

이 책은 회계의 지식과 경험을 동시에 가상 체험하는 데 주안점을 두고 썼습니다. 독자 여러분이 이 책을 통해 능력이 향상되길 바랍니다.

하야시 아츠무